Rosarote Herzen 2
VERLIEBTE JUNGS

Thomas Mindt. Von der Generation X zum New-Age-Writer, der in keine Schublade passt. Statt gediegen und schlicht ist er auffallend anders. Seine Markenzeichen: Glatze, sehr heller Teint, stets schwarz gekleidet. Sieht man ihn, könnte man sich ihn vielleicht eher als Sänger hinter einem Mikrofon vorstellen. Es wundert nicht, dass er seinen ersten Vertrag als Texter bei einem Münchener Musikverlag unterschrieben hat. Er ist an allem interessiert, was Kunst ist. Als Schriftsteller poetisch genau wie auch prosaisch oder lyrisch. Er mag Kontraste. Künstlerisch ist er vielseitig, stets offen für neue Herausforderungen.

Thomas Mindt lebt derzeit im Rheinland. Was das Schreiben angeht, ist er ein Workaholic. Sein Motto könnte lauten: Sei, was immer du bist!

THOMAS MINDT

ROSAROTE HERZEN
VERLIEBTE JUNGS

BRUNO GMÜNDER

Copyright © 2005 Bruno Gmünder Verlag GmbH
Kleiststraße 23-26, 10787 Berlin
info@brunogmuender.com

Covergestaltung von Frank Schröder unter Verwendung
eines Fotos von © 2005 George Duroy

Druck: Nørhaven Paperback A/S, Dänemark

ISBN : 3-86187-704-X

Bitte fordern Sie unser kostenloses Verlagsprogramm an!

Von Sehnsucht getrieben reisen wir durchs Leben und suchen Erfüllung. Tränen und Enttäuschungen sind Begleiter auf dieser Reise, genau wie Hoffnung und Glaube. Für mich besteht keinerlei Zweifel daran, dass Liebe der Fels in der Brandung ist.

Emotion verbindet die Herzen und nicht nur die rosaroten. Wahre Liebe muss sich nicht entscheiden, sie weiß. Zwei Seelen, ein Schicksal – daran glaube ich unbeirrbar.

»Rosarote Herzen – Verliebte Jungs« ist die Fortsetzung von »Rosarote Herzen - First Love« aus dem Jahr 2004. Der zweite Teil beginnt dort, wo der erste endet. Mir war wichtig, nahtlos anzuknüpfen. Immos Welt steht für Liebe und Freundschaft. Jedem, der mir beim Lesen seine Zeit schenkt und diesen einen Gedanken mit mir teilt, möchte ich danken. Die rosaroten Herzen haben noch viel zu erzählen!

Im Leben kommt es zu unzähligen Begegnungen. Viele sind flüchtig, wenige lassen Spuren zurück. Wenn alles sich verfinstert und zu zerbrechen droht, sind Freunde ein Licht in der Dunkelheit.

DANKE ...

... Ralf, Hermann, Peter, Helmut.

... Thorsten für die Fotos & Website und »the way we were«.

... Rainer. Du bist wahrhaftig der beste Lektor! Die Zusammen-
arbeit mit dir ist ein Segen für mich als Künstler und Mensch.

... Bruno Gmünder und die »Verlagsfamilie«.

... Fred. Nkwaggala nno omutima gwange gwonna wamu nno
omubili. Wotali ndi wakitundu. Onsanyusa.

God bless all of you!
Thomas Mindt
www.Thomas-Mindt.de

PRINCE NOIR

Schwarzer Prinz,
in der Liebe gefangen ist mein Verlangen
und ich vergehe Stunde um Stunde.
Ohne dich schlägt Einsamkeit eine tiefe Wunde,
die mich verzweifeln lässt.
Ich taumle in die Unendlichkeit deiner Seele,
lebe in dir für immer.
Nur für dich will ich sein,
was ich niemals zuvor war.
Nur für dich laufe ich gegen den Wind,
drehe an der Erde
und sammle die Sternschnuppen ein.
Nur für dich atme ich und bewahre den einen Traum:
Es war einmal ...
In mir ist das Blut des Lebens,
die Hoffnung der Ewigkeit.
Zerbreche ich auch immer mehr mit der Zeit,
weiß ich doch, du schenkst mir Zärtlichkeit.
In all meinen Stunden der Zweifel,
wenn Finsternis mich bedeckt und mein Atem die Leere streift,
bist du das Einzige, was mich hält.
Wenn Ängste mich erdrücken und die Sinne mich verlassen,
versprichst du mir ein Morgen.
Du bist alles und viel mehr.
Du bist, was ich niemals sein werde.
Nur für dich wandle ich auf Erden
und lasse Spuren zurück.

Du bist die Antwort auf all meine Fragen.
Du bist der Schlüssel zu meinem Glück.
Ich will in dich,
wünsch dich in mir.
Bleib bei mir,
und verzeih mir,
wenn mein Gefühl dich zu erdrücken droht.
Der Liebe Namen trage ich.
Jeder Kuss ist ein Bekenntnis.
Du lässt mich leben und befreist mich von dem,
was mich davon abhält, ich selbst zu sein.
Sieh, wir haben Gutes getan.
Zwei Seelen, ein Schicksal.
Prince noir ... ne me quitte pas.

VON DER TÄGLICHEN DOSIS WAHNSINN

Hilfe! Ich bin mir nicht hundertprozentig sicher, aber mir ist, als hätte mein Herz den Rhythmus geändert. Ja, eindeutig! Kurz, kurz, kurz, lang, lang, lang, kurz, kurz, kurz. SOS! Jemand muss mich retten! Warum gibt es keinen schwulen Superman? Nur der könnte mir jetzt noch helfen. Clark Hero ... das ist sein Name! Oh Mann, ich schiebe einen Film. Ich habe Wahnvorstellungen vom Feinsten! Na ja, das Absurde lässt sich eben schwer mit Worten zum Ausdruck bringen, deswegen muss es wohl auch knallhart gelebt werden.

Alles um mich herum wirkt bedrohlich und nimmt mir die Luft zum Atmen. Rosarot. Nichts ist auch nur annähernd so. Clark Hero, wo bleibst du nur?! Ich fühle ein Unbehagen, das sich nicht mal ansatzweise beschreiben lässt. Immer wieder blicke ich zur Zimmerdecke, um den taxierenden Blicken auszuweichen. Jeder gafft mich an! Was für ein Tag! Dieser Freitag wird als *schwarzer Freitag* in die Analen eingehen und mich auf ewig stigmatisieren. Heute wird im engsten Kreis meine Heterosexualität zu Grabe getragen! Die Trauergebete sind schon voll im Gange. Der Nachruf wird mich bis an mein Lebensende verfolgen, fürchte ich.

Dass mein Coming-out am Wohnzimmertisch stattfinden würde, daran hätte ich im Traum nicht gedacht. Passend zum Anlass trägt meine Mutter ein schlichtes, schwarzes Kleid, was rein optisch hervorragend ihre rotgeweinten Augen hervorhebt. Mein Schwulsein hat ihr dermaßen eine Breitseite verpasst, dass sie nicht mal den obligatorischen Butterstreuselkuchen anfasst. Sie trifft es gleich doppelt schlimm, weil sie nicht nur meine Heterosexualität begraben muss, sondern auch ihren Wunsch nach Enkelkindern. Mein Vater bleibt dagegen seinem Macho-Image treu, sieht mich grimmig an, rührt mit seinem Löffel in der Kaffeetasse und kann es nicht fassen. Der einzige Sohn schwul! Seine Stirn legt sich in Falten, er rührt immer schneller, holt tief Luft. Mit seinem Rühren entfacht er einen kleinen Strudel in der Tasse. Kaffee schwappt über den Tassenrand, was er nicht bemerkt. In seinen Augen ist Enttäuschung. Zu der Enttäuschung mischt sich Feindschaft. Der Arme! Wem soll er jetzt bloß seine Titten-Magazine vermachen? Er pflegt kultivierte Männlichkeit mit allem, was dazugehört. Und nun muss er damit klarkommen, dass ich nicht auf Frauen stehe. Bis heute Morgen bin ich noch sein Kronprinz gewesen, der irgendwann mal in seine Fußstapfen tritt und seine Kfz-Werkstatt übernimmt. Dass ich schwul bin, ist der erste Nagel zu seinem Sarg, ohne Frage.

Vielleicht sollten meine Eltern meine nie vorhandene und dennoch für sie so plötzlich verblichene Heterosexualität einbalsamieren und in einem Mausoleum ehrwürdig aufbahren, ein schnuckeliger Platz dafür wäre im Garten hinterm Haus, schön düster und gruselig wie ein Geisterschloss. Dann hätten sie eine Stätte, die sie immer wieder aufs Neue aufsuchen könnten, um zu trauern. Am Eingang ließe sich eine Marmorplatte anbringen mit der eingemeißelten Inschrift: Hier ruht die Heterosexualität unseres Sohnes.

»Das liegt allein an deiner Erziehung!«, platzt es aus meinem Vater raus. Vorwurfsvoll guckt er meine Mutter an, und oberhalb seiner rechten Augenbraue ist ein nervöses Zucken zu sehen. »Du hast ihm ja alles durchgehen lassen! Ich habe dir immer gesagt, dass du ihn verweichlichst. Für mich war das früher schon nicht normal, wenn er mit Patricias Barbiepuppen gespielt hat. Richtige Jungs spielen mit Autos! Du mit deiner antiautoritären Erziehung und dem Geschwafel, dass sich Kinder entfalten müssen, um eine gereifte und in sich gefestigte Persönlichkeit zu werden!« In seiner Stimme hört man regelrecht die sarkastischen Anführungszeichen, mit denen er die letzten Worte ausspeit. Er wird immer lauter: »Jetzt siehst du ja, was du davon hast! Dein Sohn ist eine Schwuchtel!«

»Ja, ja, immer wenn es Probleme gibt, dann ist es mein Sohn!«, kontert meine Mutter. »Es gibt viele Jungs, die mit Puppen spielen. Deswegen werden die doch nicht gleich alle … homosexuell.«

»Dein Sohn aber schon!«

Bei meiner Mutter fließen die Tränen. Dass mein Vater ihr die Schuld für mein Schwulsein gibt, trifft sie sehr. Ich beobachte meine Eltern, sehe abwechselnd zu meiner Mutter und dann zu meinem Vater. Mann, was hier abgeht entspricht ja voll dem Klischee. Wird bestimmt nicht mehr lange dauern, bis mein Vater mich zu einem Psychiater schicken will. Warum sammeln die nicht im Garten Holz für einen Scheiterhaufen und verbrennen mich? Dass meine Eltern so heftig reagieren, habe ich nicht erwartet. Am Ende strahlen die mich noch mit einer Lampe an wie bei einem Verhör in einem Thriller, um die volle Wahrheit aus mir herauszuquetschen. Die Wahrheit ist natürlich nichts anderes als die Klärung der elterlichen Schuldfrage, die lediglich in ihren Köpfen existiert. Schuld; als hätte ich jemanden abgemurkst! In welchem Jahrhundert leben wir eigentlich?!

Vielleicht sollte ich an dieser Stelle meinen Eltern ganz locker und tuffig stecken, dass ich nicht nur gemeinsam mit Patty Barbie und Ken gespielt habe, sondern mich obendrein von Patty, die natürlich Ken war, verführen hab lassen. Und Patty wollte immer, dass ich als Barbie dabei schweinisch rede. *Dirty Talk*. Als Ken hatte Patty eine leichte Identitätskrise mit schizophrenen Schüben, aber dafür war sie sehr aufmerksam und fürsorglich. Jedes Mal wenn Ken Barbie poppte, brüllte er in Ekstase: »Sag meinen Namen, Baby! Wie heiß ich?« Als Mann neigte Patty stark dazu, fünfzehn Zentimeter wie zwanzig erscheinen zu lassen. So sind die Macker eben!

Nebenbei könnte ich noch anmerken, dass Patty und ich zeitgleich in unserem Sportlehrer verknallt waren und wir uns in schwachen Momenten Liebe zu dritt vorgestellt haben. Jetzt ist uns klar, weshalb Patricia eine Gothic Lady geworden ist!, lautete vermutlich der Kommentar meiner Eltern. Bestimmt würden sie Gruftie statt Gothic sagen. Es ist anzunehmen, dass sie nachschieben würden: Weshalb musstest du aus der Reihe tanzen und unbedingt schwul werden? Willkommen in meiner kranken Welt!!!

»Die Nachbarn werden sich das Maul zerreißen«, prophezeit mein Vater. »Jeder wird uns schief von der Seite angaffen. Das wird für uns ein Spießrutenlaufen werden. Du weißt doch, wie gemein die Leute sein können.«

Ob mein Vater mit *Leute* auch *Eltern* meint? Dem Anschein nach nicht. Vielleicht sollte ich ihn darauf hinweisen, wie gemein er gerade zu mir ist. Ach was, ich lass es lieber sein. Er würde das nur als Provokation empfinden und komplett durchdrehen.

»Dann ziehen wir eben weg!«, schlägt meine Mutter vor und weint munter weiter.

»Das ändert nichts! Ein Internat wäre die bessere Lösung!«

Die haben Paranoia! Ich glaube, mir läuft ein Ei aus! Internat. Weshalb nicht gleich ein Bootcamp nach amerikanischen Vorbild? Der Schock über mein Coming-out muss bei meinem Vater den Teil des Gehirns mobilisiert haben, der für niederträchtigste Boshaftigkeit steht. Ich versuch es mal mit Sarkasmus: Ein Bootcamp wäre optimal! In einer solchen amerikanischen Einrichtung werden aus jungen Drogendealern, Totschlägern, Vergewaltigern, Räubern und anderen Gangstern lammfromme Mitglieder der Gesellschaft. Wenn das bei denen klappt, weshalb soll das dann nicht bei mir klappen?! Ganz bestimmt reißen die mir im Bootcamp dermaßen den Arsch auf – Gehirnwäsche inklusive –, dass ich als waschechte Hete nach Hause komme. Oh Gott! Meine Familie besteht aus paranoiden Freaks, die mich augenblicklich wie einen Aussätzigen behandeln und sich einen Scheiß darum kümmern! Und ich Schnarchnase höre mir den verbalen Dünnschiss an, ohne auf die Barrikaden zu gehen. Ich kann es nicht fassen, wie sehr sich meine Eltern für mich schämen! Die denken ausschließlich an sich. Warum fragen die nicht ein einziges Mal, wie es mir geht und wie ich mich fühle? Wieso interessiert es sie nicht, ob ich glücklich bin? Ich bin's nämlich! Dass ich ein schwuler Junge bin, empfinde ich nicht als dunklen Punkt! Das können die sich in ihren kühnsten Träumen nicht vorstellen. Die schnallen echt nix! Die sollten besser mal darüber nachdenken, was die hier abziehen. Wenn meine eigene Familie mich nicht mal akzeptieren kann, wie kann ich das dann von anderen verlangen. Hallo?! Ist Heterosexualität das Bollwerk der Menschheit?!!

»Ihr zwei redet totalen Schrott!«, ergreift meine Oma, die ich immer nur Nana nenne, das Wort. Nana wird es meinen intoleranten Eltern zeigen. Ha! »Was wäre die Welt ohne all die verzauberten Prinzen?«, sagt sie, setzt ein aristokratisches Lächeln auf und greift zum Streuselkuchen.

Verzauberte Prinzen? Ich blicke Nana an. Normalerweise ist sie die Einzige in der Familie, die Tacheles redet. Weshalb sagt sie nicht SCHWUL? Okay, verzauberte Prinzen klingt nett, aber ich hätte es gern etwas mehr aus dem Leben gegriffen. Nana, enttäusch mich bitte nicht!

»Ohne verzauberte Prinzen gäbe es keine erstklassigen Frisöre, keine außergewöhnlichen Modedesigner, keine Balletttänzer, keine tiefgründigen Literaten und Musiker«, redet sich Nana warm und arbeitet sich zum Höhepunkt ihrer Fürsprache voran. »Der alte Onkel Hannes, was glaubt ihr wohl, weshalb der nie eine Freundin hatte?«

Nana, soeben hast du mich enttäuscht! Was ist mit dir los? Nana ist auch schon mal geistreicher und scharfzüngiger gewesen! Mit rollenden Augen sehe ich Nana an. Frisöre? Modedesigner? Tänzer? Bitte??? Klischee heftet sich an Klischee. Was für eine Art von Hilfe soll das sein? Ist hier jeder stoned, oder was?! Mein Coming-out gleicht einer Soap. Mein Coming-out? Besser gesagt, mein Leben!

»Siehst du! Hannes ist dein Onkel. Das sind deine Gene!«, sagt mein Vater aggressiv zu meiner Mutter. »Wie viele Beweise brauchst du noch? In meiner Familie hat es so etwas noch nie gegeben. Bei uns sind Männer Männer und Frauen Frauen!«

Meine Mom ist nervlich am Ende. Mein Coming-out, die damit verbundene familiäre Tragödie, die Anfeindungen meines Vaters; ich sollte besser schon mal Riechsalz besorgen. Kann sich nur noch um Sekunden handeln, bis sie in Ohnmacht fällt!

»In den 60ern haben wir das alles nicht so genau genommen«, erzählt Nana aus dem Nähkästchen, lässt für einen Moment den Mund offen stehen, fährt mit der Zungenspitze über die Unterlippe und zieht wie ein Bauarbeiter die Nase hoch. »Ob Fleisch oder Fisch, ach, das juckte niemanden. Sexuelle Revolution war angesagt. Wir haben quasi gegessen, was auf den Tisch kam und zumindest von allem mal genascht. Kostverächter war niemand.«

Meine Familie ist irre geworden! Statt sich über mich Gedanken zu machen und sich auf mein Coming-out zu stürzen, sollten die besser zum Telefonhörer greifen und einen Termin bei einem Seelenklempner machen. Allerdings wäre eine sofortige Zwangseinweisung in die Klapse das Allerbeste!

»Fleisch oder Fisch«, schüttelt mein Vater den Kopf und sucht den Augenkontakt zu meiner Mom. »Deine Mutter!«

»Mama, ich bitte dich!«, tönt meine Mom verlegen.

»Mama. Was besseres fällt dir auch nicht ein, wie?« Nana simuliert eine Gesichtsverzerrung und macht sich lustig. »Wenn ich ehrlich bin, kann ich Immo gut verstehen. Rein sexuell gesehen kann ein Mann ihn viel besser verstehen und auf seine körperlichen Bedürfnisse eingehen.«

Mein Vater ist kurz vor einer Herzattacke. »Spinnst du? Willst du ihm das auch noch schmackhaft machen?«

»Das muss ich gar nicht! Sex ist Sex. Ihr überbewertet das! Statt einer Schwiegertochter bekommt ihr einen Schwiegersohn. Hannes wird sich freuen, dann hat er endlich mal wieder die Möglichkeit, Blumenmädchen zu spielen.«

Wenn das so weitergeht, dann muss das Mausoleum um einiges größer gebaut werden. Ich fürchte nämlich, meine Heterosexualität ist nicht das Einzige, was heute zu Grabe getragen wird! Was kommt als nächstes? Mit den Händen halte ich mich am Sessel fest, bin innerlich total verkrampft. Bei der nächsten Umfrage in Sachen aktiver Sterbehilfe werde ich mich ganz eindeutig und aus voller Überzeugung dafür aussprechen. In Anbetracht des heutigen Tages kann ich nur sagen: Je früher, desto besser!

Plötzlich ist ein Gackern zu hören. Reflexartig drehen alle Anwesenden den Kopf zur Wohnzimmertür. Mich trifft der Schlag! Im Türrahmen stehen Holly und Etienne. *Voilá!*, fällt mir dazu nur noch ein. Wie sind Holly und Etienne überhaupt reingekommen? Was soll's! Als ob das eine Rolle spielt. Mein Vater starrt Holly an, und ihm fällt die Kinnlade runter. Live hat er noch nie eine Dragqueen gesehen. Er hasst Dragqueens und alles, was in diese Richtung geht! Jedes Mal wenn er im Fernsehen solche ›Kranken‹, wie er es nennt, sieht, dann lässt er Hassattacken los und lästert vorbildlich machohaft ab.

Meine Mutter wird noch bleicher im Gesicht. Würde sie vor einer Kalkwand stehen, würde sie chamäleongleich mit dem

Hintergrund verschmelzen. Sie sieht so aus, als wüsste sie nicht, ob sie lachen oder weinen sollte. Sie weint ja ohnehin schon.

»Hallöchen ihr zwei Hübschen!«, grüßt Nana und prostet mit ihrer Tasse Holly und Etienne zu.

Holly trägt ein pompöses Abendkleid in Regenbogenfarben. Ihre blonde Langhaarperücke hat sie zu einer imposanten Hochsteckfrisur getürmt und darin bunte Schmetterlinge eingearbeitet. Holly trägt sehr oft Hochsteckfrisuren, steht ihr auch ausgesprochen gut! Mit einem Fächer aus Federn wedelt sie sich Luft zu, tuschelt Etienne etwas zu, lacht schrill auf, marschiert tänzelnd auf meinen Vater zu und beginnt zu singen: »There's more to love than boy meets girl!«

Auch das noch! Der Song stammt von Jimmy Sommerville, den Holly angeblich mal bei einem Hamburger CSD kennen gelernt hat. Das schwule Urgestein des britischen Pops war mir überhaupt kein Begriff, bis Holly mich mit CDs bombardiert hat. Ist zwar nicht mein Geschmack, aber immerhin setzt sich Jimmy Sommerville für die Schwulenbewegung ein. Dass er rein musikalisch bei meinem Coming-out mit von der Partie ist, sprengt meine kühnsten Erwartungen. Was hier gerade abgeht, ist der absolute Albtraum!

»Schöne Stimme!«, kommentiert Nana Hollys Sangeseinlage. »Kuchen? Ist ein bisschen trocken, aber mit einem Schluck Kaffee geht's.«

»Wie aufmerksam«, lächelt Holly aufgesetzt wie eine Filmdiva. Selbstverständlich kommt es zum Colliergriff, schließlich gibt es bei Holly keine halben Sachen! »Danke, aber ich bin grade auf Diät. Hab ein kleines Röllchen am Bauch entdeckt, das muss weg.«

Etienne lacht dreckig auf und ruft: »Du auf Diät? Seit wann? Vor keiner halben Stunde hast du Breitarschantilope drei Cheeseburger und eine Familienpackung Pommes gefressen. Was für 'ne Diät ist das? Hättest du einen Spiegel zu hause, wäre dir bestimmt nicht entgangen, dass du in dem Fummel wie ein Schnürschinken aussiehst. Und wenn ich schon mal dabei bin, ehrlich zu sein: Dein Geträller ist ätzend! Der alten Schrumpelrose mag deine Stimme gefallen, jeder normale Mensch kriegt davon einen Hörsturz mit Tinnitus als Spätfolge. Wenn du singst, muss ich kotzen!«

»Pass mal auf, du knochige Syphilisschleuder, ich krieg mehr Männer ab als du! Und mich bekommt nicht jeder. Ich bin *Extravaganza*! Du bist Happy Hour; für ein Drink gehst du mit jeden ins Bett, du hässlicher Krötenfurz!«

Ich wünschte, ich wäre tot! Mir ist ganz anders. Ich glaube, ich mache mich nass, nicht weil ich Druck auf der Blase habe, sondern weil meine Muskeln erschlaffen – einfach so! Clark Hero, bitte rette mich, bevor es ein böses Ende mit mir nimmt! Moment. Habe ich da eben etwa ›Das hat es doch schon!‹ gehört? Wer war das?!

Wie von der Tarantel gestochen kommt Patty ins Wohnzimmer gerannt. Wie immer erinnert ihr Aussehen an die junge Version der Morticia Adams aus der amerikanischen TV-Serie *The Adams Family*. Pattys Teint ist bleich geschminkt, ihre Augen sind mit schwarzem Lidschatten verschönt, und die Lippen hat sie mit einem blutroten Lippenstift betont. Ihr langes schwarzes Haar trägt sie glatt, was perfekt mit ihrem schwarzen Samtkleid zusammengeht.

»Hab ich schon was verpasst?«, fragt Patty und setzt sich neben mich.

»Ich denk, du bist in Paris«, wundere ich mich.

»Bin ich ja auch. Aber glaubst du ernsthaft, ich lass mir dein Coming-out entgehen? Für wie gaga hältst du mich? Das ist *das* Ereignis! Wir haben es gemeinsam geplant, nun will ich mit eigenen Augen sehen, wie es läuft!«

»Bin gespannt, wer sich noch alles einfinden wird.«

»Lass dich überraschen!«, grinst Patty und begrüßt nebenbei meine Eltern und Nana, als hätte sie sich zu einem netten Kaffeeklatsch eingefunden.

»Was geht hier eigentlich ab?«, brüllt mein Vater. Wundert mich, dass das so lange gedauert hat. Muss der Schock sein! »Und wer sind Sie?«, will er von Holly wissen.

»Die gute Fee von Immo!«, brüllt Holly zurück und macht ein Gesicht wie Mary Poppins auf Heroin.

»Kennst du dieses ... dieses Wesen etwa?« Mein Vater sieht mich verachtend an.

Noch bevor ich antworten kann, kriegt Holly einen Tobsuchtsanfall. Die Worte meines Vaters haben sie zutiefst gekränkt. In solch einem Fall kennt Holly keine Gnade!

»Sperr mal die Lauscher auf, du aufgeblasener Armleuchter«, zischt Holly mit ungewohnt tiefer Stimme und postiert sich wie eine Kampfmaschine unmittelbar vor meinen Vater. »Das Wesen hier wird dir gleich einen Einlauf verpassen, der sich gewaschen hat! Für wen hältst du dich eigentlich? Leute wie du machen uns das Leben schwer und säen mit ihrer Ablehnung Hass. Du musst mich nicht lieben, raff das gefälligst, aber du hast mich zu respektieren und zu akzeptieren und zwar so, wie ich bin! Ich muss schließlich auch mit deiner Einfältigkeit leben. Glaubst du, das macht mir Spaß? Das ist verdammt anstrengend! Du kannst von Glück reden, dass ich eine Dame bin, die niemals die Contenance verliert. Zugegeben, im Augenblick fällt mir das nicht leicht. Am liebsten würde ich dir einen meiner Pumps so tief in deinen Arsch drücken, dass du mir mühelos die Schuhspitze küssen kannst. Ich hoffe, wir verstehen uns, Mister Großkotz!«

Mein Vater wird puterrot, was ich noch nie zuvor bei ihm gesehen habe. Erstaunlicherweise sagt er nichts. In ihm brodelt es, was zweifellos sehr viel schlimmer ist. Er blubbert vor sich hin wie ein Vulkan, der kurz davor ist auszubrechen. Er dünstet sogar eine Schwefelfahne aus. Riecht das hier noch jemand? Die Zeichen sind unmissverständlich. In unserem Wohnzimmer spielt sich so etwas wie der Untergang von Pompeji ab. Mein Coming-out ist die totale

Katastrophe! Vermutlich wird heute Abend in den Hauptnachrichten auf allen Kanälen darüber berichtet.

»Ich muss mal eben dazwischengehen«, mischt sich Nana ein. »Holly, so ist doch Ihr Name, wenn ich eben richtig zugehört habe.«

Holly wendet sich Nana zu. »Ja, und zwar Holly mit einem Y am Ende.« Schlagartig ist Holly wieder ganz die Alte, macht ihren berühmten Schmollmund à la Marilyn Monroe und ist Vamp. Ein ewiger Klassiker, schwört sie.

»Ist das Satin?« Mit dem Finger deutet Nana auf Hollys Kleid.

»Verblüffend, meine Liebe! Habe ich auch gedacht. Der Glanz ist ein Traum, ist schon ein feines Stöffchen, nicht? Allerdings Seide!« Holly fächert sich Luft zu. »Da war eine Truppe kleiner, süßer, putziger Seidenraupen tüchtig für mich am Werk. Hat sich gelohnt, wie ich finde. Das Kleid habe ich in Barcelona entdeckt. Ich habe es gesehen und wusste: Das ist meins! Liebe auf den ersten Blick sozusagen. Würde das mal ähnlich mit den Kerlen laufen, aber na ja. Das wäre reinster Science-Fiction! Die meisten Männer haben Angst vor mir. Wieso eigentlich? Sehe ich etwa aus wie eine Amazone, die in einem günstigen Moment unerwartet ihr Schwert hervorholt und die Kerle entmannt? Ich bin sensibel und anlehnungsbedürftig. Ich bin eben eine Frau! Anscheinend zu viel Frau für das starke Geschlecht. Das sind doch alles Luschen! Ausdrucksstarke Frauen mit Sexappeal und eine Affinität fürs Luxuriöse, *mon dieu*, das ist der absolute Potenzkiller für die Herren der Schöpfung. Wissen Sie, meine Liebe, ich bin Künstlerin, Entertainerin. Künstler sind ja oftmals einen kleinen Tick weiter.« Holly schüttelt sich vor Entzücken, wackelt mit dem Hintern wie eine Ente, die aus dem Wasser watschelt, und ist nicht mehr zu bremsen. »Kleidung unterstreicht die Persönlichkeit, ist also die optische Visitenkarte. Zeig mir, was du trägst, und ich sage dir, wer du bist! Die meisten von uns haben überhaupt keinen Stil, schrecklich.

Die laufen als *fashion victims* rum und sind Schuld dran, das unsereins einen Pupillenknick kriegt. Wie oft passiert es, dass ich mir jemanden anschaue und spastisches Augenzucken bekomme. Aber was kann man dagegen unternehmen? Nichts! Bluten diese fashion victims nicht auch, wenn man eine Nadel in ihr Fleisch bohrt?! Und fühlen sie nicht auch Schmerz, wenn sie mit der Schönheit eines anderen konfrontiert werden?! Das Leben kann schon eine böse Stiefmutter sein, tragisch! Übrigens werde ich in diesem Kleid auf der Bühne den alten Klassiker von Judy Garland performen. Sie wissen schon: *Somewhere over the rainbow*. Der Zauberer von Oz, ein wunderbarer Film!«

»Wirklich chic!« Nana ist voll des Lobes für Hollys Outfit und angetan von ihrem Redeschwall. »Waschen Sie selber oder geben Sie in die Reinigung?«

»Nana, bitte!«, fahre ich dazwischen. »Wen interessiert das?«

Nana zuckt fragend mit den Achseln, kann nicht nachvollziehen, was ich habe. Holly zuckt ebenfalls mit den Achseln, ahmt ein spastisches Augenzucken nach, und zwar links. Jetzt werde ich auch noch verarscht!

»Schluss mit dem Wahnsinn!«, ruft mein Vater und steht vom Sessel auf. Der Vulkan spuckt Lava und Feuer! »In meinem Haus dulde ich keine Kranken in Frauenkleidern und auch keine Schwuchtel. Raus! Und zwar sofort, bevor ich mich vergesse!« Das war erst der Anfang. Er schaut mich an, und in seinen Augen ist eine unbeschreibliche Wut. »Geh auf dein Zimmer und warte, bis ich zu dir komme. Glaube nicht, dass ich dir deine Flausen durchgehen lasse, mein Freund!«

»Flausen?«, wiederholt Holly, dreht sich zu meinem Vater und legt die Hände in die Taille. Da Holly einen guten Kopf größer ist als er, sieht sie im wahrsten Sinne des Wortes von oben auf ihn herab. »Homosexualität ist doch keine Flause! Glaubst du allen Ernstes, es handelt sich um eine Phase, die wieder vergeht wie eine

Grippe? Mit Vitamin C und irgendeinem beknackten Medikament lässt sich ebenfalls nichts daran ändern! Ich werd hier noch meschugge. Woher kommst du eigentlich? Vom Mond? Du kannst wirklich froh sein, dass ich hier bin. Ich werde dich schon aufklären, Schätzchen!«

Das ist zu viel für meinen Vater. Er sieht rot, holt aus und will Holly mit der Faust schlagen. Holly sieht das Unheil auf sich zukommen und geistesgegenwärtig schnellt ihre Hand zielsicher nach vorn, fasst meinen Vater in den Schritt und drückt zu! Holly quetscht seine Männlichkeit, und er jault wie ein Hund, der ohne Narkose kastriert wird. »Frauen schlägt man nicht!«, grinst Holly tadelnd. »Oder wirke ich etwa auf dich wie eine, der dabei einer abgeht?«

»Wo sie Recht hat, hat sie Recht!«, solidarisiert sich Nana mit Holly.

Für meine Mutter wird die Situation unerträglich. Sie beschließt zu flüchten und fällt in Ohnmacht. Auf der Couch sitzend kippt meine Mutter vornüber und landet mit dem Gesicht mitten im Streuselkuchen. Auf diese Art und Weise kann man sich auch aus einer Situation davonstehlen. Nicht gerade genial, aber zumindest effektiv. Toll! Patty eilt ihr zu Hilfe. Nana schüttelt den Kopf und bemerkt beiläufig, dass ihre Tochter, also meine Mom, immer schon gern im Mittelpunkt gestanden habe und ihr jedes Mittel recht sei, um Aufmerksamkeit zu kriegen.

Etienne lacht amüsiert und findet, dass mein Coming-out ein Riesenspektakel ist. Patty greift ihr Handy und ruft einen Notarzt. Holly quetscht munter weiter. Mein Vater krümmt sich vor Schmerzen. Der Schweiß tropft von seiner Stirn. Ich bin zu keiner Regung fähig. Kann bitte mal jemand bei mir die Batterien rausnehmen oder den Stecker ziehen?! Das soll mein Leben in Rosarot sein? Clark Hero, hilf mir. Bitte! Hilfe! Hilfe!! Hilfe!!!

»Immo!«

Stimmen. Ich höre Stimmen! Bei der Mischpoke ist das nicht verwunderlich. Hilfe! Ich bin in der Hölle. Bei meinem Glück ist das nur das Vorzimmer, und der richtige Hammerschlag, mein diabolischer Knock-out, steht noch bevor. Alles lässt sich bekanntlich steigern. Obwohl kaum vorstellbar, dass es noch peinlicher geht. Hm. Ich hätte eine Idee. Valentino könnte als Überraschungsgast auftreten und allen bei einer Tasse Kaffee und einem Stück Kuchen erzählen, wie er mich vor einigen Wochen im Kornfeld entjungfert hat. Ich glaube, ich eifere meiner Mom jetzt einfach nach und werde ohnmächtig! Bevor ich es vergesse: Hilfe! Besser einmal zu viel als einmal zu wenig.

Mit einem Mal werde ich durchgerüttelt. Hä? Was geht denn jetzt ab?

»Immo, wach werden!«

Moment mal, hier stimmt was nicht. Mir ist so schläfrig. Bin ich etwa tatsächlich in Ohnmacht gefallen und hab von dem nichts mitbekommen? Genial! Mein verkorkstes Coming-out kriegt einen Touch von ›Wünsch dir was!‹. Wenigstens liege ich weich. Ich spüre eine Matratze unter mir. Mann, die haben mich ins Bett verfrachtet. Ich trau mich gar nicht, die Augen zu öffnen. Vielleicht haben sich die erhitzten Gemüter in Sorge um mich beruhigt, und alles ist wieder gut.

»Immo!«

Vielleicht riskiere ich es und öffne ein Auge, aber nur zur Hälfte. Ich bin mutig und trau mich! Ich öffne mein rechtes Auge, blinzle und erblicke Yannick. »Du?« Jetzt bin ich geliefert! Wenn mein Vater – der Kreuzritter im Kampf gegen die Homosexualität und alle Dragqueens dieser Welt – checkt, dass mein Boyfriend hier ist, wird er völlig ausrasten und Blut spucken. »Schnell, du musst verschwinden! Ist total süß von dir, dass du gekommen bist, aber ... besser du gehst jetzt wieder. Nimm das Fenster!«

»Was redest du?«Yannick streichelt mein Gesicht und sieht mich mit großen Augen an.

Mein Herz klopft verliebt, singt *L.O.V.E.* und alles wegen Yannick. Er ist so süß! »Ach Baby«, sage ich, »ich hau mit dir ab. Ist mir egal, was mein Vater macht. Soll er doch ruhig durchdrehen.« Jetzt erst fällt mir auf, dass Yannick nackt ist. Oh mein Gott! Wir können uns doch nicht lieben, nicht jetzt und schon gar nicht hier! »Wir müssen die Kurve kratzen. Schnell!«

»Süßer, du bist noch ganz verwirrt. Ist dein Traum so schrecklich gewesen? Hast du deswegen um Hilfe gerufen? Schon vergessen, wird sind bei mir?«

»Bitte?« Was ist denn das für eine Ansage? Reflexartig öffne ich mein anderes Auge; das Lid rollt sich wie eine Fensterjalousie auf. »Das war alles nur ein Traum? Ich bin aus der Hölle zurück? Ernsthaft? Kein Scheiß?« Ich atme entspannt durch und entkrampfe mich. Jetzt fällt es mir wieder ein. Yannick und ich haben uns aufs Ohr gelegt, um für den Abend fit zu sein. Heute ist Silvester! »Du ahnst nicht, was ich durchmachen musste!«

Yannick küsst meine Nasenspitze, nimmt mich in seine Arme und drückt mich an sich. »Du hast total unruhig geschlafen. Es hat lange gedauert, bis ich dich wach gekriegt habe. Was hast du geträumt?«

»Von meinem Coming-out«, erzähle ich und bin so froh, dass Yannick bei mir ist. »Ich hätte gleich merken müssen, dass irgendwas faul ist. Für ein Coming-out war das zu trashig! Ich meine, das war absolut krank. Freddy Krüger kann nichts dagegensetzen, ehrlich. Das war der absoluter Horror.« Detailliert schildere ich Yannick meinen Albtraum.

»Das kommt, weil du dich viel zu sehr mit deinem Coming-out beschäftigst. Sieh das mal locker, Immo.«

»Haha. Du hast gut reden! Bei dir ist doch alles easy. Meine Eltern werden garantiert nicht wie deine reagieren.«

»Das weißt du doch überhaupt nicht.«

»Yannick, glaube mir. Mein Vater wird am Rad drehen.«

»Du bist sein Sohn! Dass du schwul bist, ändert doch nichts.«

Yannick ist einfach traumhaft! Er macht mir stets Mut und unterstützt mich bei all meinen Schritten auf dem Weg zu mir selbst. Mit seinem Mut und seiner Selbstverständlichkeit begegnet er meinen Ängsten, was mir unglaublich hilft. Mit seiner liebevollen Art stärkt Yannick mich, mich zu finden und die Courage zu haben, ich selbst zu sein. Ich bewundere Yannick. Er ist der Größte! Wir sind jetzt schon drei Monate ein Paar, und es läuft immer besser mit uns. Das ist der Himmel! Für mich ist die Liebe das Allerwichtigste im Leben, denn die Liebe macht das Leben erst schön!

Yannick sieht zum Funkwecker, der neben dem Bett steht. »Wir müssen aufstehen.«

»Wie spät ist es denn?«

»Zwanzig vor sieben.«

»So spät schon?«

»Sag mal, Immo, können wir nicht einfach für uns bleiben? Das ist unser erstes gemeinsames Silvester. Ich habe keinen Bock auf andere und 'ne langweilige Party. Zu zweit, ganz romantisch, du und ich; das würde mir gefallen.«

»Hey, das können wir Holly unmöglich antun! Du weißt, wie sehr sie sich auf uns freut.«

»Meinetwegen. Wir bleiben aber nicht so lange, okay? Unser persönliches Feuerwerk wird nämlich hier im Schlafzimmer stattfinden.« Yannick gibt mir einen Klaps auf den Hintern und küsst mich. »Ich spring unter die Dusche.«

Ich lächle ihn an und beobachte, wie er aus dem Bett steigt. Yannick ist nackt. Mit der Hand fährt er durch seine Rastazöpfe, die mittlerweile mit den Spitzen fast die Schultern berühren, kratzt sich den Kopf und gähnt. Yannick sieht so hübsch aus. Jedes Mal wenn ich ihn anschaue, geht in meinem Herzen die Sonne auf. Ich hätte nie gedacht, dass ich mal jemanden wie ihn zum Freund haben würde. Yannick ist ein sehr fantasievoller Mensch, der mich immer wieder überrascht. Erst kürzlich hat er mir aus Styroporkugeln Planeten gebastelt, jeden Planeten mit lichtreflektierenden Farben angemalt und alles an der Zimmerdecke befestigt. Vom Bett aus konnte ich mir unser eigenes kleines Universum anschauen und träumen. Yannick weiß, dass ich total aufs Weltall stehe. Lieb von Yannick, nicht wahr?

Dass wir in Hollys Stammdisco SUCKER Silvester feiern, missfällt Yannick. Er mag die Disco nicht besonders. Yannick sagt, dort hängen nur Idioten und oberflächliche Szene-Miezen ab, die unter Geltungssucht leiden. Yannick bevorzugt die *Independent-Szene*, die weniger huschig ist, wie er meint.

Yannick streckt die Hand nach mir aus und sagt: »Komm duschen!«

Das liebe ich so an Yannick – dass wir alles gemeinsam machen. Ich springe vom Bett hoch, laufe auf ihn zu, nehme sein bestes Stück in die Hand und scherze: »So machen das die Elefanten; die fassen sich am Rüssel und marschieren zum Wasserloch.«

»Mit dem Rüssel lassen sich noch eine Menge andere Sachen machen!«

»Ach ja?«, grinse ich. »Und welche?«

»Zeig ich dir gleich!«

Wir lachen, sind unbeschwert und gehen zum Badezimmer, um zu duschen. Niemals zuvor habe ich mich besser und mehr geliebt gefühlt. Yannick und ich gegen den Rest der Welt!

♥ ♥ ♥

Dem Anlass entsprechend haben wir uns richtig rausgeputzt, sind super stylish gekleidet. Yannick ist in eine eng anliegende Lederhose geschlüpft, trägt ein Muskelshirt und darüber ein Jackett. Auf seiner gebräunten Brust funkelt ein Kettenanhänger. Hab ich schon erwähnt, dass Yannick wie der junge Lenny Kravitz aussieht? Ich bin hin und weg! Mein Outfit ist der absolute Kontrast. Ich trage oliv-farbene Army-Klamotten im US-Stil. Passend dazu habe ich meine blonden Haare aufgestylt und ein bisschen angepunkt, mit Gel Stacheln geformt. Yannick gefällt das. Und weil ich ihm gefallen will, habe ich mich dazu entschlossen. Ich muss zugeben, dass ich teilweise unsicher bin, was mein Aussehen angeht. Zwar bekomme ich Komplimente, und das nicht nur von Yannick, aber selber bin ich manchmal unzufrieden mit mir. An Yannicks Seite fühle ich mich immer schön. Er ist der erste Mann, der mir das Gefühl gibt, in jedem Moment hübsch zu sein. Ständig lässt er mich spüren, dass ich für ihn etwas Besonderes bin. Geliebt zu werden verleiht Flügel!

Wir sitzen in Yannicks altem Mazda, haben Etienne von zu hause abgeholt und fahren zu Holly. Yannick ist nicht sonderlich begeistert davon, dass Etienne mein bester Freund ist. Etiennes Männerverschleiß stößt ihm sauer auf. Mit meinen Homies tut sich Yannick ohnehin schwer. Etienne ist ein männlicher Vamp, Holly eine Dragqueen, Patty Gothic Lady und Dennis, Pattys Bruder, zweiseitig bespielbar mit Hang zur Pseudofreundin. Dass Dennis eine Ausbildung zum Pferdewirt macht, lässt tief blicken. Wegen der Ausbildung hat er kaum Zeit. Yannick findet unsere Clique schräg und abgefahren. Patty hat er bis jetzt zwar noch nicht persönlich kennen lernen können, weil sie derzeit in Paris lebt, aber ich peile schon, dass Yannick nicht gerade entspannt ist, wenn ich von Patty erzähle. Patty arbeitet jetzt als Kindermädchen bei einem Künstlerehepaar, das auf ihr außergewöhnliches Outfit abfährt. Patty fehlt mir. Zum Glück ist sie nicht aus der Welt. Wozu gibt's E-Mails und das Telefon!

Im Gegensatz zu mir hat Yannick mit einer Clique nicht viel am Hut. Sein bester Kumpel Theo, eine waschechte Hete, ist so was wie sein Blutsbruder. Mit Theo hängt er viel ab, wenn wir nicht zusammen sind. Ich kenne Theo nicht besonders gut, aber das kommt schon noch. Meistens treffe ich Theo, wenn er Yannick besucht.

Etienne ist extrem gut drauf, und ausnahmsweise ist kein Typ dafür verantwortlich. Ein Wunder! Vor einigen Tagen stand er für eine TV-Gerichtsshow vor der Kamera und brillierte nach eigener Aussage. In vielerlei Hinsicht fehlt es Etienne an Objektivität, was seine Selbstverliebtheit gnadenlos wettmacht. (Für diejenigen, die es noch nicht wissen: Im vergangenen Sommer habe ich mit Etienne an einem Casting teilgenommen. Da ich Schauspieler werden möchte, hielt ich das für eine gute Chance. Etienne hat mich begleitet, weil er Männer kennen lernen wollte. Am Ende hat er mich an die Wand gespielt. Die Caster waren von ihm begeistert. Meine schauspielerische Leistung war vergleichbar mit der einer geschlachteten Kuh! Dafür habe ich beim Casting Yannick getroffen, und wir haben uns verliebt.)

»Bist du sehr aufgeregt gewesen?«, will ich von Etienne wissen, obwohl er mir schon detailliert von seinem Drehtag erzählt hat. Für mich ist das total faszinierend. Etienne stand vor einer Kamera und wird in der Glotze zu bewundern sein. Heiß! Ich drehe mich um und schaue Etienne ins Gesicht.

»Wieso sollte ich? Nur weil da ein paar blöde Kameras rumstanden und mich gefilmt haben?« Etienne zischt wie eine Puffotter, aber mehr aus Verwunderung als aus Angriffslust. »Ich bin schon öfter gefilmt worden. Okay, das war mehr privat … und ich hatte kaum was an. Eigentlich war ich immer nackt dabei, außer wenn ich vorher gestrippt habe.«

»Ja, ich weiß, und in der Regel waren auch immer irgendwelche Spiegel wichtiger Bestandteil dieser Homemovies, ob an der Zimmerdecke oder den Wänden«, falle ich Etienne ins Wort, bevor er mit noch intimeren Details aufwartet und es sich mit Yannick ganz versaut. »Komm zur Sache, Schätzchen.«

»Ja, das hättest du gern«, grinst Etienne. »Okay. Die Gerichts-show. Als der Dreh begann, war ich echt mies drauf. Weit und breit war kein gut aussehender Macker zu sehen. Was für 'ne Scheiße! Ich meine, weshalb produziere ich mich? Bestimmt nicht für Ge-sichtsbaracken, die mich nicht interessieren. Ich musste eine ge-hirnamputierte Knalltüte mimen, die von ihren Klassenkameraden gemobbt und misshandelt wurde. Ich hab die TV-Schwachköpfe wissen lassen, dass mir das niemand abnimmt. Ich und ein Mob-bingopfer? Das ist doch lächerlich! Dafür bin ich viel zu beliebt und gut aussehend. Obwohl … Schönheit ruft Neid hervor. Vielleicht hat der Regisseur mich deswegen für diese Rolle ausgesucht. Keine Ahnung. Mimen. Das hab ich übrigens von diesem Käpt'n Wasser-stoff. Vermutlich blondiert der sich auch die Sackhaare! Der hat voll für Achselterror gesorgt. Na ja, zumindest hat er gecheckt, dass ich nicht spiele, sondern mime. Der alles entscheidende Mo-ment kam, als ich den Produzenten sah. Bei dem Schmacko wollte ich unbedingt Eindruck schinden, und deswegen habe ich mir ei-nen Wolf gemimt. Käpt'n Wasserstoff war beeindruckt, war ja klar. Nach dem Dreh haben die für mich applaudiert. Dem Produzenten war das egal. Was für ein blöder Wichser! Aber ich musste mich nicht lange ärgern. Bevor ich das Studio verlassen habe, hat mir ein geiler Schuss seine Visitenkarte zugesteckt. Er ist Drehbuchautor, heißt Adrian.«

»Du hast vielleicht Schwein!«, sagt Yannick und guckt in den Rückspiegel. »Wie machst du das nur? Dabei interessiert dich die Schauspielerei nicht die Bohne. Krass!«

»Meine natürliche Art kommt eben an.«

»Ja, ganz bestimmt liegt es daran«, hauche ich ironisch. »Deine Bescheidenheit ist sicherlich ein weiterer Grund. Was wird Armin zu deinem neuen Verehrer sagen?«

»Wer ist Armin?« Yannick fehlt der Durchblick bei Etiennes Männerkarussell.

»Armin ist der Redakteur, den Etienne beim Casting kennen gelernt hat. Du weißt doch, die zwei waren zusammen«, kläre ich Yannick auf.

»Moment mal. Nur weil ich mit Armin in die Kiste gesprungen bin, heißt das noch lange nicht, dass ich mit ihm zusammen war«, relativiert Etienne sogleich sein Verhältnis zu Armin. »Außerdem ist er gestört. Wirklich, der hat die Augen eines Irren. Seine Mundwinkel zucken immer so komisch, als würde er jemandem damit zuwinken. Das hat mich genervt, sieht auch scheiße aus. Und wenn er jemandem zuwinken will, soll er gefälligst wie jeder normale Mensch seine verdammten Wichsgriffel nehmen!«

»Lass mich raten. Armin hat dir nicht weitergeholfen in Sachen Rollenangebote.«

»Bingo!«, bestätigt Etienne meine Vermutung, ohne mit der Wimper zu zucken. »Wochenlang habe ich mir sein Gesülze angehört. Der hat mich mit seinen Selbstzweifeln zugetextet. Armin ist ein Schmachti. Jede Bratwurst hat bei dem Komplexe verursacht. Sein kleiner Schwanz war nur ein Problem. Er ist auch grottenschlecht im Bett! Der fickt wie jemand, dem sie die Luft abgelassen haben. Eins könnt ihr mir glauben, bei dem habe ich mir einen Wolf gemimt und verdiene dafür einen Oscar. Stellt euch das mal vor. Armin hat irgendwelche Beckenbewegungen gemacht und ich habe ihm das Gefühl gegeben, der Größte zu sein. Was für ein Pfosten! Beweist nur, wie groß mein schauspielerisches Talent ist. Ein bisschen ›oh ja, mmmh, bist du gut‹ und dazu ›Yeah! O yeah!‹ und selbst die größte Niete im Bett kommt sich wie ein gewaltiger Matratzenausbuchter vor. Wie erbärmlich! Armin hat mich vorhin angerufen und gefragt, ob ich nicht mit ihm Silvester feiern möchte.«

»Und welche Lüge hast du ihm erzählt?«

»Lüge? Wieso sollte ich lügen, Immo? Ich habe ihm gesagt, dass er nächstes Jahr mal wieder anrufen kann, aber dieses Silvester verbringe ich mit meinen Freunden.«

Was ist denn mit Etienne los? Er ist ja richtig süß! Halt. Stopp. Ich kenne Etienne. ›Dieses Silvester verbringe ich mit meinen Freunden‹ – das ist nicht Etienne! Silvester ohne sexuellen Höhepunkt ist kein Silvester für ihn. Da steckt etwas dahinter!

»Wartet dein eigentliches Date im SUCKER?«

»Hörst du nicht zu, Immo? Ich feiere mit euch! Mehr als Flirten ist heute nicht drin.«

»Bist du krank? Hast du einen Tripper?«

»Nein!« Etienne kneift giftig die Augen zusammen und gibt mir damit zu verstehen, dass ich nicht weiter nachbohren soll. In Yannicks Gegenwart will er den wahren Grund nicht verraten. Weshalb gibt er sich denn ausgerechnet jetzt so schüchtern, nachdem er keine Minute vorher aus seiner persönlichen Trickkiste in Sachen ›Wie mache ich aus einer Niete einen Matratzen Rambo‹ geplaudert hat?

»Quatsch dich aus!« Ich lass nicht locker und will eine Antwort.

»Hast du Langeweile?«

»Seh ich so aus? Los, spuck's aus!«

»Sagt dir Perianalvenenthrombose was?«, gibt sich Etienne schließlich geschlagen.

»Peri-was?«

»Ich hab 'ne Thrombose an der Kiste. Ficken ist nicht drin, tut zu weh. Bist du nun zufrieden? Willst du es sehen? Ich hab kein Problem damit, dir meinen Arsch zu zeigen. Aber lass bloß die Hände weg, auch wenn's schwer fällt, is' klar. Wie gesagt, tut weh!«

Yannick schreit sich weg vor Lachen.

»Du verarscht mich und erzählst wieder Bullshit.«

»Eben nicht! Vor einigen Tagen hab ich einen schmerzenden Knoten in der Größe einer Erbse an meinem Lustzentrum gefühlt. Ich gleich zum Doktor. Ich musste mich auf so einen beknackten

Stuhl wie beim Gynäkologen setzen. Unter anderen Umständen hätte mich das angetörnt, aber so! Der Doc meinte, ich hätte 'ne Dings ... Perianalvenen-schlag-mich-tot. Ich dachte, das wäre eine Anmache. Denkste! Bereitet Schmerzen und verschwindet von allein, meinte er. Nebenbei hat er mir ein Untersuchungsgerät, ich glaube, das war eine Schnabelzange, igitt, in den Hintern geschoben und gluckste fröhlich: Hämorriden haben Sie nicht. Darauf ich: Ist das ein Kompliment, oder macht Sie das grundsätzlich happy? Dazu hat er nix gesagt. Solange es weh tut, muss ich keusch bleiben. Keusch. Mir wird ganz übel.«

»Dann schmeißt du die Beine eben nicht nach hinten und belässt es beim Blowjob.«

»Was sabbelst du? Das Geilste vom Geilen soll ich mir entgehen lassen? Wie würdest du dich fühlen, wenn man deinen Motor auf Touren bringt und dich keine zwei Minuten später in die Garage stellt? Wenn du eine Rakete zündest, willst du auch, dass sie abhebt und ins Weltall fliegt. Ein Macker, der mit mir rummacht, will bei mir parken. Sieh mich an! Normal, oder? Ach ja, falls du irgendwann mal einen Proktologen brauchst, sag Bescheid!«

»Du fantasierst, stimmt's? Perianalvenenthrombose – das habe ich noch nie gehört.«

»Bist du Medizinstudent? Ist mir irgendwas entgangen? Es gibt für alles ein erstes Mal. Schon die Nacht im Kornfeld vergessen?« Etienne spielt auf meine Entjungferung an.

Ich strecke Etienne den Stinkefinger entgegen, bewege die Lippen zu einem lautlosen FUCK YOU! und schau wieder nach vorn, blinzle zu Yannick rüber. Auf seinem Gesicht ist ein Schmunzeln. Yannick ist entspannt. Er ist ziemlich eifersüchtig. Dass Etienne die Nacht im Kornfeld erwähnt hat, war nicht besonders klug. Zwar habe ich Yannick erzählt, auf welche Art und Weise ich meine Unschuld verloren habe, aber das macht es nicht einfacher. Yannick neigt zu Überreaktionen, ganz besonders wenn es um andere

Männer geht. Die Tatsache, dass ich mit Valentino, besser bekannt als *Jungfrauenknacker*, keinen Kontakt mehr habe, ist irrelevant für Yannick. Zudem ist es nicht gut, dass Etienne Intimitäten andeutet, die ich ihm anvertraut habe. Am Ende glaubt Yannick, ich würde mit Etienne auch über uns reden. Yannick mag das überhaupt nicht. Etienne weiß das, schließlich habe ich ihm das gesteckt, aber es kümmert ihn nicht. Etienne spielt gern mit dem Feuer - in jeder Hinsicht.

»Hast du mit Dennis gesprochen? Kommt er auch ins SUCKER?«

»Weiß nicht. Zwar hat er mich heute angerufen, aber ich habe ihm nicht zugehört. Wenn man nicht über mich spricht, schalte ich einfach ab!«

Das ist typisch Etienne! Manchmal kann er unerträglich oberflächlich sein. Trotzdem mag ich ihn. Okay, das war jetzt untertrieben. Etienne und ich, wir sind teilweise wie Tag und Nacht und dennoch ganz dicke miteinander.

»Wir sind gleich da«, sagt Yannick. »Hoffentlich ist Holly fertig und lässt uns nicht wieder tausend Stunden warten.«

»Das ist das Erstaunliche. Die Alte braucht 'ne Ewigkeit und sieht trotzdem ätzend aus«, giftet Etienne los. »Wir können nur beten, dass sie sich nicht in ihren gelbschwarzgestreiften Fummel zwängt. In dem Teil sieht Holly wie die fettleibige Biene Maja aus, die sich die Pollenklößchen ohne Ende reinzieht und kurz vorm Platzen ist. Da muss sie nur noch an Helium schnüffeln und losquasseln. Nein, besser nicht. Bei ihren abgefahrenen Vorlieben baut Holly die Nummer in ihrem Bühnenprogramm ein. Voll peinlich!«

»Du alte Lästerzunge!« Ich kann es nicht ausstehen, wenn Etienne über Holly herzieht.

»Jedes Mal verteidigst du die Wuchtbrumme. Mir stärkst du nie den Rücken!«

»Das ist auch sehr schwierig, weil du meistens drauf liegst und die Beine gespreizt hast!«

»Boah ey, bist du vielleicht komisch. Ich lach später! Ich freu mich wie ein Kullerkeks! Holly wird saublöd aus den Glubschaugen glotzen, wenn ich ihr von meiner Fernsehrolle erzähle. Schöner kann das Jahr nicht enden. Sie wird kotzen müssen!«

Gleich macht's Peng!, und Etienne verwandelt sich in einer Nebelwolke zum Troll. Seitdem Holly sich zu meiner persönlichen Fee erklärt hat, stichelt er gegen sie. Dabei kann Etienne derbe unterhalb der Gürtellinie schlagen, ohne dass es ihm bewusst ist. Irgendwann wird Etienne an den Falschen geraten und kräftig was auf die Fresse kriegen.

Wir biegen in Hollys Straße ein. Es ist kurz vor acht. Yannick parkt den Mazda direkt vorm Haus. Wir steigen aus. Etienne mault über die Kälte. In seinem bauchfreien Oberteil und der beinahe transparenten, hauchdünnen Hose friert er sich einen Ast. Würden wir zum Nordpool fahren, hätte das keinerlei Auswirkung in der Auswahl seiner Klamotten. Sexbesessen wie Etienne ist, achtet er darauf, dass seine körperlichen Reize (sowohl die echten als auch die eingebildeten!) stets gut und unübersehbar zur Geltung kommen. Übrigens ist auf seinem dunkelblauen Oberteil, das übertrieben gesagt, gerade mal seine Nippel bedeckt, der silberne Schriftzug BITCH! zu lesen. Kommt nicht besonders oft vor, dass Etienne die Dinge unmissverständlich beim Namen nennt!

An der Haustür überfliegt Yannick die Türschellen. »Wo muss ich klingeln?«

»Bei Wood!«

»Wood?«

»Ja. Ist doch irgendwie logisch«, grinse ich. »Holly Wood«

»Und wie heißt sie wirklich?«

Auf diese Frage hat Etienne nur gewartet. »Das weiß keine Sau! Ihr richtiger Name ist ein gut gehütetes Geheimnis, genau wie ihr Alter. Die feiert ständig ihren 29. Geburtstag. Holly leidet an Altersdemenz, wenn du verstehst, wie ich das meine. Bei ihrem

Gewicht lügt sie auch. Die Transe wirft Wellen im Asphalt und macht auf Bohnenstange. Was wirft die ein?«

»Wie lange hast du keinen Sex mehr gehabt?«, stoppe ich Etienne bei seiner Lästerei. »Dir muss der Saft bis zum Haaransatz stehen!«

»Ich kann nichts dafür! Wenn ich keinen Sex habe, bin ich unausgeglichen … und gemein. Im Grunde bin ich unzurechnungsfähig. Scheiß Perianalvenenthrombose! *Spooky*. Ich habe drei Tage gebraucht, bis ich das flüssig aussprechen konnte. Und jetzt kommt's mir über die Lippen wie ein ›Gehen wir zu mir oder zu dir?‹. Was für ein Silvester!«

Plötzlich ist ein Brummen zu hören. Der Türöffner! Yannick drückt die Haustür auf, und wir betreten den Hausflur. Der Abend kann beginnen!

❤ ❤ ❤

Mit dem Fahrstuhl fahren wir in die fünfte Etage. Es rüttelt gewaltig, und verdächtige Geräusche sind zu hören. Geheuer ist mir das nicht. Jemand mit Klaustrophobie würde jetzt vermutlich in Panik geraten. Yannick nutzt die holprige Fahrstuhlfahrt dazu, um mit mir kleine Zärtlichkeiten auszutauschen. Er nimmt meine Hand und küsst mich. Als wir in der fünften Etage ankommen, stoppt der Fahrstuhl. Die Tür geht seitlich auf. Yannick ist nicht zu halten und küsst mich weiter.

»Ich geh schon mal, damit ihr ungeniert öckern könnt«, sagt Etienne ein wenig zickig, weil er sich ignoriert fühlt und ihm das fürchterlich gegen den Strich geht. »Ich werde einen Zettel mit der Aufschrift ›Bitte nicht stören, wir poppen!‹ an die Fahrstuhltür hängen.«

»Wir haben keine Perianalvenenthrombose!«, erwidert Yannick grinsend. »Wenn du dich einsam im Bett wälzt, werden wir uns lieben.«

»Ich werde mich nicht nur wälzen, sondern auch den Mond an-
heulen!« Etienne verlässt die Fahrstuhlkabine und trottet in Richtung Hollys Wohnung.

»Muss du Salz in seine Wunden streuen?«, mäkle ich und kneife
Yannick zärtlich in die Seite.

»Er nimmt's doch mit Humor!«

»Und wie! Mehr Humor geht gar nicht. Tu mir einen Gefallen,
Schnucki, und lass den Abend etwas Besonderes werden.« Mit ei-
nem kleinen Kuss verstärke ich meine Bitte. »Das ist unser erstes
Silvester und ich will, dass es unvergesslich wird.«

»Das wird es, mein Schatz«, verspricht Yannick. »Etienne geht
mir tierisch auf den Sack. Bei ihm dreht sich alles um Typen. Einen
schönen besten Freund hast du! Muss es ausgerechnet eine Schlampe
sein?«

»Yannick«, sage ich mit einem Tonfall, der ein bisschen nach
›Was sagst du nur!‹ klingt. Ich muss Yannicks *Schlampe* unbedingt
entkräften und dabei glaubwürdig bleiben. Das ist heavy. Ich
komme ins Schwitzen. Auf der Schnelle fällt mir nichts ein. Ich
werde beim Altbewährtem bleiben. »Etienne ist ein Flittchen.
Nicht mehr und nicht weniger!«

»Das allergrößte, das ich jemals gesehen habe.«

»Es lebe der Superlativ! Sag ihm das um Mitternacht, dann freut
er sich!«

Yannick schmunzelt und haucht mir ein »Du!« entgegen. Plötzlich ist Getöse zu hören, hysterische Stimmen kreischen. Was hat
das zu bedeuten? Neugierig verlassen wir den Fahrstuhl und folgen
Etienne. Etienne steht vor Hollys Wohnungstür, hält das Ohr dagegen und lauscht.

»Was geht da drinnen ab?«, fragt Yannick besorgt.

»Ssssssschhhhh!«

Yannick sieht mich an. Ich zucke mit den Schultern. Aus Hollys
Wohnung dringt ein Gekreische, als würden zwei Kampfhähne, in

diesem Fall vielleicht dann eher doch Kampfhennen aufeinander losgehen. Entschlossen hämmert Yannick gegen die Tür.

»Hey, bist du panne? Mein Ohr!«, brüllt Etienne.

»Die schlagen sich da drinnen die Köpfe ein, und du findest das auch noch unterhaltsam. Das ist ganz schön abgefuckt!« Yannick ist wütend. Etiennes Verhalten findet er völlig daneben.

»Wer bist du? Der große Streitschlichter oder etwa der Retter aller Witwen, Waisen und Dragqueens? Nerv mich nicht!«

Ich ziehe an Yannicks Jackett, gebe ihm damit zu verstehen, dass er es lassen soll. Ich weiß, dass er Etienne nicht besonders mag und ihm früher oder später der Geduldsfaden reißen wird. Yannicks Toleranzgrenze ist ausgeprägt, genau wie sein Moralempfinden. Seine innere Einstellung gefällt mir, hat aber nicht viele Parallelen zu der von Etienne. Es ist geradezu unmöglich, dass Yannick nicht mit Etienne kollidieren wird. Ich muss mir unbedingt etwas einfallen lassen, damit sich die beiden freundschaftlich näher kommen. Das wird nicht leicht. Etienne ist eifersüchtig auf Yannick, was er natürlich niemals zugeben würde, und Yannick gefällt es nicht, dass Etienne mir so nahe steht, weil er einen schlechten Einfluss befürchtet. Ich komme mir vor wie im Kindergarten!

In der Wohnung wird es schlagartig ruhig, und Holly öffnet endlich die Tür. Sie trägt ein knallrotes hochgeschlossenes Abendkleid mit Pailletten und passenden langen Handschuhen. Ihr Haar ist aufwendig hochgesteckt, mit einigen Rosenblüten geschmückt. Dazu trägt sie lange, funkelnde Ohrringe. Ihr Make-up ist alles andere als dezent und dennoch von einem gewissen, wenn auch sehr eigenwilligen Stil. »Willkommen im Dollhaus!«, begrüßt Holly uns und atmet gequält aus. Sie nimmt mich in die Arme und drückt mich. »Herzchen, du hast mir so gefehlt.«

»Wie meine olle Tante Alma. Gleich wird sie Immo noch die Brust geben!« Etienne will Holly provozieren. »Ups! Ihre Möpse sind bloß Silikonattrappen.«

Holly gibt Yannick die Hand, nennt ihn Goldstück und wendet sich Etienne zu. »Willst du später noch anschaffen gehen, oder was soll der Aufzug? Du siehst wie 'ne billige Nutte aus, die sich für fünf Euro verramscht. Was rede ich? Du machst es doch schon für einen warmen Händedruck.«

» Rot macht fett!«

»Rot macht nicht fett, sondern die Schokolade, die ich tonnenweise fresse, du Trutsche. Mach besser das Maul zu, du stinkst nach Sperma!«

»Fette Schnecke!«

»Dorfmatratze!«

»Übergewichtige Möchtegern-Paris-Hilton für Arme!«

Das ist nicht zum Aushalten! Die zwei sind total matschig in der Birne. Das Schlimme ist, dass Etienne und Holly beim verbalen Abwatschen richtig aufgehen. Schlammcatchen müsste beiden gefallen, am besten öffentlich und live übertragen. Dabei könnte Etienne zwei Fliegen mit einer Klatsche fangen: Er könnte Holly mit Dreck, nicht nur verbal, bewerfen und sich gleichzeitig vor einer Horde johlender Verehrer produzieren. Auch wenn ich mich wie eine Super-Nanny anhöre, ich kann nicht anders. »Verschießt nicht schon jetzt das ganze Pulver, der Abend ist noch lang!«

»Was meinst du?« Etienne kann mir nicht folgen.

»Da musst du noch fragen?!«

Etienne sieht Holly an. Holly spitzt die Lippen, tippt mit dem Finger in kurzen Intervallen dagegen und überlegt. Ich glaub's nicht! Kann jemand bitte mal einen Psychiater holen! Mit einem Mal dringt erneut Getöse aus Hollys Wohnung. Zwei kreischende Stimmen beschimpfen sich aufs Übelste.

»Jetzt hab ich die Schnauze voll«, schimpft Holly. »Kommt rein. Ich muss mich um die meschuggen Schicksen kümmern!« Holly blickt in Richtung Wohnzimmer, pustet entschlossen wie ein Stier, der zum Angriff übergeht, und dreht sich noch mal zu uns um.

»Ich hasse Unentschlossenheit! Dieses ewige Hin und Her. Soll ich oder soll ich nicht? Entweder springt die Meschuggene jetzt oder nicht!« Holly trabt los, schimpft vor sich her und verschwindet in der Wohnung.

»Klingt nach einem derben Streit«, sagt Yannick.

Etienne schließt die Wohnungstür hinter uns, und wir gehen ins Wohnzimmer. Etienne bricht in Gelächter aus. An der offenen Balkontür steht eine spindeldürre falsche Venus im cremefarbenen Charlestonkleid. Sie trägt ein Stirnband mit Feder, und ihre glatten dunkelbraunen Haare reichen bis zu der Hüfte. »Huhu!« Ihre Stimme klingt weder feminin noch maskulin. Und sie hat einen riesigen Zinken mit Höcker.

»Hör auf zu lachen, du alberne Gans!«, blafft Holly Etienne an.

»Dr. Frankenstein lebt«, flüstert Etienne mir zu. »Hast du schon mal so einen Riecher gesehen? Pinocchio ist ein elender Loser! Ich wette, die fickt mit ihrer Nase. Wenn du auf der Visage sitzt, heißa! Die ist im Gesicht besser gebaut als viele Typen in der Hose.«

Ich beiße mir auf der Zunge, um nicht lachen zu müssen. Im nächsten Augenblick denke ich darüber nach, was in Yannick vorgehen mag. Das hier ist absolut nicht sein Ding! Es hat endlos gedauert, bis er sich an Holly gewöhnt hat. Von der Seite schaue ich Yannick an. Seine Augen sind weit geöffnet und sein Mund steht auf. Er hält meine Hand und ist sichtlich baff.

»Steht sie noch auf dem Balkon?«, fragt Holly. Sie wartet die Antwort nicht ab und sieht selber nach. »Was ist? Springst du jetzt oder nicht? Es ist Silvester! Wir wollen feiern!«

Vom Balkon dröhnt ein unverständliches Jammern, eigentlich mehr ein Blöken. Kann es sein, dass ich nach wie vor schlafe und das die Fortsetzung meines Albtraum ist? Es gibt nur eine Methode, um das rauszufinden. »Kneif mich!«, murmle ich Etienne zu.

»Das ist nicht der richtige Moment, um sich stimulieren zu lassen.« Etienne glaubt, ich spaße.

»Kneif mich!«

»Von mir aus«. Etienne kneift mich in den Oberarm.

»Au!« Jeder starrt mich an. Wie peinlich! Ich hebe die Schultern, lächle verschmitzt. »Wenigstens weiß ich, dass ich nicht träume!« Keiner kann meinen Gedanken folgen. Als wenn das hier und jetzt eine Rolle spielte, schließlich bin ich umgeben von Bekloppten!

»Nimm deine Pfoten von Immo!«, knurrt Yannick.

»Schon gut. Etienne hat mir nur einen Gefallen getan.«

Etienne streckt Yannick die Zunge raus, zieht eine Grimasse und macht auf Peter Pan. Diesmal muss sogar Yannick schmunzeln. Da wir noch immer unwissend sind, was sich da auf dem Balkon abspielt, und wir vor Neugierde platzen, setzen wir uns im Entenmarsch in Bewegung, um nachzusehen.

»Erschreckt sie nicht«, bittet uns die falsche Venus im Charlestonkleid. Sie bewegt ihre Hand wie ein Polizist, der einen Autofahrer zum Abbremsen auffordert.

»Süße, wenn du sie nicht erschreckst, erschrecken wir sie garantiert nicht«, erwidert Etienne.

»Ich werde wahnsinnig!« Holly stellt sich an die Balkontür, nimmt die Teekannen-Haltung ein und blickt auf den Balkon. »Fräulein, du ziehst 'ne richtig beschissene Nummer ab! Entweder springst du jetzt, oder du schwingst deinen verdammten Arsch hier zurück ins Warme! Meine Geduld ist irgendwann am Ende. Wenn du Alk nicht verträgst, dann hör mit dem Saufen auf. Verstanden?«

»Bleib stehen! Noch einen Schritt und ich springe!«, kreischt die Person auf dem Balkon.

»Hast du trübe Linsen, Rauschkugel? Ich habe mich keinen Millimeter bewegt!«

»Ich springe!«

Wir nähern uns Holly. Wie eine dreiköpfige Schlange lugen wir langsam hinter ihrem Rücken hervor. *Shocking!* Du glaubst es nicht!

Mit einem Bein halb über dem Balkongeländer hängend und sich mit den Händen daran festhaltend, flennt eine weitere auffallend schlanke Dragqueen mit Storchenbeinen im farbenfrohen Dirndl vor sich hin. Das Dirndl reicht ihr bis zu den Knien. Dazu trägt sie hohe Lackstiefel und eine Tina-Turner-Perücke.

»Mei, die Tina, woaßt, die is narrisch«, spottet Etienne mit dem bisschen Bayerisch, das er beherrscht. »Wo kemma denn do hi?« Er lacht und sagt zu Holly: »Sind deine Schwestern zu Besuch? Habt ihr 'ne Familienfehde? Geht's darum wer von euch die Hässlichste ist?«

»Du spermageile, schwanzlutschende Amöbe! Pass bloß auf, was du sagst, sonst tacker ich dir die Nougatfalte zu und du musst aus deinem Maul kacken!« Holly fasst sich an die Stirn, anschließend ans Herz. »Das ist zu viel für mich! Ich hab Herzrythmusstörungen! Ich hätte meine Yogaübungen nicht schleifen lassen sollen, das hab ich nun davon. Außerdem verliere ich die Contenance. Als Dame von Welt sollte ich mich nicht zu solchen verbalen Entgleisungen verleiten lassen. Was ist bloß mit mir los?« Mit einem sparsam dosierten Lächeln und einem Du-kannst-mich-mal-Blick schaut Holly aristokratisch zu Etienne. »Deine Nougatfalte würde ich nie zutackern. Die Macker würden die Anarchie ausrufen. Ich will doch nicht dafür verantwortlich sein, dass der sexuelle Ausnahmezustand herrscht, nur weil die Stadt ihre läufige Hündin verloren hat.«

Etienne macht dicke Backen und deutet damit an, dass er kotzen möchte.

»Eure Freundin will sich in die Tiefe stürzen und ihr Zankäpfel streitet euch. Was für Freunde seid ihr?« Yannick hat genug vom verbalen Gerangel zwischen Etienne und Holly.

»Die ist keine Freundin von mir!«, stellt Etienne klar.

»Ich hab die zwei meschuggen Hühner bei einem Auftritt in Spanien kennen gelernt«, erzählt Holly. »Ich will sie als Background-

Sängerinnen für meine neue Show haben. Aber mit der miesen Balkonnummer versaut die durchgeknallte Schnepfe sich alles bei mir!«

»Nenn mich nicht Schnepfe oder ich springe!«

»Nerv weiter und ich schmeiß dich eigenhändig vom Balkon, Schnepfe! Deine Performance als Cher war schon saumäßig schlecht, aber was du hier abziehst, das ist die Hölle, du Psycho-Else!«

»Ich hass dich! Ich hass euch alle!«

»Weshalb will sie springen?«, fragt Yannick.

»Ihr Freund Pedro hat sie abserviert. Das macht er jeden zweiten Tag, und jeden zweiten Tag droht sie damit, vom Balkon, vom Fernsehturm und Gott weiß wovon zu springen. Vorgestern wollte sie sich im besoffenen Kopf vorn Bus werfen – natürlich vor einen parkenden. Was für eine Art von Selbstmörderin ist die? Mir macht die nix vor. Die ist wie 'ne Kakerlake. Die überlebt sogar einen Atomkrieg!« Holly setzt sich auf die Couch, schlägt die Beine übereinander und greift zur Schokolade, die auf dem Tisch liegt. »Wenn ihr mich fragt, braucht die dringend ein paar Elektroschocks.«

»Das war kein parkender Bus! Ich hab den Fahrer genau gesehen!« Die Psycho-Else wehrt sich gegen Hollys Behauptung und klettert noch ein bisschen mehr über das Geländer.

»Nee, is' klar, Schätzchen. Tom Cruise höchstpersönlich, was?«

»Ich springe jetzt!«

Yannick will das Schreckliche verhindern und geht zur Balkontür. »Lass uns reden. Es gibt immer einen Weg, um aus Krisen rauszukommen. Und ein Kerl, der dich nicht liebt, ist es nicht wert, dass du dir was antust.«

Ich schmelze dahin. Yannick ist sooooo süß! Er ist ein richtiger Lebensretter. Mein Held!

Schokolade mampfend schmatzt Holly: »Lass dich nicht verarschen, Yannick. Die Irre springt nicht. Die hat Höhenangst! Wenn die sich noch zwei Zentimeter mehr übers Gelände lehnt, macht die sich nass!«

Mit beruhigender Stimme redet Yannick auf die vermeimtliche Balkonspringerin ein und versucht sie zu überzeugen, ins Wohnzimmer zu kommen. Yannick soll mal machen. Etienne und ich setzten uns zu Holly auf die Couch und schnabulieren Schokolade. Apanachi, die im Charlestonkleid, gesellt sich zu uns, genehmigt sich ein Gläschen Prosecco. Etienne will wissen, wer und was sie ist.

»Abgesehen davon, dass Marisa in erster Linie ein Hungerhaken ist, ist sie nebenbei auch Go-go-Tänzerin. Großes Talent hat sie aber nicht. Die bewegt sich wie eine gekeulte Kuh«, kakelt Holly und schiebt sich den nächsten Schokoladenriegel rein. »Marisa frisst wie ein Bauarbeiter und ist ein Strich in der Landschaft. Wenn ihr mich fragt, hängt die regelmäßig den Kopf ins Klo und steckt den Finger ins Maul.«

»Stimmt gar nicht!« Marisa setzt das Glas an und leert es in einem einzigen Schluck. Sie rülpst wie ein Tier und lächelt zufrieden.

»Du alte Pottsau!«, schimpft Holly. »Meine Nachbarn glauben jetzt, es sei schon Mitternacht und das Feuerwerk würde gezündet. Benimmt sich so eine Dame? Du hast keinen Stil und besitzt nichts Anmutiges!« Holly schielt auf ihr Dekolleté. »Nanu. Was ist denn das?« Mit der Hand fuchtelt Holly an ihrem Ausschnitt und holt einen angeknabberten Kartoffelchip hervor. »Wann habe ich denn Chips gegessen?« Sie wundert sich und verputzt das Fundstück. »Als ich im Herbst in Spanien unterwegs war und Auftritte in verschiedenen Clubs hatte, habe ich Marisa und die Balkonspringerin kennen gelernt. Die zwei duseligen Schicksen waren auf Männerfang, wollten sich aushalten lassen, weil sie pleite waren, sind die übrigens immer, und haben sich so was von stümperhaft angestellt. Wir kamen ins Gespräch und stellten fest, dass wir relativ nah beieinander wohnen. Wie ihr alle wisst, bereite ich ein neues Bühnenprogramm vor. Das wird einschlagen wie eine Bombe und mein künstlerischer Durchbruch werden. Ich schwöre! Ist nur 'ne Frage der Zeit, bis mich das Fernsehen entdeckt. Ich persönlich sehe mich in der Rolle von *Catwoman* mit ein bisschen was von Barbarella, und das möglichst in meiner eigenen Talkshow. Grrrrrr! Miau! Herrlich! Gott, bin ich gut. Das ist nicht mehr auszuhalten! Als zweites Standbein könnte ich mir Gesellschaftsreporterin vorstellen. Ich hab durchaus 'ne ziemlich kritische Seite an mir, was sich bei der ein oder anderen Frage gut machen würde.«

Etienne fühlt sich auf den Plan gerufen. Das ist der Moment, um Holly von seiner TV-Rolle bei einer Gerichtsshow zu erzählen. »Ich hab's schon geschafft!«

»Herzblatt, jetzt nicht. Du hast Sendepause«, gibt sich Holly desinteressiert und will sich nicht unterbrechen lassen. »Du kannst uns anschließend von deinen Bettgeschichten erzählen. Und deine Weisheit des Lebens haben wir nicht vergessen: Männer sind wie Busse. Alle fünf Minuten kommt ein neuer. Okay. Zurück zu mir. Mein neues Programm wird ganz auf mich zugeschnitten sein, deswegen ist der Titel schlicht und ergreifend *Extravaganza!*. Ich hab sogar schon damit angefangen, Songtexte zu schreiben. Für meine Songs brauche ich natürlich Background-Sängerinnen. Mal sehen, vielleicht entscheide ich mich für die zwei hohlwangigen Hühner.«

»Anuradha und ich sind als THE GLORY HOLES kreuz und quer durch die Szene getourt«, erzählt Marisa und schenkt Prosecco in ihr Glas nach. »Wir singen wirklich nicht schlecht.«

»Sag jetzt nichts«, bitte ich Etienne und beziehe mich damit natürlich auf THE GLORY HOLES. Das fällt Etienne sichtlich schwer. Aber schließlich ist das der letzte Abend des Jahres, da muss man nicht pausenlos Boshaftigkeiten loslassen. »Anuradha? Meinst du, das *Chick* auf dem Balkon?«

»Ja. Ich heiße Marisa del Corral, bin halb italienisch und halb spanisch, und meine Freundin heißt Anuradha, jetzt wird's ein bisschen schwierig, Dharmadhikari. Ihre spirituelle Heimat ist Indien.«

»Ist mal was anderes als Uschi, Pamela und ChiChi«, bemerkt Etienne ironisch. »Kann man sich auch total easy merken!«

Marisa checkt, was Etienne ihr durch die Blume sagen will. »Deswegen nennen wir uns als Duo ja auch ›S‹.«

»Ist euer Name Programm? Findet eure Performance überwiegend in Toiletten statt? Oder handelt es sich bei der Namensgebung um persönliche Vorlieben?« Etienne kann es nicht lassen.

»Wenigstens sind wir keine läufigen Hündinnen!«

»Bei der Nase kein Wunder!« Etienne hat genug auf Marisa rumgehackt. Das befriedigt ihn nicht wirklich, weil Marisa nicht viel entgegenzusetzen hat. Etienne sucht die Herausforderung und setzt erneut an, Holly von seiner Rolle bei der Gerichtsshow zu erzählen. »Ich bin bald in der Glotze zu bewundern.«

Holly sieht Etienne gleichgültig an, lutscht an einem Schokoladenriegel, kaut ein bisschen drauf rum, beleckt ihre Lippen und sagt: »Liebchen, ich wette, so mancher Stecher von dir geilt sich regelmäßig an deinen selbstgedrehten Sex-Homevideos auf, aber das bedeutet nicht, dass deine Bettakrobatik bundesweit ausgestrahlt wird. Sollte dir das jemand versprochen haben, hat er dich angelogen. Dasselbe passiert auch immer den Mädels aus dem Ostblock. Weißt du, denen wird 'ne Stelle als Putzfrau versprochen und schwups finden die sich auf dem Straßenstrich wieder.« Holly legt die Schokolade zur Seite. »Das ist mir alles zu süß. Ich hab Lust auf was Herzhaftes.«

»Du Gehirn! Hast du vergessen, dass ich mit Immo an einem Casting teilgenommen habe und die mich große klasse, einfach megasupertoll fanden? Ich habe meine erste Rolle erhalten und vor Weihnachten zum ersten Mal vor einer Kamera gestanden. Pah!«

»Herzlichen Glückwunsch«, gratuliert Holly nicht besonders euphorisch, was Etienne tierisch wurmt. »Jeder hat mal Glück.«

»Das hat mit Glück nichts zu tun. Ich bin gut!«

»So ist's richtig. Man muss an sich glauben. Glauben versetzt Berge! Huuh, mir wird kalt.« Holly steht von der Couch auf und geht zu Yannick rüber. »Schenk ihr nicht zu viel Aufmerksamkeit, Goldstück, sonst labert die dich bis nächste Woche Freitag voll. Normalerweise hört der keine Sau mehr zu. Die nutzt deine Gutmutigkeit aus, das Aas.«

»Anuradha ist down. Sie hat immer nur Pech in der Liebe.« Yannick ist voller Mitgefühl.

»Hat sie dir etwa die Geschichte von diesem dämlichen Fakir aus Indien aufgetischt? Das macht sie jedes Mal, wenn sie mit Spiritus aufgetankt ist. Glaubt der versoffenen Lügnerin kein Wort! Die Story vom Fakir und seinem Nagelbrett und dem Elefanten, tröööööt, trööööt, und ihrer unglücklichen Liebe in den Straßen von Kalkutta ist doch frei erfunden! Die weiß nicht mal, wo Indien liegt!«

Yannick ist sprachlos. »Du hast mich angelogen, Anuradha?«

Anuradha beginnt wieder zu flennen, will ihre Mitleidsmasche noch einmal tränenreich ausbauen. Yannick hat genug.

»Komm, lass die Rotzschleuder weiter am Geländer baumeln«, nimmt Holly Yannick in den Arm. »Lange hält Anu das eh nicht mehr aus. Die ist längst überfällig. Ihre Blase muss jeden Moment platzen. Oder hat sie etwa wieder über die Balkonbrüstung gepisst?«

»Nein.«

»Lass die sich einen abfrieren. Ich schließ die Balkontür jetzt. Mir ist kalt. Und wenn das Kalb nicht in zehn Minuten zur Besinnung kommt, düsen wir ohne sie ab. Ich will ins SUCKER! Ich hab Bock auf Party! Heute ist Silvester.« Mit Yannick im Schlepptau stellt sich Holly vor uns allen in Position. »Ich werde euch heute noch so was von überraschen, dass es euch die Sprache verschlägt wird!«, kündigt sie an.

»Willst du uns etwa dein wahres Alter verraten? Oder zeigst du dich ungeschminkt?« Etienne stichelt weiter. »Das wird gruselig werden!«

Holly lächelt nur und holt nicht zum verbalen Rückschlag aus. Sie muss eine mordsmäßige Überraschung in petto haben, andernfalls würde sie nicht so gelassen mit einem Lächeln reagieren!

❤ ❤ ❤

Anuradha bleibt hartnäckig. Nach wie vor hängt sie mit einem Bein über der Balkonbrüstung. Im Suff hat sie auch noch einen Moralischen bekommen und heult wie am Spieß. Yannick, der Liebe, kann nicht anders, hat sich wieder ihrer angenommen und versucht, sie dazu zu bewegen, endlich den Balkon zu verlassen. Mittlerweile ist es schon 21.33 Uhr. Yannick hat mich gebeten, seine Zigaretten aus dem Mazda zu holen. Er braucht den blauen Dunst für seine Nerven! In Hollys Wohnung gibt es weit und breit keinen Glimmstängel mehr.

Wir alle sind uns einig, dass wir Anuradha noch 20 Minuten geben, dann putzen wir die Platte. Wir wollen uns nicht unser Silvester versauen lassen! Ich warte auf den Aufzug und muss plötzlich an Patty denken. Was sie wohl gerade treibt? Ob sie am Eifelturm feiert? Ich würde das machen, glaube ich. Das stelle ich mir romantisch vor. Oh Patty, du fehlst mir. Weshalb lass ich sie das eigentlich nicht wissen? Ich hole mein Handy aus der Hosentasche. Simsen ist eine geile Sache.

Freigabe und dann * drücken.
Kurzmitteilung verfassen
Bist du schon hackebreit? Voll crazy,
was hier abgeht! Hast du Fun? Ich
vermiss dich, Patty. Kuss!
Senden

Die Aufzugtür geht auf. Mitten in der Kabine steht ein junger Mucki-Typ mit kurzen dunklen Haaren. Seine Jeans hat an den Knien Löchern. Er steckt in einer älteren Lederjacke, die teilweise abgewetzt ist. Er hat was von einem Punk-Rocker, wirkt jedoch nicht bedrohlich. Im Gegenteil. Wir begrüßen uns mit einem Hallo, und ich betrete den Aufzug. Die Tür geht zu. Der Aufzug setzt die Fahrt nach unten fort. Keine zehn Sekunden später ruckelt das Mistding, diesmal allerdings viel stärker als während der Fahrt hinauf zu Hollys Wohnung. Die Neonröhre, die in einer entsprechenden Halterung an der Decke montiert ist, flackert auf. Dann ist es plötzlich dunkel. Noch bevor ich weiß, wie mir geschieht, ruckelt es noch einmal heftig wie bei einem Erdbeben, dann tut sich nichts mehr. Kein Licht. Kein Ruckeln. Keine Bewegung. Keine Geräusche. Der Fahrstuhl ist stecken geblieben. Auch das noch! Als wäre der Abend nicht schon katastrophal genug.

»Was is'n nun los?«, schnauft der Mucki-Adonis. »Is' das 'n Scherz oder was?«

»Wir stecken fest.«

»Sieht so aus. Crazy!« Plötzlich fängt er an zu lachen.

»Was ist so komisch?«

»Darkroom. Ist ganz oben auf meiner Liste ›unbedingt machen!‹. Reinkommen. Nicht nachdenken. Hose runter. Knutschen. Fummeln. Ab die Post!«

Sieh an, der Mucki-Adonis gehört zur Familie! Etienne hätte das auf den ersten Blick gepeilt, dem entgeht so was nicht. Die Typen können noch so sehr wie eine Hete aussehen, Etienne macht niemand etwas vor. Ich sollte mir schleunigst ein paar Trainingsstunden geben lassen.

»Rat mal, was ich in der Hand halte!«

Oh no! Ich fühle mich wirklich geschmeichelt, aber dass er ausgerechnet jetzt die Sache mit dem Darkroom auf seiner Unbedingt-Machen-Liste abhaken möchte, ist zu viel für mich. ICH HAB EINEN FREUND!, als Statement müsste das meine Position deutlich machen. Vielleicht würde die Ergänzung UND ICH BIN TREU! das Ganze noch untermauern. So wie er aussieht, wird er mich für einen absoluten Spießer und Sockensortierer halten.

»Meinen Taschendrachen!«, löst er seine Rätselfrage auf.

Diesen Kosename für einen Schwanz habe ich auch noch nicht gehört. Plötzlich ist ein Knacken zu hören, wenig später erhellt eine Feuerzeugflamme die Aufzugkabine. Mann, komm ich mir auf einmal bescheuert vor. Meiner Haarfarbe entsprechend könnte ich guten Gewissens behaupten, ich erlebe soeben einen blonden Moment. Ich dachte, er redet von seinem besten Teil, dabei meinte er ein Feuerzeug. Das ist so ... Etienne! Sieht so aus, als färbe Etienne langsam aber sicher auf mich ab.

Mit dem Feuerzeug blickt er auf die Schaltknöpfe, die die einzelnen Etagen anzeigen. Ganz unten ist ein roter Knopf. In schwarzen Buchstaben steht ALARM darauf. Der Mucki-Adonis drückt drauf. Nichts geschieht. Er drückt noch einmal. Wieder nichts.

»Dreckskiste!«, schimpft er und schlägt kräftig mit der Faust dagegen. Das Licht im Aufzug springt wieder an. »Wenigstens ist es nicht mehr dunkel!« Er lässt seinen Taschendrachen in der Lederjacke verschwinden.

»Ich hab mein Handy dabei.«

»Gerettet!« Entspannt lehnt er sich gegen die Wand, wartet darauf, dass ich Hilfe rufe.

Ich nehme mein Handy. *The same procedure as every time*: Freigabe und dann * drücken. Nun noch schnell die Taste, unter der Hollys Nummer gespeichert ist. Die Verbindung wird hergestellt. Freizeichen.

Holly: Hier Miss Wood.
Ich: Ich bin's.

50

Holly: Ich hab mir schon Sorgen gemacht. Wo steckst du?

Ich: Im Fahrstuhl.

Holly: Herzchen, hast du bei der ganzen Aufregung vergessen in welcher Etage deine gute Fee wohnt? Was treibst du so lange? Planst du eine Odyssee im Fahrstuhlschacht?

Ich: Der Fahrstuhl ist stecken geblieben. Ich komm nicht raus.

Holly: Neiiiiin! Oh, mein Gott! Yannick ... Yannick, komm schnell her! Yannick! Verdammt, vergiss die besoffene Trulla!

Ich: Holly!!!!

Holly: Brüll nicht so in den Hörer! Willst du, dass ich taub werde? Mein Gott! Yannick! Immo ist im Fahrstuhl gefangen, und das Teil kann jeden Moment abstürzen!

Etienne: Gib mir den Hörer. Ich will mit Immo sprechen!

Holly: Nimm die Wichsgriffel weg! Du kriegst den Hörer nicht! Geh weg! Hau ab! Los!

Etienne: Gib mir jetzt den Hörer, oder ... Immo, alles cool?

Holly: Du kriegst den Hörer nicht, Flittchen!

Holly schrillt auf wie eine Sirene, streitet sich mit Etienne um den Telefonhörer. Plötzlich ist Stille.

Yannick: Immo?

Ich: Endlich jemand mit Gehirn!

Yannick: Was ist passiert?

Ich: Der Fahrstuhl ist stecken geblieben. Ich komm nicht raus.

Yannick: Hast du eine Ahnung, auf welcher Etage der Aufzug festhängt?

Ich: Ich denke, wir stecken zwischen der dritten und vierten fest.

Yannick: Wir?

Ich: Ja, ich und ... Warte mal. Sag mal, wie heißt du eigentlich?

Tyson: Tyson.

Ich: Tyson? Ich und Tyson.

Yannick: Wer ist Tyson?

Ich: Keine Ahnung. Mensch Yannick, kann ich dir das nicht später erzählen?
Yannick: 'tschuldige, mein Schatz. Ich komme sofort zu dir!
Yannick legt auf.

»Mein Freund kommt uns helfen«, sage ich und lehne mich neben Tyson gegen die Kabinenwand.

»Ist dein Freund Godzilla?«

»Godzilla? Quatsch! Wie kommst du darauf?«

»Dann klär mich auf, wie er uns helfen soll? Wenn er nicht mit seinen Händen die beschissene Tür aufbrechen kann, soll er besser den Notdienst oder meinetwegen auch die Feuerwehr rufen.«

Peep. Peep. Mein Handy klingelt zweimal. Eine SMS ist da.

»Moment mal.« Ich schau aufs Display.

1 Kurzmitteilung Patty

Bin noch nüchtern. Sind auf den
Champs-Èlysées, laufen in Richtung
La Défense, wo eine Freundin wohnt.
Gebe mir gleich die Kante! Hab dich lieb!

Meine Patty! Die Franzosen sind bestimmt ganz verrückt nach ihr. Wenn ich bedenke, dass sie in einer Nacht- und Nebelaktion auf und davon ist. Voll mutig! Und jetzt lebt sie in Paris. Wow! Sogar Pattys Eltern sind stolz auf sie. Am Anfang haben die voll Stress gemacht. Aber Patty lässt sich nichts sagen, sie hat ihren eigenen Kopf!

»Immo?« Yannick steht im Hausflur und ruft mich.

»Hier!«

Yannick folgt meiner Stimme. »Der Aufzug hängt genau auf der dritten Etage fest. Ich versuch, ob ich die Tür irgendwie öffnen kann.«

»Hat er ein Brecheisen?«, fragt Tyson cool.

»Wieso?«

»Na ja, mit einem ›Sesam öffne dich!‹ wird er wohl kaum die Tür aufbekommen. Oder ist er Superman?«

Ich muss an Clark Hero denken. Heute hätte er mit mir verdammt viel zu tun! »Hast du ein Brecheisen oder so was, Yannick?«

»Nein. Wie kommst du darauf?«

»Tyson!«

»Frag mal Tyson, ob er eine Bohrmaschine dabei hat!«

Ich sehe zu Tyson. Er grinst. Yannick diskutiert mit Holly und Etienne, was sie machen können, um uns zu helfen. Etienne ist außer Rand und Band. Dass ich mit einem Unbekannten im Fahrstuhl gefangen bin, kurbelt seine Fantasie an und lässt seine Gedanken abschweifen. Ich nutze die Zeit, um Patty zu antworten.

Antworten
Dieses Silvester werde ich nie vergessen.
Du hast keine Vorstellung, was hier abgeht.
Schreib dir morgen ne ausführliche Mail.
Salut!
Senden

Yannicks Rettungsversuch blieb bisher erfolglos. Mittlerweile ist es 23.50 Uhr. Tyson verzieht keine Mine. Ununterbrochen starrt er auf die Tür. Holly keift im Hausflur und erkundigt sich alle zehn Sekunden bei mir, ob auch noch genügend Sauerstoff in der Fahrstuhlkabine sei.

»Ziemlich durchgeknallt, deine Freunde«, sagt Tyson.

»Der Rest der Truppe ist in der Wohnung. Könntest du den sehen, würde dir ganz von allein ein Nierenstein abgehen! Oder hast du zufällig ein Faible für Charlestonkleider?«

Tyson hebt die Hand, rollt die Finger ineinander bis auf den Daumen, deutet damit mit hochgezogenen Augenbrauen fragend auf sich und schüttelt den Kopf.

»Gut für dich. Wohnst du hier?«

»Die Frage is'n Joke, oder?«

»Wieso?«

»Abgesehen davon, dass du den Aufzug in dem Kasten vergessen kannst, wohnen hier nur Außerirdische.«

»Außerirdische?«

»Ja. Fummeltrinen. Lesben im Bauarbeiter-Look. Klemmschwestern. Die Bude ist ein Ghetto. Außer Parterre, da haust so'n Zottel mit 'ner Dogge, ein echtes Kalb. Is' voll suspekt, wie der seinen Köter anguckt. Der ist in die Töle verknallt. Garantiert.«

Tyson übertreibt, da bin ich mir sicher. »Und was machst du hier im Ghetto?«

»Hab Kumpels besucht. Die wohnen ganz oben. Die wollten was zum Laufen bringen, verstehst du? Erst rumschwulen, ein bisschen Eier kraulen und anschließend die Furche nachziehen. Orgie. Silvesterorgie. Is' nicht mein Ding. Ich knall keine Freunde. Sex gehört da nicht hin, das trenn ich voneinander.«

»Sag mal, wie bist du zu deinen Namen gekommen? Ist ein Nickname, oder?«

»Yo. Ich mach Kickboxen.« Tyson stellt sich in die Mitte der Kabine, nimmt die Fäuste und prügelt tierisch auf einen imaginären Gegner ein. »Ah! Ah! Ah!« Mit dem Bein vollführt er Kicks und macht eine verdammt gute Figur. Sexy! »Mein großes Vorbild ist Remy Bonjasky aus Holland. Er ist der absolute Champ! Wegen meiner Power nennen mich alle Tyson. Ah! Ah! Ah!«

»Was geht da drinnen ab?« Ich stelle mir Etienne vor, wie er mit Dumbo-Ohren vorm Fahrstuhl steht. »Immo? Bist du noch da?«

»Nein, aber du kannst eine Nachricht nach dem Piepton hinterlassen. Piep!«

»Wenn Yannick das hört, killt er dich. Der hängt an dir wie 'ne Klette. Eifersucht ist immer wieder ein Mordmotiv.« Etienne klingt besorgt, ist er aber nicht. Er baut vor. Für den Fall der Fälle will er mir schon jetzt ein schlechtes Gewissen einreden und mich mit Yannicks Eifersucht schrecken.

»Holt ihr uns vielleicht bald mal hier raus? Wo steckt Yannick?«, frage ich.

»In der obersten Etage. Er macht an so einem Schaltkasten rum. Was weiß ich!«

»Der Countdown läuft. Prosecco!«, schrillt eine Stimme durchs Treppenhaus. Das Nasenwunder Marisa!

»Ich hab nichts, um anzustoßen. Das geht nicht! Wir sehen uns nächstes Jahr, Immo!« Etienne sagt's und springt die Stufen nach oben in Hollys Wohnung.

Tyson blickt auf seine Armbanduhr. »Noch zehn Sekunden! … 4. 3. 2. 1. Happy New Year!« Er kommt auf mich zu, bleibt dicht vor mir stehen, beugt sich nach vorn und gibt mir einen Kuss.

Ich bin verblüfft. Der Kuss kam unerwartet und war schön. »Ja, Happy New Year«, sage ich und stehe da wie angewurzelt.

Tyson schaut mir in die Augen. Ich glaube, bei dem einen Kuss wollen wir beide es nicht belassen. Himmel, rette mich! Was mache ich nur? Das Jahr ist noch keine zwei Minuten alt, und ich betrüge Yannick. Tyson rückt näher an mich ran und legt den Arm um mich. Was passiert nur? Ich will das doch überhaupt nicht. Ich elender Lügner! Tysons Lippen nähern sich meinem Mund. Mein Handy klingelt. Die Rettung! Gott sei Dank!

Ich: Ja?
Yannick: Ich liebe dich! Alles Gute fürs neue Jahr, mein Schatz. Ich bin so glücklich, dass wir uns gefunden haben.
Ich: Ich liebe dich auch.
Yannick: Unser erstes Silvester hab ich mir anders vorgestellt.

Ich kann dich noch nicht mal in den Arm nehmen.

Ich: Wie lange dauert es noch? Hast du einen Notdienst oder so was erreichen können?

Yannick: Null Chance. Die Feuerwehr ist unterwegs.

Ich: Tough!

Yannick: Alles wird gut!

Ich: Ja. Alles wird gut.

Yannick: Holly braucht mich. Anuradha kotzt über die Balkonbrüstung. Ich meld mich gleich noch mal. Kuss!

Ich: Schmatz!

Ich packe mein Handy in die Hosentasche und fühle mich total mies. Mein schlechtes Gewissen plagt mich. Tyson scheint das zu spüren. Er hat während des Telefonats auf dem Kabinenboden im Schneidersitz Platz genommen, sitzt mit geschlossenen Augen da und macht den Eindruck, als würde er meditieren. Merkwürdigerweise fühle ich mich isoliert und von ihm ausgeschlossen, was mich, ehrlich gesagt, stört. Das ist diese kranke Harmoniesucht in mir. Tyson. Eben noch geküsst, nun hat er mich verlassen, obwohl er nicht mal einen Schritt von mir entfernt ist. Was denke ich nur? Schlimmer noch, was für Empfindungen habe ich bloß! Wenn Yannick von dem Kuss erfährt, werde ich sein Vertrauen für immer verlieren. Yannick glaubt an mich. Yannick glaubt an uns. Ich Sau!

»Mein Freund hat die Feuerwehr gerufen.«

»Cool. Genau so habe ich mir heute Nacht die Party vorgestellt.«

»Das Feuerwerk haben wir verpasst.«

Tyson öffnet ein Auge, schielt zu mir hoch, nimmt seinen Taschendrachen, lässt immer wieder kleine Flammen aufleuchten. »Für dich!«

»Danke. Das entschädigt mich für alles.« Auch wenn ich nicht sollte, ich mag Tyson.

»Immer wieder gerne. Jederzeit!«

Ich setze mich neben Tyson. »Hätte Bock, mit dir abzuhängen.«

Tyson hebt die Hand, streckt mir die Handfläche entgegen. Ich gebe ihm fünf. Die Sache ist gebongt! Vielleicht ist das ein Fehler. Vielleicht werde ich es bereuen. Aber wieso eigentlich? Ich will Tyson doch bloß besser kennen lernen. Neue Freundschaften sind okay. Ich halt jetzt besser die Klappe und warte auf die Feuerwehr, sonst müssen die uns nicht nur aus dem Fahrstuhl befreien, sondern auch noch ein Feuer löschen!

♥ ♥ ♥

Die Sektkorken knallen. In trauter Runde stoßen Yannick, Etienne, Holly und ich auf das neue Jahr und meine Befreiung aus dem Aufzug an. Tyson ist seiner Wege gezogen. Niemand hat ihn zum Bleiben eingeladen. Auch ich nicht. Es ist 00.42 Uhr. Marisa ist von irgendeinem Zeug komplett zugedröhnt, zockt mit Hollys Playstation, metzelt in einem Game haufenweise Zombies ab, schreit permanent »Paff! Weg mit dem Zombiearsch! *Take this, bitch*!« Anuradha liegt mit besoffenem Kopf im Badezimmer vor der Toilette auf dem Boden. Nachdem sie übern Balkon gegöbelt hat, hat sie noch mal kräftig in die Toilette gereihert und anschließend ist sie ins Schnarchkoma gefallen. Unsere Silvesterfeier hat einen völlig anderen Verlauf genommen als ursprünglich geplant. Holly starrt permanent auf die Standuhr im Dekorstil.

»Warum peilst du ununterbrochen, wie spät es ist?« Etienne ist von Holly total genervt. »Zur Panik besteht keinerlei Grund. Sei *easy*.«

»Was redest du?«

»Überleg mal, Cinderella! Es hat um Mitternacht nicht Peng! gemacht, entspann dich! Der Zauber bleibt ungebrochen, und du wirst dich nicht wieder in die Kartoffel zurückverwandeln, die du zuvor gewesen bist.«

»Dumme Kuh! Dir wird das Lachen gleich vergehen. Ich hab euch doch von meiner Überraschung erzählt. Kann nicht mehr lange dauern!« Holly gibt sich geheimnisvoll.

Obwohl es Yannick mit mir nach Hause drängt, weiß er, dass er keine Chance hat. Solange uns Holly nicht mit der angekündigten Überraschung beglückt hat, lässt sie keinen von uns abziehen. Yannick hält meine Hand.

»Ihr seid so ein schönes Paar«, prostet uns Holly zu. »Auf die Liebe!«

Reihum stoßen wir mit unseren Gläsers an. AUF DIE LIEBE! Ich muss an Tyson denken und möchte in der Couch versinken. Yannick, mein Yannick, was habe ich dir angetan? Wenn wir zu hause im Bett liegen, werde ich ihn wie niemals zuvor lieben. Ich werde all das sein, was Yannick sich von mir wünscht. Yannick, ich liebe dich!

Plötzlich klingelt es an der Tür. Holly springt von der Couch auf, strahlt über das ganze Gesicht, geht in den Korridor, um die Tür zu öffnen, und singt: »Klingelingeling, klingelingeling.« In ihrem roten Abendkleid swingt sie und krönt das Ganze, indem sie einen auf Beatbox macht und damit eine Hiphop-Größe das Fürchten lehren könnte. Holly ist richtig gut! Nimm dich in Acht Snoop Dogg!!!

»Jetzt hat sie ihren Verstand völlig verloren«, sagt Etienne.

Die Spannung steigt. Womit wird Holly uns überraschen? Wir hören, wie sie die Wohnungstür öffnet. Es folgt ein Freudenschrei, sehr laut und spitz! Mit einem Mal ist es still. Ich sehe Yannick an, dann Etienne und dann zur Wohnzimmertür. Im Korridor wird geflüstert. Hollys Pumps klackern auf dem Boden. Sie kommt samt Überraschung. Im nächsten Moment steht Holly mit einem groß gewachsenen, gut gebauten Mann mit maskuliner Ausstrahlung im Türrahmen. »Meine Überraschung!«, jubelt Holly. »Das ist Dimitri. Wir werden heiraten!« Voller Stolz zeigt

Holly ihren Verlobungsring und gibt Dimitri einen filmreifen Kuss.

Etienne verschluckt sich an einer Erdnuss. Das ist erstaunlich, ist er doch ganz andere Kaliber gewöhnt. Der Schock! Yannick und ich machen uns auf, um Holly und Dimitri zu gratulieren. Ich habe Holly noch nie so glücklich gesehen! Dass sie mit einem Bilderbuchmann wie Dimitri den Bund fürs Leben schließt, hätte ihr wohl niemand zugetraut.

»Immo, du weißt doch, nach meinem Engagement an der spanischen Touristenmeile bin ich für zwei Wochen nach Berlin gefahren. Dort habe ich Dimon kennen gelernt. Er stammt aus Moskau. Es war Liebe auf den ersten Blick«, erzählt Holly. Im Gegensatz zu Holly sagt Dimitri kein Wort.

»Du bist zwei Wochen mit ihm zusammen gewesen und willst gleich heiraten? Ziemlich überstürzt! Oder bist du schwanger?« Man höre und staune. Marisa meldet sich zu Wort.

»Blöde Arschkuh!«, keift Holly. »Ich reiß dir den Zinken ab! Die ganze Zeit bist du stoned, schneidest nix mit und nun tauchst du auf, hast 'nen klaren Moment und outest dich als unromantisches Nachtschattengewächs. Und nein, ich bin nicht schwanger!«

Etienne schüttelt sich vor Lachen, bis ihm die Tränen kommen.

»Albernes Huhn!« Holly streichelt Dimitri zärtlich über die Wange. »Ich kann sogar schon etwas Russisch. *Menja zovut* Holly. Das heißt: Ich bin Holly.«

Dimitri küsst galant Hollys Hand und sagt liebevoll: »*Da*«.

Man sieht es ihr an, dass sie im siebten Himmel schwebt. Ich freue mich total für Holly. Etienne beschäftigt dagegen eine andere Frage. »Wie, da? Wo?« Er wischt die Lachtränen aus seinem Gesicht.

»Das ganze Sperma hat deine Gehirnzellen abgetötet! *Da* bedeutet Ja«, erklärt Holly.

»Und warum sagt er das dann nicht?« Etienne kann es nicht lassen. Er liebt es einfach, Holly zu provozieren.

Holly packt sich am Kopf und hegt Mordgedanken, zumindest sieht sie danach aus. Die Überraschung ist ihr gelungen, so viel steht fest.

Was für eine Silvesternacht!

LÄSTER-SCHWESTER

Meine Gedanken gleichen einem Gefängnis mit hohen Mauern, die unüberwindbar sind. Ich wünschte, ich könnte aus diesem Gefängnis ausbrechen und die Mauer hinter mir zurücklassen. Doch es ist unmöglich. Ich kann nicht. Der Kuss mit Tyson nagt nach wie vor an mir und bereitet mir einen moralischen Kater. Yannick ist völlig ahnungslos. Bis jetzt habe ich den Kuss vor ihm verschwiegen. Und weshalb? Weil ich genau weiß, dass ich mich nicht richtig verhalten habe. In einer Beziehung sind Heimlichkeiten schrecklich. Was mit kleinen Geheimnissen beginnt, endet nicht selten in einem Morast aus Lügen. Und eine kleine Lüge kann zum Schneeball werden und jede Menge Unheil anrichten. Vielleicht dramatisiere ich. Was ist schon ein harmloser Kuss?! Na bitte, jetzt belüge ich mich schon selbst. Man kann wohl kaum von einem harmlosen Kuss sprechen, wenn die Zunge und jede Menge Speichel im Spiel waren. Ich bin total konfus. Das passt überhaupt nicht zu mir. Andauernd lass ich den Kuss mit Tyson Revue passieren und betreibe eine Selbstanalyse. Wie konnte es dazu kommen? Was ist bloß in mich gefahren? Ich weiß es nicht. Weil ich mich jemanden anvertrauen muss, ist meine Wahl selbstverständlich auf Etienne gefallen. Mal abgesehen davon, dass er mein bester Freund ist, er ist auch ein männliches Flittchen und kennt sich mit Männern aus.

Seit einer halben Stunde sitzen wir in unserem Lieblingscafé *Lollipop*. Etienne trinkt einen Milchkaffee und ich einen Cappuccino. Noch ist Etienne nicht aufnahmefähig. Ich weiß, in seinem Fall klingt das lächerlich. Kommt aus einer Steckdose Strom oder nicht? Klaro! Erstens meine ich *aufnahmefähig* mehr verbal und zweitens im Sinne von *den richtigen Moment finden*. Noch ist Etienne mit anderen Dingen beschäftigt. Ich muss warten.

»Dieser Kellner mit Glatze und den vielen Ohrringen scheint hier nicht mehr zu jobben«, stellt Etienne hörbar enttäuscht fest. Er verdreht den Kopf nach allen Seiten. »Schade.«

»Hast du was mit ihm gehabt?«

»Musst du noch fragen? Wie lange sind wir Freunde!«

Wie schon gesagt, Etienne ist ein Flittchen und lässt keine Gelegenheit aus. Und er ist unglaublich erfolgreich! Seine Bilanz in Sachen Lover und One-Night-Stands ist beträchtlich. Für mich ist Etienne ein wandelnder feuchter Traum. Viele Männer, sehr viele Männer teilen diesen Traum, und an ein Ende ist lange noch nicht zu denken. Mit Etienne hat es sich quasi niemals ausgeträumt! Auch wenn ich mich jetzt als Leseratte outen muss, aber Mark Twain hat mal sinngemäß gesagt: Solange man Träume hat, lebt man. Ein Hoch auf Etienne!

»Ruf ihn doch an. Oder hast du seine Nummer nicht?«

Etienne lässt den Löffel fallen, mit dem er zuvor den Zucker in seinem Milchkaffee verrührt hat, und sieht mich ungläubig an. »Machst du Witze, Alter? Natürlich hat er mir seine Nummer gegeben. Du weißt doch, wenn die Macker mit mir einmal in der Kiste waren, werde ich die nicht mehr los. Die liegen mir zu Füßen! Im Bett bin ich ein totales Naturtalent! Die blöde Telefonnummer von der Saftschleppe habe ich weggeschmissen.«

»Wieso? War er nicht gut?«

»Schon. Zumindest war er gut beschwanzt und hatte 'ne gute Technik.«

»Und was war das Problem?

»Er war 'ne Klemmschwester!« Etienne verzieht angewidert das Gesicht. »Stell dir mal vor, der sah wie ein Macho aus, und in Wahrheit war der ein Weichspüler. Igitt! Voll die Mogelpackung. Du denkst, du lässt dich von 'nem Kerl abschleppen, der dich ohne Gnade aufbockt, und musst dich mit irgendeinem Psychodreck vollquatschen lassen. Das alles für 20 harte Zentimeter! Der hat mich damit zugetextet, dass er sich zu einem Kurs angemeldet hätte mit dem Thema ›Problemlösung, Innovation und Gruppenweisheit‹. Wie irre muss man sein, um sich freiwillig mit 'nem Haufen von Identitätssuchenden im Halbkreis zu setzen und sich über Persönlichkeitsspaltung auszutauschen?«

»Wenn er so ätzend ist, weshalb glotzt du dann nach ihm?«

»Ich hab für heute Abend noch kein Date.«

»Und deine Perianal-Dingsbums?«

»Alles wieder okay! Ich kann mich gnadenlos in den Nahkampf schmeißen.«

»Du, Etienne, ich muss dir was erzählen, etwas Schlimmes.«

»Schieß los!«

»Du musst mir versprechen, dass du es für dich behältst.«

»Großes Ehrenwort!« Etienne spuckt sich angedeutet auf die Finger seiner rechten Hand und überkreuzt damit sein Herz. Er nimmt mich nicht für voll!

»Als ich vor einer Woche mit Tyson im Fahrstuhl eingesperrt war, haben wir uns geküsst.«

»Neiiin!« Etienne speit fast mit seinem Milchkaffee. »Ihr habt geknutscht, und du rückst erst jetzt damit raus? Was für ein bester Freund bist du eigentlich? Ich erzähle dir immer sofort von meinen Dates! Ich will Details! Hat er dich richtig geil abgeleckt und mit dir rumgelöffelt? Mist! Warum passiert mir das nie? Ich will auch so einen verluderten Tyson haben! Das ist ungerecht! Noch vor sechs Monaten bist du 'ne eiserne Jungfrau gewesen, und nun schmeißt du dich dem erstbesten Muskelprotz an den Hals. Wie ist er gebaut? Warte, sag nichts! Lass mich raten. Mmh. Der hat mindestens 19 Zentimeter. Dafür hab ich ein Auge. Wann triffst du ihn wieder?«

Hat man dafür Worte? Etienne hat Mühe ruhig auf dem Stuhl zu sitzen. Sollte er in den nächsten Minuten jemand Geiles im Café für sich entdecken, wird er sich vermutlich die Klamotten vom Leib reißen und sich an dessen Bein reiben. Bis zur Toilette würde es Etienne auf keinen Fall mehr schaffen, um sich dort ungestört gehen zu lassen.

»Klär mich auf. Wo ist die Stelle, ab der du nicht mehr richtig mitschneiden konntest? War es, als ich ›Tyson‹ und ›küssen‹ sagte? Soll ich noch mal von vorne anfangen?«

»Zicke!« Beim Thema Männer hört für Etienne der Spaß auf. »Dann komm zum Wesentlichen und erzähl mir, was du mir eigentlich erzählen wolltest, diese schlimme, schlimme Sache!«

Hilfe! Kann mir bitte jemand sagen, dass das nicht wahr ist! »Du Gehirn!«, maul ich.

»Was hab ich denn jetzt schon wieder gemacht?«

»Das ist das Schlimme!«

»Der Kuss mit Tyson?« Etienne sieht mich fragend an, zweifelt sichtlich an meiner Zurechnungsfähigkeit und lehnt sich zurück.

»Ja!«

»Du machst ’nen Scherz?«

»Seh ich so aus?«

»Immo, lass dich untersuchen! Bausch den Knutscher nicht auf.«

»Versetz dich bitte mal in mich hinein.«

»Das ist schwer. Meine Vorstellungskraft hat ihre Grenzen!«

»Außer beim Sex. Du könntest das Kamasutra um Seiten ergänzen.«

»Oh ja, das könnte ich.« Etienne lächelt selbstverliebt.

»Hallo! Könnten wir uns jetzt vielleicht wieder auf mich konzentrieren? Ich hab ein Problem!«

Etienne trinkt seinen Milchkaffee und sagt: »Hör mal auf zu denken. Stell das ab, Alter. Du machst dir deine Probleme.«

»So was wie ein schlechtes Gewissen ist dir fremd, nicht wahr?«

»Schlechtes Gewissen«, wiederholt Etienne, guckt in die Luft, lässt die Unterlippe hängen und täuscht den Überlegenden vor. »Sorry, *schlechtes Gewissen* sagt mir nix. Aber so wie das klingt und wenn du das sagst, kann einem das nur den Tag versauen. *Don't worry, be happy*!« Etienne hat Spaß und lacht, schäkert nebenbei mit einem Typen am Nebentisch.

»Erzähl das Yannick! Der rastet aus, wenn er von mir und Tyson und dem Kuss erfährt.«

»Wow!« Etienne ist aus dem Häuschen. Was hat er denn nun? »Ich, Tyson und der Kuss – das klingt wie der Titel eines Movies. Siehste, kommt sofort der Schauspieler in mir hoch. Ich sollte Adrian anrufen, ihm den Titel gegen Prozente überlassen und sagen: Mach was draus, schreib ein Drehbuch mit mir in der Hauptrolle!«

Etienne ist ein hoffnungsloser Fall. Sein Ego nimmt immer größere Ausmaße an. Ich versuche es trotzdem noch einmal. »Zurück zu mir!« Ich sehe Etienne mit stechendem Blick an. Er zieht eine Grimasse, stützt die Ellbogen auf dem Tisch ab, legt den Kopf in die Hände und signalisiert, dass er bereit ist, mir zuzuhören. Endlich! »Mich verwirrt, dass ich Tyson geküsst habe. Ich liebe Yannick. Das ist doch ein Widerspruch!«

»Bullshit! Es war Silvester. Ihr zwei wart eingesperrt, und da ist es eben passiert. Normal! Ich hab allen Grund rumzuätzen. Mich hat niemand geknutscht! Ich hab mich mit Prosecco abgefüllt, war von 'ner Horde psychisch abgestresster Transen umzingelt und musste mir Yannicks sorgevolles Gesäusel um dich anhören.

Am Ende war ich so weit, dass ich der Brunhilde im Dirndl sagen wollte, sie soll Platz machen, damit ich vom Balkon springen kann!«

»Glaubst du überhaupt an Liebe?«

Über seine Antwort muss Etienne keine Sekunde nachdenken. »Nö! Aber ich glaub an harte Schwänze. Ein Schwanz lügt nicht. Der Trottel, der daran hängt, sozusagen die Mann-gewordene-Erweiterung, dafür umso mehr. Steht er, ist er geil. Hängt er und kommt nicht hoch, hat er kein Interesse oder will einfach nur in Ruhe gelassen werden. Das ist Körpersprache, und die Kommunikation ist aufrichtig! Mit der Liebe ist das so 'ne Sache. Ich will niemandem gehören. Ich gehöre nur mir allein! Du und Yannick, ihr seid das beste Beispiel. Yannicks Eifersucht ist krankhaft. Ihr hängt aneinander wie Kletten. Mich würde das kirre machen, permanent jemanden am Arsch kleben zu haben. Das ist Sklaverei im Namen der Gefühle! Du pisst dir ins Hemd, nur weil du mit Tyson geknutscht hat. Was willst du machen, wenn du jemandem die Nudel zum Dampfen bringst? Wach auf, Dornröschen! Monogamie ist Illusion! Früher oder später streift dich jemand, und ihr landet in der Kiste. Du und dein Hang zur Romantik. Immo, das ist krank!«

Ich komme mir vor wie die größte Dumpfbacke aller Zeiten! Ich, der ewige Romantiker, der an die Liebe glaubt und in seinem Glauben unbeirrbar ist, machte mich wegen eines Kusses bei Etienne zum Affen. Damit nicht genug, nebenbei zieht Etienne mir auch noch einen Zahn in Sachen Monogamie. Wahrscheinlich bin ich wirklich geradezu besessen auf eine monogame Beziehung fixiert, deren Basis Glück ist.

»Was soll die Funkstille?« Etienne weiß genau, dass ich nachdenke. Das ist seine Art, mich aus meinen Gedanken zu reißen und mich zum Reden zu bewegen.

»Hm. Weiß nicht.«

»Hör auf zu grübeln! Yannick liebt dich, und du liebst ihn. Wo ist das Problem? Es gibt keins! Warum zwanghaft danach suchen? Du übertreibst noch und engagierst einen Scout, der dich zu den Problemen in den hintersten Ecken deiner Matschbirne bringt. Lass das sein, Prinzessin! Stell dein Laufwerk ab.«

»Du weißt genau, dass ich es hasse, wenn du mich Prinzessin nennst!«

Etienne wirft mir einen freundschaftlichen Kuss zu. In solchen Momenten weiß ich genau, weshalb Etienne mein bester Freund ist. Auch wenn er es abstreitet, Etienne ist nämlich gar nicht so oberflächlich. Na ja, okay, meistens ist er das schon. Aber auch er hat seine großen Momente!

»Weißt du, was ich nicht ins Hirn kriege?« Etienne schiebt die leere Tasse auf dem Tisch vor sich her, als wäre sie ein Spielzeugauto.

»Nee, was denn?«

Etienne nimmt die Finger von der Tasse, kratzt sein Kinn und lehnt sich entspannt zurück. »Dass die übergewichtige Schreckschraube den russischen Prachthengst abgekriegt hat, schnall ich nicht. Entweder ist er halb blind oder er leidet an Geschmacksverkalkung. Nein, ich hab's. Er ist pervers!«

»Holly ist unsere Freundin! Hör auf damit, sie zu dissen.«

»Lass mich! Das ist mein Ventil, damit ich nicht platze.«

»Du bist neidisch!«

»Ja, verdammt! Das ist so ungerecht. Das muss der Fluch meiner Schönheit sein.«

Nur auf die Gefahr hin, dass es niemand schnallt. Etienne meint das überhaupt nicht ironisch! Er ist so ein großer Narziss. Vor ihm ist kein Spiegel sicher und nicht nur die in all den diversen Schlafzimmern seiner, wie sage ich es jetzt, damit es nicht schon wieder so abwertend klingt, ähm, Matratzen-Nahkampftrainingspartner.

»Hey, Schönheit, alles hat seinen Preis«, bemerke ich sarkastisch.

»Kleiner Spaßvogel, du!« Etienne schlägt angedeutet mit der Stirn auf die Tischplatte. »Waaah! Ich versteh das nicht! Was findet Dimitri bloß an Holly?« Er kommt nicht drüber hinweg. »Der sieht verdammt scharf aus. Ich meine, das ergibt keinen Sinn. Es gibt doch für alles ein Naturgesetzt. Was ist das? Die strafen das Naturgesetz Lügen! Die sind niemals geil aufeinander. Kannst du dir vorstellen, wie es die beiden miteinander treiben und Holly auf ihn sitzt, sich einen abreitet und Juchhu schreit? Ob sie beim Poppen auch Chips, Cracker und Schokolade frisst? Oben schmatzt sie, grunzt dabei aufgegeilt vor sich hin, und unten liegt sie im eigenen Saft. Mir kommt der Milchkaffe hoch! Irgendwas stimmt da nicht.«

»Die zwei lieben sich!«

Etienne lacht gekünstelt. »Hast du sie noch alle? Was war in deinem Cappuccino? Die muss voll im Synapsentango sein! Die können glatt als ›Der Schöne und die Braut von Dr. Frankenstein‹ auftreten. Mal ehrlich, wie kann Dimitri bei der Wuchtbrumme einen hochkriegen? Viagra! Das wird's sein.«

»Du alte Lästerzunge!«

»Wieso verteidigst du Holly jedes Mal? Bist du ihr Anwalt?«

»Schon vergessen: Einer für alle, alle für einen!«

»Als würde das funktionieren!« Mit einem Mal ist Etienne abgelenkt. Er spitzt die Lippen ganz leicht, blickt lasziv und räkelt sich auf dem Stuhl. Seine Augen bekommen einen Glanz. Er blickt an mir vorbei und schäkert. Von einer auf die andere Sekunde ist er wie ausgewechselt. Etienne, das Chamäleon!

Etienne spult das volle Programm ab. Ich weiß Bescheid! »Hast du deinen Stecher für den Abend gefunden?«

»Yo!« Seine Antwort ist knapp, weil er sich mit all seinen Sinnen auf das Objekt seiner Begierde konzentrieren muss.

Ich beobachte Etienne. Das muss man gesehen haben! Die Signale, die er sendet, sind unmissverständlich: Nimm mich. Ich bin willig. Ich bin dein! Seine sexuelle Grundversorgung für heute dürfte gesichert sein. Ich glaube Holly hat Recht: Flittchen kann man nicht lernen, als Flittchen wird man geboren! Was Etienne mit seiner Körpersprache vermittelt, das schafft ein Normalsterblicher, also jemand ohne das Schlampen-Gen, nicht mal nach einem sechsmonatigen Workshop! Das ist unglaublich. Im Bruchteil einer Sekunde findet bei Etienne eine Transformation statt. Eben noch giftige Lästerzunge und nun 17-jährige Sexbombe, die so laut tickt, dass sie mühelos drei Straßen weiter zu hören ist.

»Hat er angebissen?«, frage ich.

»Was denkst du!« Etienne steht auf, hält dabei seinen Auserwählten mit den Augen fest im Blick. »Ich werd mal eben rübergehen und ihm zuzwitschern, dass ich seine Glocken zum Klingen bringen möchte. Dauert nicht lange.« Wie ein Raubtier, das Beute gemacht hat und zum alles entscheidenden Biss ansetzt, wackelt Etienne zum Nachbartisch.

Das gibt mir Gelegenheit, Yannick zu simsen.

Kurzmitteilung verfassen
Vermiss dich. Letzte Nacht war sehr schön.
Boom. Boom. Boom. Seufz. Schnief. Du
fehlst mir. Können wir uns heute Abend
wirklich nicht sehen? Bitte!!!
Senden

Yannick hat sich heute Abend mit seinem besten Kumpel Theo verabredet. Die zwei wollen eine Geschäftsidee besprechen. Yannick spielt mit dem Gedanken, sich selbstständig zu machen. Ihm schwebt ein Geschäft für Skateboards, Snowboards, im Grunde Bretter jeder Art samt Ausrüstung, vor. Zurzeit jobbt Yannick in einem Shop, der nahezu alles in Sachen Sport verkauft. Dort hat er bereits Erfahrungen sammeln können, die ihm bei seinen Plänen zugute kommen. Ursprünglich hatte Yannick vor, im kommenden Frühling eine Ausbildung zum Schreiner anzufangen, aber die Idee hat er verworfen. Mit Theo will Yannick abklären, ob er ihn eventuell als Partner mit ins Boot holt. Keine Ahnung, wie lange Yannick mit Theo abhängt und über seine Pläne quatscht. Vielleicht hat er danach noch ein bisschen Zeit für mich.

Mein Handy klingelt zweimal. Yannick hat geantwortet. Das ging schnell!

1 Kurzmitteilung Yannick
Vermiss dich auch! Heute Abend ist schlecht.
Du weißt doch, Theo! Ruf dich aber an, okay?
Lieb dich!!!

Schade. Die Tage ohne Yannick mag ich überhaupt nicht. Zwar versuchen wir, uns so oft wie möglich zu sehen, aber manchmal haut das in der Woche einfach nicht hin. Ohne Yannick fühle ich mich amputiert. Holly hat mir gesagt, dass das bei jeder großen Liebe so sei, ganz gleich, wie viele großen Lieben man schon erlebt hat. Das gefällt mir an Holly; sie kann sehr tiefgründig sein. Hinter ihrer schrillen und farbenfrohen Fassade steckt eine Seele. Wann immer ich mit Holly allein bin, zeigt sie eine Seite von sich, die sie sonst verborgen hält. Sicherlich hat sie ihre Gründe dafür, klar. Dass sie einen Mann wie Dimitri gefunden hat, freut mich. Zugegeben, das hätte wohl niemand erwartet. In diesem Punkt hat Etienne in gewisser Weise Recht, aber Liebe ist ein Wunder. Und Wunder geschehen!

Gut gelaunt kommt Etienne zu mir zurück. In der Hand hält er ein Magazin, das er zusammengerollt hat. Offenbar hat er es seinem Verehrer abgeknöpft. »Hab ich ein Glück!«

»Erzähl!«

»Sascha nimmt mich mit zu seinem Ex. Das gibt 'nen geilen Dreier! Als Paar hat es bei den beiden nicht geklappt, aber der Sex war immer gut, sagt er jedenfalls. Immo, das wird heiß! Kommt aber noch besser. Das Grinsblech hat sogar was zu rauchen!«

»Heut ist dein Tag!«

»Verlass dich drauf! Weißt du, was ich ihm erzählt habe?« Etienne sieht mich an, wartet auf mein Kopfschütteln, was den Spannungsbogen ungemein fördert. Geht es um Sex, überlässt Etienne im Gespräch nichts dem Zufall. Er mag es, hier und da Akzente zu setzen. Vielleicht muss das so sein, damit ihm auch verbal das Wasser im Mund zusammenläuft. »Ich hätte es noch nie mit zwei Mackern gleichzeitig getrieben! Der hat mir das abgenommen, und die Geilheit ist aus seinen Augen geschossen. Weißt du, was das bedeutet?« Erneut wartet Etienne meine Reaktion ab. Diesmal ein noch aufgeregteres Kopfschütteln, schließlich muss ich mitfiebern. »Die werden gierig über mich herfallen, weil die zwei Idioten es mir volle Kanne besorgen wollen. Ich werde stöhnen und so tun, als wäre ich noch nicht so erfahren. Das macht die Macker an! Ganz schön clever, he? Ich bin ein verdammtes Genie!«

»Mehr Genie geht schon gar nicht mehr!«

»Hier!« Etienne wirft mir das Magazin zu. »Überraschung. Auf Seite 87.«

Während das Magazin über den Tisch fliegt, entrollt es sich und landet schräg vor mir. Jetzt kann ich das Titelbild erkennen. Es handelt sich um die aktuelle Ausgabe des Magazins *Gayz*. Das Titelfoto zeigt einen Surferboy nach amerikanischem Vorbild. Kalifornien lässt grüßen! Lässt man sich mit seiner Fantasie darauf ein, kann man sogar die Wellen rauschen hören, fühlt die Sonne auf der Haut und riecht das Meer. Ich schlage Seite 87 auf und erblicke Callboy-Anzeigen.

»Und?«, frage ich Etienne.

»Wer suchet, der findet!«

Mit dem Auge überfliege ich die Anzeigen, die allesamt mit Fotos sind. Manche Callboys zeigen sich ganz, andere wahren die Identität, indem sie ihr Gesicht nicht preisgeben. ›Escort de Luxe‹. ›Traumboy für den solventen Herrn‹. ›Der Mann für den Mann‹. ›John. XL. A/P‹ ›US-Muskelboy. Du braucht es? Ich gebe es dir!‹.

Ich nehme die Nase aus dem Magazin, sehe zu Etienne. »Du brauchst es? Ich gebe es dir!«, wiederhole ich das eben Gelesene und bin platt. Das Anzeigenfoto zeigt niemand geringeres als Scottie! Obwohl Scotties Gesicht verfremdet ist, erkenne ich ihn sofort. »Das ist heavy!«

»Tja, der kleine, dreckige Bastard hat sich vom Straßenstricher zum Callboy hochgearbeitet und gibt sich als Macho aus. Hast du nicht gesagt, er sei eine Dose?«

»Als ich ihn in flagranti erwischt habe, war er eine Dose – und was für eine! Eine mit einem Prinz-Albert-Ring im Struller.«

Mich überkommt eine Art *Flashback*. In den vergangenen Sommerferien habe ich im Hotel *Palace* gejobbt. Meine Tante Hella hatte ihre Kontakte spielen lassen und mir den Job besorgt. Zu der Zeit hatte sie eine Affäre mit dem Leiter des Hotels. Da das Hotel mit Zimmerreservierungen zu kämpfen hatte, wurden Zimmer auch stundenweise an die Huren vom Straßenstrich vermietet. Eines schönen Tages ist Scottie mit einem Freier aufgetaucht. Mit meinem Generalschlüssel habe ich Sherlock Holmes gespielt und bin der Sache auf den Grund gegangen, ohne dass Scottie etwas von meinen Aktivitäten bemerkte. Im Vorfeld hatte Scottie Etienne eine blutige Nase geschlagen, gegen Gays gehetzt und vermummt Holly überfallen. Nebenbei war er mit Patty liiert, und Patty befürchtete damals, von Scottie schwanger zu sein. Was glücklicherweise nicht der Fall war. So viel zu Scottie. Ende meiner Rückblende!

Auf einer Serviette notiert sich Etienne Scotties Handynummer,

die auf der Anzeige vermerkt ist. »Dem Pisser werde ich eins aus-
wischen«, sinnt Etienne auf verspätete Rache. »Ich werde mich im
Heten-Chat einloggen, mich als vollbusige Blondine ausgeben, die
zu jeder Schandtat bereit ist, und die Handynummer im Internet
verbreiten. Bei dem wird das Handy nicht mehr stillstehen!«
Etienne steckt die Serviette ein. »Immo, ich seil mich jetzt ab. Sascha ist mit dem Auto da. Soll er dich nach Hause bringen?«

»Nein. Ich laufe.«

»Sicher?«

»Ja.«

»Ich ruf dich morgen an. Den Cappuccino übernehme ich!«
Etienne zeigt sich von seiner großzügigen Seite. Er verabschiedet
sich mit einem freundschaftlichen Kuss von mir.

»Pass auf dich auf«, sage ich. Etienne sieht mich schräg von der
Seite an. »Ja, schon gut. Ich weiß, ich kling wie 'ne Mami.«

Etienne zischt rüber zum Tisch von Sascha, um den geplanten
Dreier anzugehen. Ich schnapp mir das *Gayz* und verlasse das *Lolli-
pop*. Mir geht Scottie durch den Kopf. Monatelang ist er von der
Bildfläche verschwunden gewesen, und durch einen zufälligen
Blick in ein Magazin ist er schlagartig wieder präsent. Scottie –
King, Macker, Rowdy und Großmaul in einem. Mit jeder Menge
Tattoos, Piercings und schlechten Manieren. Durch seinen Vater ist
er in den USA aufgewachsen. Endstation Deutschland. Sexarbeiter.
Ein gut gehütetes Geheimnis von mir ist, dass Scottie mich ange-
macht hat in der Zeit, als er mit Patty gegangen ist. Ich hab das nie
erzählt. Anfangs wollte ich Patty nicht damit belasten und nachdem
sie Scottie in die Wüste geschickt hatte, erschien es mir unange-
bracht. Hätte ohnehin wie eine erfundene Story gewirkt, um im
Nachhinein irgendwas erzählen zu können.

Scottie. Anscheinend ist an der Behauptung was dran, dass man
sich im Leben immer zweimal trifft.

UNRUHIG IST MEIN HERZ, BIS ES RUHT IN DIR

Hellgraue Wolken bedecken den Himmel, sehen wie Stoffbahnen aus, die schwungvoll wie ein Gewölbe über das Firmament gezogen wurden und nun winterliche Dekoration sind. Lautlos rieselt der Schnee herunter und bedeckt Häuserdächer und Straßen. Gelegentlich wirbelt ein Windstoß die Flocken auf, lässt sie Pirouetten vollführen, bevor sie zu Boden fallen. Dem Augenschein nach noch immer tänzelnd. Vergängliche Primaballerinen im kalten Kleid. Ballett der gefrorenen Regentropfen. Der letzte Vorhang fällt, wenn die Temperatur ansteigt. Dann ist alles aus und vorbei.

Eng umschlungen liege ich mit Yannick im Bett. Um uns herum ist ein Meer aus Kerzen. Wir haben uns geliebt und genießen das Nachglühen. Unsere Lippen können nicht voneinander lassen. Wir küssen uns leidenschaftlich. Mit jedem zärtlichen Lippenbekenntnis besiegeln wir unsere Liebe, erneuern den Pakt der Herzen. Uns trennt nichts voneinander. Wir sind uns so nah wie es zwei Menschen nur sein können. Yannick gibt mir eine Geborgenheit, die ich niemals wieder missen möchte. Noch vor einem halben Jahr habe ich davon geträumt, war mir aber nicht sicher, ob ich dieses Glück finden würde. Eins habe ich niemals bezweifelt, nämlich die Existenz dieses Glücks. Ich wusste, irgendwo draußen in der großen, weiten Welt ist jemand, der zu mir gehört und zu dem ich gehöre.

Kitschig? Nein, kitschig ist das nicht. Das ist Leben! Das ist Liebe! Das ist das Suchen und Finden einer Welt, die ihre eigenen Gesetze hat. Du und ich sind ein Wir. Diese Erkenntnis hat eine simple Formel: $1 + 1 = 1$! Und die Symphonie dazu, von Streichern getragen, sinnlich, verspielt und ein bisschen melancholisch-sehnsuchtsvoll, offenbart sich bereits im Titel: Unruhig ist mein Herz, bis es ruht in dir!

Berauscht und von allem losgelöst, was ein Hindernis ist und der Liebe im Weg steht, lassen wir uns auf den Wellen der Emotionen treiben. Uns umgibt ein Zauber, die Magie der Liebenden. Ich atme Yannick tief ein. Sein Duft ist sinnlich, voller Betörung. Seine warme, weiche Haut ist mir so vertraut. Ich lausche seiner Atmung, beobachte, wie sein Brustkorb sich hebt und senkt. Ohne dass Yannick es merkt, blinzle ich ihn an. Yannick ist ein Hübscher. Ich betrachte ihn so gerne, am liebsten wenn er es nicht mitbekommt. So wie jetzt. Yannick ist ein seelenvoller Mann. Seele. Das mag ich an einem Menschen. Davon hat Yannick so viel.

All meine Unsicherheiten rücken in die Ferne, wenn ich bei Yannick bin. Ich bin mir meiner nicht sicher. Obwohl ich Komplimente kriege und Männer mit mir flirten, reagiere ich oft nicht selbstbewusst, was ich zu verstecken weiß. An manchen Tagen bin ich eben mit mir zufrieden und an anderen wieder nicht. Holly sagt, das sei normal. Yannick gibt mir immer das Gefühl, etwas Besonderes zu sein.

Ich küsse Yannicks Haut, streichle entlang seines Brustkorbs. Am liebsten würde ich komplett in Yannick versinken und niemals wieder hervorkommen. Auf dem Ozean der Liebe ist Yannick mein Atoll, mein Paradies, meine Zuflucht. Bei Yannick fühle ich mich zu hause. Ich bin angekommen! Romantisches Ich; du neigst dazu, sentimental und theatralisch zu sein ... aber auch mutiger als zuvor. So ist die Liebe. Und so sind verliebte Jungs, zumindest ich. Ich hoffe, das wird sich niemals ändern!

Yannick öffnet die Augen, guckt mich an, lächelt. Mit der Hand fahre ich durch seine Rastazöpfe. Könnte ich die Zeit anhalten, wäre dies der richtige Moment dafür. Ein kräftiger Windstoß weht dicke Schneeflocken gegen die Fensterscheibe. Wir blicken zum Fenster, betrachten das Schneetreiben.

Yannick drückt mich. Ich merke, dass er unruhig wird. Aufbruchstimmung macht sich breit.

»Was hast du?«, frage ich.

»Ich muss noch zu meinen Eltern.«

»Wann? Heute?«

»Ja.«

Ich werfe einen Blick auf den Funkwecker. Es ist 17.54 Uhr. Der Samstagnachmittag ist viel zu schnell vergangen. Ich will nicht, dass Yannick zu seinen Eltern fährt. Das kann er doch auch morgen Abend machen, wenn ich wieder zu hause bin. Jetzt will ich ihn noch mal lieben. Mein Hunger ist längst noch nicht gestillt. Mit den Fingerkuppen berühre ich Yannicks Oberschenkel, tipple langsam nach oben. Ich nehme Yannicks Liebesstab in die Hand. Er zuckt. Ich seufze wohlig, ohne dass es mir bewusst ist.

»Immo«, flüstert Yannick und küsst meine Nasenspitze, »ich muss wirklich zu meinen Eltern. Und ich muss pünktlich sein, weil die zwei heute Abend ins Theater wollen.«

»Kannst du nicht morgen mit ihnen reden? Ist es so wichtig?«

»Ja. Es geht um meine Selbstständigkeit. Weißt du, Theo und ich wollen gemeinsam was auf die Beine stellen. Das ist das Resultat unseres Männerabends.« Yannick lacht. Sein Lachen bezieht sich auf Männerabend. Er meint es nicht so ernst. »Ich will mit meinen Eltern sprechen und sie fragen, ob sie mir Geld leihen können, damit ich meinen Plan realisieren kann. Morgen Abend treff ich mich dann mit Theo, um unsere Vorgehensweise zu diskutieren.«

»Verstehe.« Trotzdem hätte ich mir gewünscht, Yannick hätte diesen Abend für uns allein reserviert.

»Komm doch mit. Meine Eltern werden sich freuen, dich zu sehen.«

Ich wünschte, ich könnte das ebenso von meinen Eltern behaupten. Manchmal ist es mir richtig unangenehm, wenn Herr und Frau Schagall mich superfreundlich bei sich begrüßen. Meine Eltern hat Yannick bis jetzt noch nicht kennen gelernt. Der Grund dafür ist, dass ich absolut keinen Bock darauf habe, Yannick als einen Kumpel vorzustellen. Mann, ist das vielleicht alles kompliziert. Bei Yannicks Eltern ist es genau das Gegenteil. Die sind ausgesprochen klasse! Yannicks Mutter nimmt mich sogar in den Arm und herzt mich, wann immer sie mich sieht. Das freut mich jedes Mal unbeschreiblich. Sowohl Yannicks Vater als auch seine Mutter akzeptieren mich als Freund ihres Sohnes und haben keinerlei Berührungsängste. Das ist auch nicht bloß vorgespielt, nein. In der Öffentlichkeit oder vor ihren Nachbarn verhalten sie sich kein bisschen anders.

Ich muss gestehen, dass ich gelegentlich neidisch auf Yannicks familiäre Situation bin. Aber nicht missgünstig! Ich wünschte, meine Eltern wären wie die von Yannick. Die Wahrheit ist, dass mein Vater mich nie als das akzeptieren wird, was ich bin. Meine Mom wird sich eher mit dem Gedanken anfreunden können, weil sie in solchen Sachen weniger engstirnig und intolerant ist. Jedoch kann ich mir dessen nicht sicher sein. Angeblich haben die meisten keine Probleme mit Gays, so lange nicht der eigene Sohn betroffen ist. Ist das der Fall, dann ist Schluss mit lustig. Schwulsein ist okay, aber nicht in der Familie. Schöne verheuchelte Scheiße!!!

»Ich bleib hier und warte auf dich«, schlage ich Yannicks Angebot, ihn zu begleiten, aus. »Ist besser, wenn du ungestört mit deinem Daddy reden kannst, schließlich geht's um Zaster. Das ist Familiensache!«

»Du gehörst zur Familie!«

Yannick ist unbeschreiblich! Dafür muss ich ihn einfach küssen.

»Wofür war der Kuss?« Yannick spielt den Überraschten. Er weiß genau, was mir seine Worte bedeuten.

»Frag nicht«, lächle ich und halte Yannicks Hand.

»Ich beeil mich«, verspricht Yannick. Er springt aus dem Bett, geht zum Fenster und blickt auf die Straße. »Brrrrr«, zittert er gespielt. »So viel Schnee! Bis ich den Wagen freigekratzt habe, bin ich erfroren.«

»Echt?« Ich will auch die Winterlandschaft inmitten der Stadt sehen, krieche aus dem Bett, wickle mich in die Bettdecke ein und gehe rüber zum Fenster. Draußen ist alles weiß. Es schneit noch immer. Die Straße vorm Haus wirkt verlassen. Niemand ist zu sehen. Was für ein Wintertraum!

Yannick zieht sich an. Alte Jeans. Rollkragenpullover. Mütze. Unter der Mütze schauen seine Rastazöpfe hervor. Gefütterte Schuhe bis an die Knöchel. Schal. Handschuhe. »Wünsch mir Glück!«, bittet er mich. »Hoffentlich kann ich meine Eltern von meiner Geschäftsidee überzeugen.«

»Bestimmt«. Ich bin optimistisch. »Viel Glück, Baby«, wünsche ich Yannick.

Yannick gibt mir einen Abschiedkuss, nimmt sein Schlüsselbund und verlässt die Wohnung. Ich bleibe am Fenster stehen, quetsche die Nase gegen das Glas und sehe auf Yannicks Mazda, der vor dem Haus parkt. Ich höre, wie die Haustür ins Schloss fällt. 21. 22. 23. Da ist Yannick! Er schaut zu mir hoch und winkt. Ich winke zurück. Schnee rieselt in sein Gesicht. Ich lächle ihm zu. Es mag infantil klingen, aber ich vermisse Yannick schon jetzt. Er befreit den Mazda vom Schnee, winkt mir ein letztes Mal zu, setzt sich dann hinters Steuer und fährt los. Ich sehe zu, wie sein Auto im Schnee verschwindet und das Scheinwerferlicht sich im Weiß auflöst.

Yannick. Ich buchstabiere seinen Namen leise vor mich hin. Y.A.N.N.I.C.K. Versunken in mich und das Gefühl, das mich erkennen lässt, was und wer ich bin oder vielleicht irgendwann sein kann, schließe ich die Augen und höre in der Stille des Zimmers die Stimme der Liebe. Die Erinnerung an die vergangenen Stunden steigt in mir empor. Yannicks und mein Lachen hallt wie ein Echo in meinen Gedanken. Ich lächle in mich hinein. Mir ist, als fühlte ich Yannicks Berührung.

Ist es nicht erstaunlich, wie unvollständig man ist, wenn man niemanden hat, den man liebt und der das Gefühl selbstlos erwidert? Mag sein, dass es nur mir so geht. Glaube ich aber nicht! Unruhig sind die Herzen, bis sie in Liebe ruhen.

♥ ♥ ♥

Ich habe es mir auf der Couch gemütlich gemacht, lümmle mich halbnackt unter einer Wolldecke und zocke mit Yannicks Playstation. Das Game ist geil! Ich befinde mich auf eine Mission, um die Galaxie vor feindlichen Außerirdischen zu retten. Mit meinem Raumschiff schüttle ich die Aliens ab und ballere wild um mich, wie ein echter Space Cowboy. Peng! Peng! Bong! Zisch! Krach! Die gegnerischen Raumschiffe gehen in Flammen auf, explodieren und zerbersten. Wrackteile gleiten in die unendlichen Weiten des Raums. Meine intergalaktische Mission ist noch lange nicht zu Ende. Neue Raumschiffe kommen auf mich zugeflogen. Den werde ich es zeigen!

Plötzlich klingelt jemand an der Wohnungstür. Nanu. Yannick hat nichts darüber verlauten lassen, dass er Besuch erwartet. Möglicherweise ist das seine Nachbarin aus der ersten Etage. Die Perle hat ein Auge auf Yannick geworfen. Unter einem fadenscheinigen Vorwand steht sie regelmäßig auf der Matte. Mal ist ihr der Zucker ausgegangen, dann hat sie kein Feuer, und ein anderes Mal kriegt sie das Gurkenglas nicht auf. Zucker. Feuer. Gurkenglas. Muss ich dazu noch etwas sagen?! Ohne weiter Notiz von der Wohnungsklingel zu nehmen, knall ich weiter Aliens ab. Coole Grafik und geiler Sound. Das Game ist abfetzmäßig!

Die Türklingel gibt keine Ruhe. Jetzt reicht es mir! Entnervt drück ich auf dem Controller auf Pause, halte das Spiel an, friere es sozusagen ein. Ich lege die Decke zur Seite. Dass ich nur ein T-Shirt und eine Boxershorts im Retrostil, also eng anliegend, anhabe, ist mir schnurz! Ich haste zur Wohnungstür, will den Störenfried abwimmeln, um weiterspielen zu können. Ich öffne die Tür. Anstelle der erwarteten Nachbarin steht ein junger Typ vor mir. Er ist stark gebräunt, hat blondierte Haare, rechts und links einen Ohrring, trägt Versace und sieht nach Geld aus. Wie vom Donner gerührt glotzt er mich an, mustert mich förmlich von oben bis unten. Was will der denn?! Ich gaff ihn genauso besenkt an.

»Ist Yannick da?« Seine Stimme gleicht seiner Ausstrahlung – arrogant!

»Nee.« Wenn der Dödel glaubt, ich mach eine Ansage in Bezug auf Yannick, hat er sich getäuscht!

»Wann kann ich ihn erreichen?«

Ist das ein Verhör, oder was? Ich kann die Bratze nicht ab. Was für ein unsympathisches Arschgesicht! »Keine Ahnung.«

»Und wer bist du?«

»Wieso fragst du?«

»Nur so.«

»Aha.« Mann, bin ich cool. Ich wundere mich selbst. Normalerweise bin ich nicht so zugeknöpft.

»Kann ich reinkommen und auf Yannick warten?«

Der muss eine Schraube locker haben! »Ich schlag vor, du kommst später noch mal vorbei.«

Grimmig stiert er mich an. Er macht den Eindruck, als würde er mir jetzt gerne eine reinhauen. »Richte Yannick aus, dass ich mich bei ihm melden werde«, sagt er von oben herab. »Ich bin Simon. Sein Ex.« Er grinst mich dämlich an. Sein Grinsen gleicht einem Dolch, den er mir in die Brust rammen will.

Nun wird es interessant! Was für ein abgefuckter Geist aus Yannicks Vergangenheit ist denn da aufgetaucht? Warum hat Yannick mir nie etwas über Simon erzählt?

»Bist du sein aktueller Freund?«

Was für ein solariumsgeschädigter Knilch! Ob ich Yannicks *aktueller* Freund bin? Wie er das sagt, klingt es, als würde Yannick die Abwechselung mögen und ich ein temporärer Zeitvertreib fürs Bett und für Gefühlsduselei sein. Die Anfeindung ist offensichtlich. Am liebsten möchte ich den Wichser die Treppe runterschubsen und ihm einen guten Flug wünschen!

»Ja, der bin ich!«

Ein überhebliches Lächeln huscht über Simons Gesicht. Ich muss mich korrigieren. Von Anfeindung kann nicht länger die Rede sein. Soeben ist Krieg ausgebrochen! Ich bin vielleicht etwas schüchtern, wenn es darum geht, den ersten Schritt zu machen, wenn es darum geht, jemanden anzusprechen, der mir gefällt. Bei Yannick war das nicht anders. Er hat mich angequatscht, um für den nötigen Anschub zu sorgen. Ansonsten bin ich alles andere als auf den Mund gefallen! Außerdem habe ich einen guten Lehrer – Etienne!

»Mag er es, wenn du Schäferhund spielst und die Wohnung bewachst?« Simon holt zum ersten Schlag aus.

»Klaro, und mit dir: ›Wer hält es am längsten unterm Assi-Toaster aus und kriegt die meisten Falten?‹. Glückwunsch. Du hast eindeutig gewonnen!«

Dass ich seine stark solariumsgebräunte Haut beschmutze und ihm Falten unterstelle, trifft Simon direkt in sein Schmerzzentrum – seine Eitelkeit. Gewusst wie! Man muss da reintreten, wo es richtig weh tut. Über diese Vorgehensweise könnten Etienne und Holly seitenlange Abhandlungen und umfangreiche Anthologien verfassen. Die zwei sind König und Königin der verbalen Tiefschläge und Gemeinheiten.

»Du bist keine Konkurrenz für mich!«, blafft Simon. »Dich

schalte ich schneller aus als einen Lichtschalter. In Nullkomma-
nichts wird Yannick deinen Namen vergessen haben!«

Von so einem weichgespülten Waschlappen lass ich mich doch
nicht anfronten! In meiner Imagination würge ich Simon. Er japst
nach Luft wie ein asthmakrankes Meerschweinchen, und die Aug-
äpfel quellen aus den Höhlen raus. Yes!

»Dich wird Yannick nicht mal mehr mit einer Kneifzange anpa-
cken!«, kontere ich. »Du siehst so scheiße aus, da hilft auch kein
Versace. Probier's mal mit einer Mülltüte!«

Simon hat nicht damit gerechnet, dass ich ihm Paroli biete. Der
hat geglaubt, er könne mich mundtot machen. Als würde ich mich
wegen so einem nass machen! Er dreht sich auf dem Absatz um,
ohne mich noch einmal anzugucken. Ich schließe die Wohnungstür.
Erst jetzt bemerke ich, wie wild mein Herz schlägt. Mann, war das
eine üble Begegnung! Aufgewühlt gehe ich ins Wohnzimmer,
schlüpfe unter die Wolldecke und weiß nicht, was ich denken soll.
Weshalb hat Yannick die Existenz von Simon vor mir verborgen?
Über seine anderen Ex-Boyfriends hat er sich doch ausgelassen.
Was steckt dahinter? Ich bin total durch den Wind, kann nicht mal
Etienne anrufen, um ihm die Story zu erzählen.

Simon hat mir den Kampf angesagt. Seine Message war unmissverständlich. Was läuft zwischen Yannick und ihm? Der Tag hat so
schön angefangen und nun das!

♥ ♥ ♥

22.17 Uhr. Yannick kommt nach Hause. Das Gespräch mit seinen
Eltern hat ewig gedauert. Er schließt die Tür auf, betritt den Korridor und ruft ein Hallo ins Wohnzimmer. Er klingt genickt. Wie
erquickend! Das kann ich jetzt überhaupt nicht gebrauchen. Am
liebsten möchte ich unverzüglich auf ihn zustürmen und ihn nach
Simon fragen. Das wäre nicht klug, ich weiß. Nana hat Recht.
Für mein Alter bin ich schon ziemlich weise und tiefgründig.

Demnächst werde ich mir noch ein Shirt mit der Aufschrift ›Simply the Best‹ kaufen. Glücklicherweise habe ich Humor!

Yannick kommt ins Wohnzimmer, gibt mir einen Kuss und setzt sich neben mich. »Scheiße!«, sagt er deprimiert.

Das kann nichts Gutes bedeuten. Um meine Ahnung Gewissheit werden zu lassen, hake ich nach. »Probleme? Ist das Gespräch nicht gut gelaufen?«

»Es war die Hölle!« Resigniert lässt Yannick den Oberkörper gegen die Rückbank des Sofas fallen. »Mein Vater war so uncool. Er meinte, dass meine Idee vom eigenen Geschäft nicht schlecht sei, aber ich erst eine Ausbildung machen müsste. Ohne abgeschlossene Ausbildung leiht er mir nicht das Geld, das ich brauche. Der Spießer reitet auf der beschissenen Schreinerausbildung rum. Wir haben uns total gefetzt. Er gibt nicht nach. Meine Mutter ist natürlich auf seine Seite. Die haben nonstop auf mich eingequakt und sogar ihr Theater sausen lassen. Ich hab keinen Bock, drei Jahre mit irgendeinem Fuck zu verschwenden, der mich nicht interessiert. Selbstverwirklichung ist kein Thema für all die Spießbürger. Ich will mein eigenes Ding durchziehen. Ist doch mein Leben! Fall ich auf die Fresse, stehe ich auf und versuch was Neues. Das ist Leben!«

Wenigstens in diesem einen Punkt unterscheiden sich Yannicks Eltern nicht von meinen. Meinen Wusch, als Schauspieler mein Glück zu versuchen, nehmen die auch nicht für voll. Die unterstützen mich ja nicht mal in meinen Bemühungen, eine Schauspielschule zu finden oder meinetwegen auch Privatunterricht zu nehmen. Eltern sind oft seltsame Geschöpfe. Sie projizieren die eigenen Wünsche auf ihre Kinder und sind enttäuscht, wenn diese ihren Wünschen und Vorstellungen nicht entsprechen. Vielleicht ist es für die meisten Eltern nur schwer zu akzeptieren, dass ihre Kinder eigene Persönlichkeiten sind, die eigene Bedürfnisse, Träume, Vorstellungen, Lebensziele und Wünsche haben.

»Tut mir Leid.« Tröstend nehme ich Yannick in den Arm. »Und jetzt?«

»Weiß nicht. Von meinen Eltern bin ich direkt zu Theo gefahren, habe ihm den ganzen Mist erzählt. Übel.«

»Wieso hast du mich nicht angerufen?« Ich fühle mich übergangen. Erst taucht Yannicks Ex auf, macht eine Kampfansage, und nun muss ich hören, dass Yannick nicht als erstes meinen Trost braucht. Argwohn breitet sich in mir aus.

»Ich weiß nicht. Nach dem Streit mit meinem Vater bin ich gleich zum Auto, wollte zur dir ... Ich war total gefrustet, bin dann einfach durch die Gegend gefahren. Ich wollte mit Theo reden, hab gehofft, er könne mir helfen. Kann er aber nicht.«

»Verstehe.« Ich lüge. Im umgekehrten Fall hätte ich als erstes Yannick angerufen und wäre nicht zu Etienne gefahren. Bin ich ungerecht? Ziehe ich mich an Nichtigkeiten hoch? Dieser dämliche Simon ist schuld daran. Bevor ich noch platze, muss es raus. Ich kann es nicht länger für mich behalten. Ist bestimmt nicht der beste Augenblick dafür, aber das ist mir egal. »Simon war heute Abend hier.« Ich schaue Yannick in die Augen, will nicht die kleinste Reaktion verpassen.

»Simon?« Yannick ist überrascht.

»Ja.«

»Was wollte er?«

»Hat er mir nicht gesagt.«

Yannick grübelt, ist in sich gekehrt. Was geht in ihm vor?

»Ich hatte ein kleines Wortgefecht mit deinem Ex. Er hat mir den Krieg erklärt«, erzähle ich.

»Den Krieg erklärt? Wieso?«

»Frag ihn und nicht mich!«

»Simon ist nicht leicht zu handlen.«

»Er ist ein arrogantes Arschloch! Er will dich zurückhaben.«

Yannick lächelt amüsiert.

»Was ist daran so komisch?« Ich werde sauer.

»Nichts. Ist nur, weil ich Simon kenne. Ich kann mir vorstellen, wie er dich behandelt hat.«

»Wieso hast du ihn nie mir gegenüber erwähnt?«

»Simon ist kein Thema mehr für mich.« Yannick weiß, dass mir diese Begründung nicht ausreicht. Er atmet tief durch und legt los. »Kurz bevor wir uns beim Casting getroffen haben, habe ich mich von Simon getrennt. Er hat Stress gemacht, wollte die Trennung nicht akzeptieren. Jeden Tag hat er mich mit tausenden Anrufen bombardiert. Zum Schluss bin ich nicht mehr ans Telefon gegangen, Handy hatte ich ebenfalls abgestellt. Da hat Simon mir den AB und die Mailbox vollgequatscht. Das war wirklich derbe.«

Mein Mitleid hält sich in Grenzen. Mich interessiert viel mehr das Wesentliche. »Weswegen hast du mit ihm Schluss gemacht?«

»Er hat mich betrogen. Ein einmaliger Ausrutscher, jedenfalls hat Simon das behauptet.«

»Du hast mir noch immer nicht gesagt, warum du ihn nie erwähnt hast.« Ich bleibe hartnäckig, bestehe auf eine Antwort.

»Ich wollte ihn vergessen. Plötzlich warst du da, und er war unwichtig.« Yannick nimmt meine Hand. »Ist doch auch ätzend, sich von seinen Ex-Freunden zu erzählen. Wozu soll das gut sein?«

Yannick hat mich nicht überzeugt. »Liebst du Simon noch?«

Yannick sieht mich an. »Ich liebe dich! Immo, du hast keinen Grund eifersüchtig zu sein. Zweifelst du etwa an mir?«

Unverhofft fällt mir eines von Nanas Lieblingssprichwörtern ein, ein französisches: Wer nichts weiß, zweifelt an nichts. Ich habe heute eine ganze Menge erfahren, was ausreicht, um zu zweifeln.

Yannick entgeht natürlich nicht, wie verhalten ich reagiere. Deswegen bekräftigt er noch einmal: »Ich liebe dich, mein Schatz.«

»Als wir uns kennen gelernt haben, bist du noch nicht über ihn hinweggewesen, oder?«

»Eigentlich schon.«

»Eigentlich?«

»Immo, ich bin mit Simon zwei Jahre zusammen gewesen. Was verlangst du?«

»Ist kein tolles Gefühl, für jemanden ein Trostpflaster zu sein.«

»Das bist du nie gewesen!«, schwört Yannick.

»So?« Ich knüpfe da an, wo ich mit meiner Fragerei angefangen habe. »Warum hast du kein Wort über ihn verloren? Das wäre normal gewesen, immerhin war die Trennung noch ganz frisch.«

»Ich wollte es nicht, um eine Situation wie diese zu vermeiden. Tut mir Leid. Das war ein Fehler.«

Ich bin mir nicht sicher, ob ich mich kindisch verhalte. Kann es sein, dass ich es gerade zulasse, dass Simon genau das erreicht, was er erreichen will? Er wollte mich durcheinander bringen und Zweifel säen. Das ist ihm prima gelungen! Ich umarme Yannick, gebe ihm einen Kuss. »Rein optisch habt ihr nicht die Spur zusammengepasst«. Ich kann es mir nicht verkneifen. »Habt ihr unterm Münz-Mallorca geschlafen? Dein Ex ist der ewig Gebräunte, wie?«

Yannick lacht mich an. »Du bedeutest mir mehr als ich dir sagen kann.« Er küsst mich, drückt mich an sich und hält mich fest.

»Ich hab schon befürchtet, ich müsste ab morgen in Versace rumlaufen«, stichle ich weiter, weil es so schön ist. Das nennt man Frustbewältigung.

»Simons Sippe schwimmt im Geld. Das war nie leicht für mich. Weißt du, das ist eine andere Welt. Sein Vater ist Industrieller. Bei dem geben sich die Bonzen die Türklinke in die Hand.«

»Du scheinst einen Komplex entwickelt zu haben«, kaspere ich.

»Geht so. Nein, nicht wirklich. Ich scheiß auf alles Geld dieser Welt!« Yannick kuschelt mit mir und sagt: »Lass uns ins Bett gehen.«

»Ich bin noch nicht müde. Zum Schlafen bin ich zu aufgedreht!«

»Wer sagt, dass ich schlafen will!?«

Yannick hat sich wieder gefangen. Den Streit mit seinem Vater hat er zur Seite geschoben, auch wenn darüber noch nicht das letzte Wort gesprochen ist. Er nimmt mich an die Hand, geht mit mir rüber ins Schlafzimmer. Wir lassen uns aufs Bett fallen. Ehrlich gesagt, ist mir nicht danach, mit Yannick zu schlafen. Ich will jetzt keinen Sex, aber das zeige ich ihm nicht.

Durch Zufall sehe ich zum Fenster, blicke in die Nacht. Es schneit noch immer. Die Primaballerinen im kalten weißen Kleid drehen unermüdlich ihre Pirouetten. Ich weiß nicht wieso, aber Melancholie überkommt mich. Meinem Körper ist davon nichts anzumerken. Yannicks Liebkosungen bleiben nicht ohne Wirkung!

Was ist, wenn es wahr ist und all die Skeptiker am Ende Recht behalten? Wird die Erkenntnis, eingebettet in eine unschöne Gewissheit, vielleicht doch lauten: In ewiger Nacht wartet nicht die Finsternis, sondern Einsamkeit?

GENERATION @

Von: Immo
An: Gothic Queen
Betreff: Bonjour Mademoiselle Veuve Noire!!!

Hi Patty!
Bin ich froh, dass wir uns E-Mails schreiben können. Ist zwar
kein Ersatz für Livegespräche, aber besser als nix! Patty, du
fehlst mir total ;-((Waaaahhhh, schnief, heul!!! Deine mysti-
sche Aura fehlt!
Was geht ab in Paris? Schwer verliebt oder ist nix mit
l'amour? Ich würde dich echt gern besuchen, aber unsereins
muss jeden Morgen in die Penne! Der Bildungsschuppen nervt
mich. Hab keinen Bock mehr drauf! Ich möchte endlich mit
dem Schauspielunterricht anfangen. Du kennst ja das leidige
Thema. Meine Eltern sind Realisten. Bretter, die die Welt bedeuten, sagen denen gar nichts.
Ich hab Neuigkeiten, die dich umhauen werden. Du wirst niemals raten, wer aus der Versenkung aufgetaucht ist. Ja, ich
weiß, ich soll es nicht so spannend machen. Scottie! Bist du
jetzt umgekippt? Scottie inseriert als Callboy. Auf dem Anzeigenfoto sieht er immer noch wie früher aus. Yummy, yummy.

Holly wird heiraten! Sie hat einen Russen kennen gelernt und ist total verschossen. Er heißt Dimitri Ivanov. Holly nennt ihn Dimon. Sie sagt, dass sei die Kurzform, Kosename oder so was. Ich hab Dimitri noch nicht oft zu Gesicht bekommen. Er scheint ein Netter zu sein. Redet nur nicht sehr viel, also genau das Gegenteil von Holly. Er sieht wirklich gut aus, ein echter Kerl. Hat sogar 'ne behaarte Brust, genau wie Holly es mag. Das stinkt Etienne gewaltig, du kennst ihn ja. Er kriegt es nicht in den Kopf rein, dass Holly sich einen wie Dimitri geangelt hat. Etienne meint, das wär Voodoo, irgend so ein Liebeszauber, der Dimitri der Sehkraft beraubt hätte. Holly und Etienne gehen sich regelmäßig an die Gurgel, aber das kennst du ja nur zu gut. Das ist ihre Art, ihre Freundschaft auszudrücken. Ganz schön schräg! Der Termin für die Hochzeit steht noch nicht fest. Holly plant aber schon fleißig. Du wirst was verpassen!!!
Salut!!!

Von: Gothic Queen
An: Immo
Betreff: Effects secondaires!!!

Hi Immo,
ich will mehr von deiner Poesie! Gib mir mehr von der Melancholie und Finsternis. Ich bin entzückt! Ab heute werde ich den Beinamen tragen LA VEUVE NOIRE! Die schwarze Witwe ... das passt zu mir. Deswegen auch EFFECTS SECONDAIRES, also Vorsicht vor den Nebenwirkungen. Eine schwarze Witwe ist giftig! Oooooh! Ich möchte ein Netz weben, in dem sich all die unvorsichtigen Kerle, aber nur hübsche!, verfangen, damit ich sie langsam leer saugen kann. Um falschen

Auslegungen vorzubeugen, das ist nicht sexuell gemeint!!!
Komm jetzt bloß nicht mit Interpretationsfreiheit. ;-)) Den
Typen, die sich in einer lauen Mainacht in meinem Netz verfangen, möchte ich die Seele, uuuh, aussaugen. Klingt wie
Dracula. Wow! Ich bin Vampirella. Nee, schwarze Witwe gefällt
mir besser. Merkst du, ich bin total euphorisch ... als hätte ich
Sex. Ich brauch einen Arzt und zwar dringend!
Die Sache mit Scottie lässt mich kalt. Der Wichser soll krepieren! In so einen war ich mal verliebt. Ich möchte kotzen! Ich
hätte den blöden Schwanzlutscher zu meinem Knecht machen
sollen. Wie ein Köter hätte der mir den Dreck von den Lack-
stiefeln lecken sollen.
Holly heiratet einen Russen? Geil!!! Da wäre ich wirklich gern
dabei. Bestell ihr Grüße!!!
Paris ist klasse! Die fahren total auf mich und mein Outfit
ab. Du wirst es nicht glauben. Ich bin von einem Fotografen
angesprochen worden. Henry will Fotos mit mir machen. Nein,
keine Tittenfotos. Du hast wohl ne Macke! Es geht um Fashion
und Avantgarde. Du kennst mich, ich zeig meine Möpse nicht
rum. Bin ich bescheuert!!!
Marie und Pierre, du weißt schon, das Künstlerehepaar dessen Brut ich hüte, fahren auch voll auf mich ab. Ihre Kids
sind klasse. Marie ist Schriftstellerin, Pierre Bildhauer. Ich
glaub, Pierre hat abgefahrene sexuelle Fantasien. Wenn du
mich fragst, will der, dass ich ihm die Gothic Domina mache
und nebenbei mit Marie was anfange. Das können die gleich
wieder knicken! Ich bin die Nanny ihrer Kinder und nicht ihre
Animatöse für sexuelle Beflügelung!
Das Wichtigste hätte ich fast vergessen. ICH BIN VER-
KNALLT! Er heißt Michel, ist 19 und sieht supersüß französisch aus! Am Anfang ist er ein bisschen schüchtern gewesen. Der hielt mich für so eine Gestörte, die nachts auf den

Friedhof rennt und Schwarze Messen feiert. Schubladendenken!!! Hab das natürlich sofort klargestellt. Michel ist mir ver-
fallen! Keine Angst, du kriegst ein pic von uns, okay. Ich mail
es dir beim nächsten Mal. Ich komm mit der verdammten Digi-
talkamera nicht zurecht. Das blöde Programm, um die pics auf
den PC zu loaden, muss einen Nervenzusammenbruch haben.
Keine Ahnung.
Du hast gar nix von dir und Yannick erzählt. Knutscht ihr auch
noch schön und seid heureux, das heißt glücklich? Lass
mich mit meinem Französisch ruhig ein bisschen protzen ;-))
Schnuckelchen, mach's gut.

La Veuve Noire!

Von: Immo
An: Sisko
Betreff: Funkstille

Was ist mit dir los? Du hast die ganzen letzten Tage nichts
von dir hören lassen. Im Chat bist du auch nicht gewesen.
Habe mich extra eingeloggt, weil ich mit dir das WWW unsicher machen wollte. Du weißt doch, ich stehe darauf, wenn
die Cyberspace Police uns verfolgt, als wären wir Bonnie und
Clyde, die wieder mal einen unverschämten Coup gelandet
haben und das Internet aufmischen. ;-))

Von: Sisko
An: Immo
Betreff: Re: Funkstille

hallo mein süßer,
nein, keine funkstille. als könnte ich dich vergessen! irgendwie
habe ich die befürchtung, dass ich mit meiner zahnarztwahl
vom regen in die traufe geraten bin. ich musste gestern morgen mit ner angeschwollenen backe nach antibiotika fragen.
ich muss mich mit dem faktum vertraut machen, dass es
meine individuelle note ist, dass im mund nichts glatt geht ...
manno! jetzt weißt du, weshalb ich nix hab hören lassen. wann
kommst du nach berlin? wird höchste zeit, dass wir uns endlich kennen lernen.
dicker schmatzer ... sisko

Von: Immo
An: Sisko
Betreff: Armes Häschen!

Gute Besserung! Kennenlernen wäre nicht schlecht. Warum
tauschen wir nicht einfach mal pics? Ich würde so gerne wissen, wie du aussiehst, mein aufregender Unbekannter. ;-))

Von: Sisko
An: Immo
Betreff: Bewahre das Geheimnisvolle!

süßer, mir würde es viel besser gehen, wenn du bei mir wärst,
um mich aufzupäppeln. pics sind nichtssagend. du hast angst,
dass ich ein fetter, hässlicher, alter sack bin. lass dich überraschen und uns das geheimnisvolle bewahren.
ich knutsch dich. sisko

OMNIA VINCIT AMOR
ALLES BESIEGT AMOR

1 Kurzmitteilung Etienne
Die Welt ist aus den Angeln gehoben
worden! Muss unbedingt mit dir
reden. Bin in 20 Minuten bei dir.

Langeweile ist verdünnter Schmerz. Das stammt nicht von mir,
sondern von dem Schriftsteller Ernst Jünger. Kürzlich habe ich was
von ihm gelesen, und dabei ist bei mir dieses Statement hängen
geblieben. Langeweile. Im Grunde langweile ich mich gar nicht.
Ich warte bloß. Mal ehrlich, Warten ist langweilig ergo eine weitere Form eines verdünnten Schmerzes.

Ich liege auf meinem Bett und blicke durch das Fenster zum
Himmel. Graue Wolken so weit mein Auge reicht. Etiennes SMS
schießt in meine Gedanken. Die Welt ist aus den Angeln gehoben
worden – was will er mir damit sagen? Bei Etienne weiß man das
nie. Er ist übrigens nicht der Verursacher meines verdünnten
Schmerzes. Yannick ist dafür verantwortlich. Seit zwei Tagen kann
ich ihn über Festnetz nicht erreichen. Jedes Mal springt der verdammte Anrufbeantworter an. Rufe ich ihn auf Handy an, klingt er
gestresst und ist kurz angebunden. Yannick hat mir gesagt, er müsse

ein paar Dinge regeln und hätte viel um die Ohren. Ich solle mir keine Sorgen machen, alles sei in Ordnung. Auf Fragen hat er ausweichend reagiert und war immer darauf bedacht, das Telefonat umgehend zu beenden. Sein Verhalten ist so untypisch. Der Zeitpunkt für den Beginn seiner Veränderung lässt sich chronologisch leicht festlegen: Das war der Tag, an dem Simon aus irgendeinem Gully gekrochen kam.

Ich weiß nicht, was ich von Yannick denken soll. Zurzeit ist er mir fremd. Ich fühle mich verlassen und unnütz. Die unsichtbare Verbindung zwischen uns hat an Intensität verloren. Es kommt mir vor wie ein Gummiband, das an Spannkraft eingebüßt hat. Zieht man es zurück, dauert es ewig, bis es wieder nach vorne rollt. Warum sagt Yannick mir nicht, womit er so unglaublich beschäftigt ist? Hinter meinem Rücken geht irgendwas vor. Das fühle ich!

Die Tür geht auf. Meine Mutter steckt den Kopf ins Zimmer und sagt: »Du hast Besuch.«

Seit wann lässt sich Etienne ankündigen? Normalerweise lässt er sich die Haustür öffnen, quatscht drei, vier Sätze mit meiner Mom und kommt dann rauf in mein Zimmer.

»Seit wann machst du auf Lotse? Etienne kennt doch den Weg!«

»Hab ich was von Etienne gesagt?« In Rekordtempo scannt meine Mutter das Zimmer. »Wann hast du das letzte Mal aufgeräumt? Bei dir herrscht Chaos pur!«

»Und nicht nur was mein Zimmer betrifft!«, rutscht es mir wie auf Knopfdruck raus.

Meine Mutter kommt zu mir, setzt sich aufs Bett und lächelt mich an. »Hast du Probleme? Ist irgendwas?«

Wo soll ich anfangen und wo höre ich auf? Ich wünschte, ich könnte es meiner Mom jetzt einfach sagen. ›Feigling!‹, höre ich meine innere Stimme zu mir sagen. »Erwachsen zu werden ist nicht unbedingt einfach«, fasse ich es universell zusammen.

»Ich will dich nicht entmutigen, aber anschließend wird es auch nicht viel besser!« Meine Mutter streichelt mir liebevoll über die Wange und lächelt noch ein wenig mehr. »Dein Kumpel steht unten und wartet auf dich. Soll ich ihn hochschicken, oder kommst du runter?«

Mein Kumpel? Freudig springe ich auf. Yannick will mich überraschen! Und ich Idiot blas Trübsal! Dass er zu uns nach Hause gekommen ist, freut mich total. »Ich dachte, Etienne wäre gekommen.«

»Mann, sind das vielleicht Gefühlsschwankungen«, kommentiert meine Mom scherzhaft meine für sie unerklärbare, wie aus heiterem Himmel kommende Freude.

»Haha, Mutterherz. Verarsch mich ruhig!« Ich drück meine Mom, gebe ihr einen Kuss. Hoffentlich wird sie sich mir gegenüber nicht verändern, wenn ich ihr von meinen Gefühlen erzählen werde. Ich halte inne, verharre.

»Schon wieder traurig?« Meine Mutter streichelt mir über den Kopf. »Genieß das Leben, Immo. Du bist noch so jung. Wenn ich noch mal 16 wäre, dann …«. Meine Mom verstummt. Sie drückt meine Hand, geht zur Tür und dreht sich zur mir um. »Ich schick ihn zu dir hoch.«

»Danke.« Ich bin total happy. Hoffentlich sehe ich auch gut aus. Ich nehme den kleinen Spiegel, den ich neben meinem Computer liegen habe, überprüfe mein Gesicht. Alles frisch! Keine Hautunreinheit, nichts. Ich will Yannick gefallen. Das will ich immer. Er soll sich freuen, mich zu sehen, und denken, dass er einen hübschen Freund hat! Ich weiß, dass es auf innere Werte ankommt, aber die Verpackung ist das A und O.

Von draußen wird mit Fingerkuppen leise gegen die Tür getrommelt.

»Komm rein!« Ich bin startklar, um Yannick sofort in die Arme zu laufen und ihn an mich zu drücken.

Die Tür geht auf, und Tyson steht vor mir. »Hey!«

»Du?« Meine Enttäuschung ist groß, was mir anzusehen ist.

»Überschlag dich nur nicht vor Wiedersehensfreude!«

»Sorry. Ich hab nur gedacht … Ach, ist auch egal.« Ich begrüße Tyson mit einem Handschlag.

»Ich wollte dich überraschen. War nix, wie?«

»Die Überraschung ist dir geglückt, wirklich, Mann. Aber … der Zeitpunkt ist ungünstig.« Ich setzte mich auf meinen Lieblingsplatz, die Fensterbank.

Tyson bleibt dicht vor mir stehen. »Was ist mit dir?«

»Bin nicht gut drauf.«

»Wieso nicht?«

»Kein Bock, darüber zu reden.«

Tyson sieht mich an. In seiner Baggy, der XL-Jacke und dem Basecap sieht er cool aus, verdeckt nur leider alles seine Muskeln. Ich weiche seinem Blick aus, weil ich mich unwohl fühle. Na ja, eigentlich fühle ich mich unsicher. Tyson ist so präsent. Er füllt den Raum mit seiner Persönlichkeit und ist so fühlbar. Tyson legt die Hand an mein Kinn und dreht vorsichtig mein Gesicht zu sich. Wir sehen uns an. Tyson ist unrasiert. An seinem Kinn sind dunkle Stoppeln. Was für ein zärtlicher Macho! Tyson nähert sich mir in sinnlicher Absicht. Er will mich küssen.

»Nein«, sage ich leise und stoppe ihn, indem ich meine Hand gegen seine Brust drücke.

»Warum nicht?«, flüstert er fragend.

»Yannick!«

»Bitte!«

Ich schüttle den Kopf.

»Ich werde nicht ewig warten.«

»Das musst du auch nicht. Ich bin und bleibe Yannicks Freund.«

Tyson haucht mir seinen Atem ins Gesicht. »Der Kuss in der Silvesternacht hat mir etwas anderes zugeflüstert.«

»Du hast dir was eingebildet.«

»So?«

Ich hüpfe von der Fensterbank runter und schiebe mich an Tyson vorbei, der sich keinen Zentimeter bewegt. Ich weiß nicht, was in diesem Augenblick mit mir geschieht, was in mir vorgeht. Ich fühle mich so eigenartig, so verloren. Ich empfinde wie jemand, der in einem überfüllten Raum ist und sich dennoch schrecklich verlassen vorkommt. Die Wahrheit ist, dass ich am liebsten in Tysons Arme flüchten möchte. Ich fühle mich Welten entfernt von Yannick, das macht mich unglücklich – unglücklicher als unglücklich! In meinen Wahrnehmungen ist Yannick weit weg von mir. Und das alles wegen Simon! Alles wegen eines Verhaltens, das ich nicht verstehe, geschweige denn einsortieren kann. Was denkt Yannick nur? Denkt er überhaupt noch an mich? Benehme ich mich kindisch? Mache ich einen Idioten aus mir, weil ich Yannick vertrauen sollte? Aber wie kann ich ihm vertrauen, wenn er sich zurückzieht und mich im Unklaren lässt? Die Fakten liegen klar auf der Hand: Simon ist zurückgekommen, hat mir den Krieg erklärt, und Yannick ist ein Anderer.

Wäre ich 8 Jahre jünger, würde ich runter in die Küche laufen, vor meiner Mutter in Tränen ausbrechen und sie darum bitten, mir einen Pudding zu machen, weil ich so traurig bin. Ich schätze, mit 16 funktioniert das nicht mehr. Oder vielleicht doch?

»Eigentlich wollte ich dich fragen, ob du Lust hast, mit mir für zwei Tage nach Amsterdam zu fahren. Ich will zu einem Freestyle-Kickboxing-Wettkampf.«

Wie es scheint, hat Tyson mein emotionales Chaos bemerkt und schneidet deswegen ein anderes Thema an. Ich glaube, er will mich nicht bedrängen. Das ist ein weiterer Pluspunkt für ihn. Was denke ich?!

»Willst du Remy Bonjasky in Action sehen?«

Tyson lacht. »Du hast dir den Namen gemerkt?«

Ich kämpfe mit den Tränen. Ich will nicht, dass sie fließen. Tyson soll mich nicht für so ein Seelchen halten, das beim kleinsten Anlass und besonders in emotionalen Beziehungsfragen zu heulen beginnt. Ich nicke und erwidere: »Hab ihn vor einigen Tagen auf EuroSport kämpfen sehen. Nicht schlecht!«

»Er ist der Champ! Bei den unbedeutenden Kämpfen tritt er nicht mehr an. Der ist kein Idiot!« Tyson ist die Begeisterung anzuhören. »Wird aber bestimmt trotzdem geil werden in Amsterdam. Was ist? Kommst du mit?«

»Ich kann nicht.«

»Wieso nicht? Machst du auf Ehefrau? Verlangt er das von dir?«

»Nein, das ist es nicht.«

»Was dann?«

Als wüsste Tyson das nicht! Wieso drängt er mich dazu, dass ich es ihm sage? Tyson ist eine Verlockung, der ich nur schwer widerstehen kann, und das verwirrt mich sehr. Er zieht mich an wie das Licht die Motte. Aber ich will nicht verbrennen! Und ich will Tyson nichts von dem erzählen, was in mir ist. Ich habe Angst vor dieser Offenbarung, denn ist sie erst einmal in Worte gefasst, dann gibt es kein Zurück mehr. Manche Dinge behält man besser für sich – vielleicht aus Selbstschutz, vielleicht auch nur aus Feigheit.

Tyson wartet auf meine Antwort. Ich zögere sie noch immer hinaus. Wie vom Himmel geschickt platzt Etienne ins Zimmer. Er hat das perfekte Timing! Ich könnte ihn vor Freude knutschen, weil er mich aus der Situation rettet. Für Tyson kommt Etienne völlig unpassend. In seinen Augen mischt sich etwas Abweisendes. Ich glaube, er würde Etienne liebend gern einen Punch mit Knockout-Folge verpassen.

»Wer braucht Winter?« Etienne schimpft wie ein Rohrspatz. »Erst schneit es, nun regnet es. Was soll der Kack! Und in den Winterklamotten sieht man voll ätzend aus. Bin ich eine Litfasssäule oder was? Es gibt keine Proportionen, nichts. Was nützt mir mein Knackarsch, wenn ihn niemand sieht?!«

Etienne ist da, und alles dreht sich nur um ihn. Was sonst nerven kann, kommt mir nun äußerst gelegen. Ich weiß, ich kann mich auf ihn verlassen. In den kommenden Minuten hat er nur ein einziges Thema: Sich selbst! Dass Tyson bei mir ist, das entlockt Etienne ein schmutziges Grinsen. Die Fantasie geht mit ihm durch. Mich kann er nicht mehr groß schockieren, dafür kenne ich ihn zu gut.

»Wow! Der Aufzugknutscher! Ist wohl heute Knusperzeit bei euch.« Etienne wirft einen Blick auf mein Bett, um festzustellen, ob ich mich leidenschaftlich mit Tyson in den Federn geräkelt habe. Das Laken spricht nicht dafür. Etienne sieht mich entsetzt an. »Ich zeig dir die besten Tricks, und was machst du? Du wendest sie nicht an. Ich muss unbedingt mit dir reden. Unter vier Augen!«

»Ich wollte sowieso gehen.« Enttäuscht sieht mich Tyson an. »Du hast ihm alles erzählt? Ist er deine Busenfreundin? Labertasche!« Tyson geht aus dem Zimmer.

»Warte!« Ich laufe ihm nach.

Tyson denkt gar nicht daran, zu warten. Auf der Treppe unseres Einfamilienhauses erwische ich ihn an der Jacke, halte ihn fest. »Bitte!«

Tyson bleibt stehen, dreht sich um und fragt mich unterkühlt: »Was willst du noch? Soll ich dir meine Schwanzgröße sagen, damit du ihm das auch noch stecken kannst?«

Hoffentlich kriegt meine Mutter nichts mit, sonst bin ich in Erklärungsnot!

»Es ist nicht so, wie du glaubst.«

Tyson bleibt cool, reagiert nicht.

»Das mit dir im Aufzug hat mich verwirrt. Ich weiß auch nicht«, erkläre ich mit sehr leiser Stimme, damit niemand mithören kann. »Ich bin mit Yannick zusammen und dann das!«

»Du hast einen Ständer gehabt!« Zum Glück passt sich Tyson meiner Lautstärke an. Er nimmt Rücksicht auf mich, damit ich keinen Stress kriege. »Denk da mal drüber nach! Wenn ich verknallt bin, passiert mir das nicht! Ciao!« Tyson geht die Stufen runter und verlässt das Haus.

Ich bleibe auf der Treppe stehen und fühle mich wie ein begossener Pudel.

»Dauert das noch lange?«, ruft Etienne mir zu. »Ich hab ein Problem!«

Als wäre er der Einzige! Willkommen im Club! Ich gehe zurück in mein Zimmer. Etienne kniet vor meinem Bett und schnüffelt am Bettzeug.

»Hast du sie nicht mehr alle?«

»Ich bin Lassie! Wau! Wau!« Etienne zieht eine Grimasse und hat Spaß für fünf. »Riecht nicht nach Sex. Mir kannst du nichts vormachen. Meiner Nase entgeht nichts. Hast du's mit deinem Mucki-Mann im Stehen am Fenster gemacht?«

»Du bist krank!«

»Wieso?«

»Da fragst du noch?«

»Ist ein geiles Tierchen, dein Knutscher. Warum ist er schon abgehauen? Hab ich was Falsches gesagt?«

»Du doch nicht.«

»Bestimmt hat er Angst vor meiner sexuellen Anziehungskraft. Meine Libido ist wie ein Magnet.«

»Du hast deine Tabletten nicht genommen, he?«

»Witzigkeit kennt keine Grenzen, wie? Zu mir. Ich hab ein Problem.«

»Bevor du mich damit zumüllst, brauche ich einen Pudding. Ich geh mal eben zu meiner Mom in die Küche. Willst du auch einen?«

»Ich hab ein Problem. Wie kannst du ans Essen denken?«

»Schokolade oder Vanille?«

»Vanille. Mit Sahne.«

»Warum überrascht mich das nicht?!«

»Blöde Kuh! Hau deine Mutter mal an, ob sie mir 'ne Kippe von deinem Daddy abzwacken kann. Ich brauch ein Lungenbrötchen! Ist er Zuhause?«

»Nee.« Ich ahne, was gleich kommen wird. Etienne findet meinen Vater geil. Mann, ist das krank! Mein Chef ist so was von heterosexuell, dass es fast wehtut.

»Letzte Nacht hatte ich wieder diesen Traum.«

Na bitte! Habe ich es nicht gesagt? In regelmäßigen Zeitabständen träumt Etienne von meinem Vater. Keine Ahnung, was in Etiennes Kopf vorgeht. So lange ich ihn kenne, hegt er diese Affinität für meinen Dad. Ich muss mich schütteln! »Kannst du dir nicht eine andere Wichsvorlage suchen? Jedes Mal wenn du mir diesen Bullshit verklickerst, kriege ich 'ne Krise. Okay, er ist das Abziehbild eines Mannes wie die breite Masse ihn sich vorstellt. Er hat 'ne Kfz-Werkstatt, liest Tittenmagazine, steht auf Fußball und hat was vom jungen Sean Connery.«

»Du musst ihn mir nicht noch schmackhaft machen! Ich will ihn auch so, ehrlich. Wann hat deine Mama ihr nächstes Seminar für Meditation? Ich mag sie, aber bei deinem Vater steht sie mir im Weg.«

»Du hast 'ne Schraube locker!«

»Hör zu, Immo. Mein Traum war voll irre. Ich bin mit meinem Auto zu deinem Vater in die Werkstatt gefahren. Überall brannten Kerzen. Dein Vater hat mich angehimmelt und mir zugeflüstert ›Wieso hat das so lange gedauert? Ich warte schon ewig auf dich!‹. Er trug eine zerrissene Jeans, hatte einen nackten Oberkörper und war voller Öl. In der Hand hielt er einen Schraubstock. Mir wurde ganz heiß. Er hatte euren Angestellten frei gegeben, damit er sich ungestört um mein Getriebe, und die Rede ist nicht von dem meines Autos, angucken konnte. Wah! Einfach geil. Kurz bevor es zur Sache ging, bin ich aufgewacht.« Etienne leckt sich die Lippen, hat glänzende Augen. »Ich glaube, mein Traum hat 'ne sexuelle Bedeutung. Vielleicht ist das eine verschlüsselte Botschaft von meinem Unterbewusstsein. Oder von deinem Daddy.«

»Und du behauptest, du hättest *ein* Problem? Bevor ich kotzen muss, hol ich besser den Pudding.«

»Denk an die Kippe!«

Auf dem Weg in die Küche denke ich darüber nach, was Tyson mir auf der Treppe an den Kopf geworfen hat. Mein nächster Gedanke gilt Yannick. Was ist nur los? Das Chaos scheint größer und größer zu werden. Ich habe mir meine erste große Liebe so sehr gewünscht. Im Traum hätte ich nicht gedacht, dass alles dermaßen kompliziert ist. Das macht mir Angst. Ich fühle mich, als würde ich gegen Windmühlen kämpfen. Bin ich vielleicht die moderne Ausgabe von Don Quichotte, dem Ritter von der traurigen Gestalt?

Ich weiß, etwas Gutes wird passieren. Ich weiß nicht, wann. Aber es wird geschehen. Ich wünsche es mir!

♥ ♥ ♥

Pudding essend hocke ich mit Etienne auf meinem Bett. Wir haben es uns bequem gemacht. Dass meine Mutter keine Zigarette rausgerückt hat, stinkt Etienne. Als überzeugte Nichtraucherin und Meditationsanhängerin ist ihr eine gesunde Lebensweise wichtig. Meinen Vater konnte sie bis jetzt noch nicht davon überzeugen, aber das ist eine andere Sache.

»Können wir jetzt endlich zu meinem Problem kommen?« Mit dem Löffel rührt Etienne in seinem Puddingbecher rum, stellt ihn zur Seite und hat keinen Appetit mehr. Es muss was Ernstes sein! Ein weiteres Indiz dafür ist sein Gesichtsausdruck. Mit einem Mal wirkt er sichtlich bedrückt.

»Hey, was hast du?«

»Ich bin verliebt!«

Mir bleibt fast der Pudding im Hals stecken. »Du bist verliebt?«

»Hast du was mit den Ohren? Soll ich's dir aufschreiben, damit du es nachlesen kannst?«

»Alte Kratzbürste! Und warum siehst du so aus, als müsstest du auf den elektrischen Stuhl?«

»Was ich jetzt sage, sage ich nur absolut ungern. Ich kann es selber nicht glauben. Ich habe ein Problem mit diesem Mann und brauch deine Hilfe. Oh Gott! Das ist Hardcore! Das ist endkrass! *Ich* muss ausgerechnet *dich* um Hilfe bitten. Noch vor einem halben Jahr bist du 'ne eiserne Jungfrau gewesen. Du glaubst an Romantik und ewige Liebe und all diese Hirngespinsten. Ich bin im falschen Film!« Etienne lässt sich nach hinten aufs Bett fallen, streckt die Zunge wie von einem Strangulierten raus und stellt sich tot.

»Krieg dich ein! Ich hab's geschnallt.« Ich kann es selber noch nicht glauben. Etienne das Flittchen kommt in Männerangelegenheiten zu mir. Das ist so, als würde Michael Schumacher allen Ernstes fragen, wie man einen Rennwagen fährt. Soll ich mich geschmeichelt fühlen oder besser mal zum Fenster rausgucken, um nachzusehen, ob der Countdown zum Weltuntergang eingeläutet ist? »Wer ist der Glückliche?«

»Adrian.«

»Der Drehbuchautor?«

»Ja.« Etienne richtet sich wieder auf, setzt sich neben mich und seufzt. »Ich verstehe ihn einfach nicht. Er will unsere Beziehung modifizieren, hat er gesagt. Modifizieren. Wer redet so? Bestimmt kein Kerl, der 'ne Hormonlanze hat und das Tier in sich nicht kontrollieren kann. Modifizieren. Das sind Gehirnblähungen! Seit wann zieht es mich zu Intelligenzbolzen hin? Der hat bestimmt einen kleinen Schwanz! Viel im Kopf und wenig in der Hose.

All diese Intellektuellen sind doch meistens emotionale Pflegefälle. Das weiß jeder. Wenn ich mich schon verlieben muss, weshalb ausgerechnet in Adrian?«

»Was ist so schlimm daran?«

»Sag mal, an welcher Stelle bist du nicht mitgekommen? Adrian will nicht mit mir ins Bett gehen! Halloooo!!! Er muss erst noch ein bisschen modifizieren. Hoffentlich modifiziert er sich keinen Wolf. Was soll das? Ich hab ja schon viel Mist gehört, aber das …« Etienne nimmt seinen Puddingbecher, isst einen Löffel davon und ist total down. »Das ist nicht meine Welt. Ich weiß nicht, wie ich mich verhalten soll. Adrian küsst mich und hält Händchen. Mehr nicht. Das hat noch nie jemand mit mir gemacht! Normalerweise laufen meine Dates anders ab. Männer wollen mich, die stehen auf mich, und nicht weil sie mit mir Händchen halten wollen. Und jetzt kommt der absolute Knaller. Adrian hat mir gesteckt, dass er nicht auf Jungs steht, die mit jedem rumschlafen. Rumschlafen — das hat er wirklich so gesagt.«

Ich muss lachen. Tut mir Leid. Ich kann nicht anders. Etienne sieht mich tadelnd an und lacht schließlich mit mir mit. Hätte Adrian die leiseste Ahnung von dem, was Etienne so alles treibt, würde er tot umfallen.

»Auf keinen Fall darfst du mit ihm in die Szene gehen«, warne ich Etienne. »Adrian fällt vom Glauben, wenn er feststellt, wer dich alles kennt … und schon mal hatte.«

»Er sieht so gut aus, ein bisschen brav, aber stille Wasser sind bekanntlich tief. Er meint es ernst mit mir. Er liebt mich, hat er gesagt. Warum pennt er dann nicht mit mir? Das ist nicht normal!«

»Adrian will eine Beziehung mit dir und nicht die schnelle Nummer.«

»Sag nicht das böse Wort mit B. Guck mal. Hab ich schon Ausschlag im Gesicht?« Demonstrativ hält mir Etienne sein Gesicht vor Augen und schneidet Fratzen. »Ich bin ein Flittchen verdammt!

Was glaubt Adrian? Der hält mir sogar die Tür auf. Wenn ich bei ihm bin, fragt er mich tausendmal, ob ich Hunger habe. Natürlich denkt er dabei ans Essen. Dezente Anspielungen ignoriert er. Mittlerweile hab ich's aufgegeben. Ich schaufel mir ein Baguette rein, obwohl ich lieber mit ihm ins Bett gehen will. Adrian fummelt nicht mal. Was ist das? Ich kann nicht sein, wie ich bin. Mein wahres Ich schreckt ihn ab. Vermutlich steht er auf Blümchensex. Mir bleibt auch gar nichts erspart!«

»Mach es, wie du es immer machst, wenn ein Macker ernste Absichten hat. Schieß ihn ab!«

»Aber ich bin in Adrian verliebt … glaube ich«, sagt Etienne ungewöhnlich kleinlaut, als hätte er eine Geschlechtskrankheit.

»Dann gib ihm eine Chance!«

»Hilfst du mir?«

»Wobei?«

»Bring mir bei, verklemmt zu sein. Und ich muss wissen, wie man sich beim Sex unbeholfen anstellt. Dein erstes Mal ist noch nicht lange her. Und überhaupt – wer könnte mir bei meinem Problem besser zur Seite stehen? Du bist perfekt!«

»Ich bin nicht verklemmt!«

»Dein Aufzugknutscher und ich sehen das aber anders!«

»Wenn deine Keimdrüsen nicht ausgelastet sind, bist du ein richtiges Gift spritzendes Miststück!«

»Sweety, irgendwas muss ich spritzen!« Etienne grinst über beide Backen.

Ich hefte den Blick auf Etienne, verweile. »Das Flittchen, das vorgibt ein unerfahrenes Jüngelchen zu sein. Wenn du das wirklich durchziehst und Adrian die Lüge schluckt, dann bist du der größte Schauspieler und hast einen Oscar verdient!«

»Ich bin ein großer Schauspieler! Warte ab, bis du mich in der Gerichtsshow siehst. Und schlucken wird Adrian noch ganz was anderes!«

Wer hätte das gedacht! Ausgerechnet Etienne lebt meinen Traum. Er hat seine erste kleine Fernsehrolle gespielt, ist verliebt und alles scheint rosarot zu sein. Um seinen sexuellen Notstand muss sich niemand sorgen, denn in solchen Fällen weiß Etienne sich zu helfen.

»Davon bin überzeugt!«

»Er hat mich morgen zum Essen eingeladen. Daran darf ich gar nicht denken. Bei Kerzenschein und Fidelmusik wird er einen weiteren kleinen Schritt in Richtung Schlafzimmer machen. Bei dem Tempo werden wir schätzungsweise in drei Jahren zum ersten Mal Sex haben. Wie deprimierend. Ich brauch 'ne Aufmunterung. Komm, lass uns ins *Lollipop* gehen«, schlägt Etienne vor.

»Kein Bock. Ich muss auch noch für die Penne büffeln.«

»Ich muss auch noch für die Penne büffeln«, wiederholt Etienne und äfft mich nach. »Scheiß drauf! Lass uns Party machen.«

»Du willst dir einen Macker angeln, richtig?«

»Bingo! Ich muss meine Hormone tanzen lassen, damit ich morgen bei Adrian nicht so geile Augen mach. Unterwegs kannst du mir ja noch einige Tipps geben. Machst du eigentlich beim Sex das Licht aus? Stöhnst du?«

Mit ein bisschen Glück war der Pudding vergiftet und entfacht seine tödliche Wirkung innerhalb der nächsten dreißig Minuten. Falls nicht, werde ich Etienne vor ein vorbeikommenden Auto schubsen.

»Ich bin total abgebrannt. Ich frag mal meine Mom, ob sie ein bisschen Cash rausrückt.«

»Droh ihr mit Psychoterror, wenn sie sich weigert!«

Psychoterror hat meine Mom noch zu genüge, wenn ich sie mit meinem Coming-out beglücke. Mehr Psychoterror geht nicht! Eigentlich habe ich keine Lust, auszugehen. In meinem Kopf sind zu viele Gedanken und vielleicht auch Zweifel. Ich bin mir heute selber so fremd. Was für eine seltsame Melange aus Melancholie,

Zweifel, Hoffnung, Optimismus und dem Gefühl, verloren zu sein. Was habe ich noch zu meiner Mutter gesagt? Erwachsen werden ist nicht leicht. Ich hätte besser sagen sollen: Den Weg zu finden ist gar nicht so leicht. Den Weg sucht man vermutlich sein Leben lang, ändert er sich doch stetig.

Aber es gibt eine Hoffnung, die bleibt: Omnia vincit Amor; alles besiegt Amor!

TAGEBUCH

Liebes Tagebuch,

wieder mal habe ich dich aufgeschlagen, um dir meine Gedanken anzuvertrauen. Ich weiß, das mach ich viel zu unregelmäßig. Du hältst mein Leben fest, reihst Moment an Moment. Es entstehen Szenen und auf diese Weise erzählst du von mir wie in einem Film. Du bist eine Dokumentation über mich. Das gefällt mir, deswegen fülle ich deine Seiten. Es gibt so vieles, was ich nicht vergessen möchte. Du bewahrst es für mich auf. Wenn ich irgendwann älter bin und in dir blättere, ist das eine Reise in die Vergangenheit. Ich werde mich an all das erinnern, was ich dir anvertraut habe. Hoffentlich werden die schönen Erinnerungen überwiegen.

In mir ist ein emotionaler Wirrwarr. Als würde das nicht reichen, herrscht auch um mich herum ein kunterbuntes Durcheinander. Ich weiß nicht, was zurzeit geschieht. Vielleicht liegt es daran, dass ich mir selber so fremd bin. Patty behauptet immer, ich sei zu emotional. Aber wie kann ein Mensch zu emotional sein? Emotionen sind lebensnotwendig!

Yannick bereitet mir Kummer. Anfangs habe ich geglaubt, dass meine Eifersucht mich kirre macht und ich mir Dinge einbilde. Mittlerweile weiß ich, dass das nicht der Fall ist. Yannick verhält sich anders als sonst. In den letzten zwei Wochen habe ich ihn kein einziges Mal zu

Gesicht bekommen. Zwei Telefongespräche — auf jeweils drei Minuten Länge begrenzt — waren alles, was Yannick von seiner Zeit für mich abzwacken konnte. Ich stelle keine Fragen mehr. Das ist Zeitverschwendung. Klar habe ich es versucht, aber keine zufriedenstellenden Antworten erhalten. Ich fühle mich hilflos und schrecklich vernachlässigt. In meinem Herzen steckt ein Dorn mit einem fiesen Namen — Simon. Ich kann ihn nicht entfernen, weil Yannick den Dorn, bewusst oder unbewusst, tiefer in mein Herz treibt. Weshalb macht er das? Yannick ist der liebevollste Mensch, den ich jemals getroffen habe. Das passt nicht zu ihm. Ein Schatten legt sich auf unsere Liebe. Bevor der Schatten uns ganz bedeckt und die Gefühle erfrieren, muss irgendetwas geschehen. Nur was?

Patty würde jetzt wieder sagen, dass ich sentimental und theatralisch bin. Ich bin ein ewiger Romantiker, das ist alles! Vielleicht will ich auch aus diesem Grund Schauspieler werden. Ganz sicher ist das der Grund, weshalb ich Tagebuch führe. Ich liebe es, sentimental zu sein. Und ich liebe die Liebe!!!

Zu meinem Entsetzen habe ich etwas tief in mir entdeckt, das maßgeblich für das Sammelsurium von emotionalen Verwirrungen mitverantwortlich ist. Ich weiß nicht, wie ich es beschreiben soll. Vielleicht am besten mit einem Sinnbild. Seit einiger Zeit laufe ich durch ein Labyrinth unterschiedlichster Gefühle und finde einfach nicht den Ausgang oder zumindest den rechten Weg — wie immer auch der rechte Weg aussehen mag. Tyson hat mich in diesen Irrgarten gelockt, ohne dass er es vermutlich ahnt. Tyson. Ich muss ein Geständnis ablegen, liebes Tagebuch. Ich fühle mich zu Tyson hingezogen. Er strahlt etwas aus, das in mir ein Kribbeln auslöst. Etienne würde jetzt sagen, dass ich geil auf Tyson bin. Aber das ist es nicht. Oder etwa doch? Ich weiß es nicht. Das verwirrt mich. Der Kuss in der Silvesternacht scheint nicht spurlos an mir vorübergegangen zu sein. Tyson ist so anders als Yannick. Tyson wirkt hart und rau. Tyson ist ein Fighter, trotzdem war sein Kuss weich, warm und süß. Yannick killt mich, wenn er davon erfährt.

Urplötzlich ist mir bewusst geworden, dass in mir eine Sehnsucht ist, die Yannick nicht stillt. Diese unerfüllte Sehnsucht löst eine Einsamkeit in mir aus, die in mir wie ein Echo hallt. Ich liebe Yannick, dennoch ist das Echo keine Einbildung. Am Anfang habe ich geglaubt, es würde sich um eine natürliche Reaktion auf Simon handeln. Mittlerweile weiß ich es besser. Das erschreckt mich. Ich muss erkennen, dass der Schatten, der sich über Yannick und mich legt, mehrere Ursachen hat.

Warum ist die Liebe so kompliziert? Ich habe mich schrecklich danach gesehnt. Noch vor wenigen Monaten habe ich Etienne mit meinem Gerede von der ewigen Liebe totgequatscht. Etienne hat stets dagegengehalten. Du kannst froh sein, wenn die Liebe groß genug ist, um einen Schwanz die halbe Nacht hart bleiben zu lassen!, lautete Etiennes ultimatives Fazit.

Von der einstigen eisernen männlichen Jungfrau hin zum geilen Bienchen, das keiner Blume widerstehen kann und Honig schlecken will. Ich übertreibe, oder? Bitte sag Ja! Wahrscheinlich ist es nur gut, dass sich Tyson nicht mehr bei mir gemeldet hat. Für mich ist das die einfachste Lösung des Problems. Kein Kontakt bedeutet keine erneute Begegnung und damit ist ein Honigschlecken ausgeschlossen. Es gibt viele Blumen draußen auf der großen, großen Wiese namens Welt, ich weiß. Soll ich dir etwas verraten, liebes Tagebuch? Dieses Wissen ängstigt mich. Wenn jetzt schon am Anfang alles dermaßen kompliziert ist, wie schwierig muss es dann erst sein, wenn ich die ersten Stationen auf meiner Reise durch das Leben und die Liebe hinter mir habe?

Ich empfinde Tyson als mein kleines Geheimnis. Nicht mal Etienne habe ich von meinen Empfindungen erzählt. Etienne würde eine Herzattacke kriegen und einen herben Imageverlust befürchten. Er ist schwer verliebt in Adrian. Etienne ist verliebt; das Unmögliche ist wahr geworden! Er hat nie an Gefühle geglaubt. Das ist Hardcore! Adrian meint es wirklich ernst mit ihm. Bis jetzt habe ich ihn noch nicht kennen gelernt, dafür erzählt mir Etienne jede Einzelheit. Weil Adrian mit ihm noch nicht schläft, trifft sich Etienne nach wie vor mit anderen

Männern. Bevor er auf Sex verzichtet, isst er lieber nichts, sagt er. Allerdings hat Etienne seine Sex-Dates für seine Verhältnisse stark reduziert. Er will eine Beziehung mit Adrian, darüber ist er sich hundertprozentig sicher. Allerdings hat er Angst davor, dass er mit Adrian in Sachen Triebstärke und sexuelle Ausschweifungen nicht kompatibel ist. Sollte das der Fall sein, steht Adrian ein schnelles Verfallsdatum als Etiennes Lover bevor, fürchte ich.

Zurzeit bemüht sich Etienne sehr. Er kann nicht er selbst sein. Adrian hasst Schlampen. Wie lange kann das gut gehen? Etienne ist nun mal kein zurückhaltender Junge, der mit der Szene nichts am Hut hat und lieber Spaziergänge macht. Ich habe ihm ein derbes Erwachen prophezeit. Du wirst tierisch auf die Fresse fallen!, waren meine Worte. Etienne sieht das anders. Ich weiß beim besten Willen nicht, weshalb er sich ausgerechnet in Adrian verliebt hat. Etienne ist eine männliche Nymphomanin und Adrian allem Anschein nach ein Sockensortierer!

Holly steckt noch voll in den Vorbereitungen zu ihrer Hochzeit. Dauert alles länger als geplant, weil sie nebenbei auch noch ihr neues Bühnenprogramm ausarbeitet. Dimitri ist super nett. Ich mag ihn. Zwar redet er nie sehr viel, aber dafür hat er wahre Kumpelqualitäten. Er ist bei Holly eingezogen und macht sie glücklich. Holly ist voll aus dem Häuschen, weil in der Wohnung jetzt überall ›Klamotten von einem echten Kerl‹ rumliegen, wie sie mit geschwollener Brust sagt. Vorgestern war ich zum Abendessen bei den beiden. Dimitri hat mir viel von Russland erzählt. Privates behält er allerdings für sich. Ich weiß nur, dass seine Großmutter in Wladiwostok lebt und er sie lange nicht mehr gesehen hat. In einem ruhigen Moment hat Holly mir gesteckt, dass Dimitri Geschäftsmann ist, aber Schwierigkeiten hat. Auf die Hochzeit freue ich mich riesig!

Von Sisko kann ich noch immer nicht viel berichten. Wieso will er mir kein Foto von sich schicken? Was hat er zu verstecken? Vielleicht ist er gar nicht der, für den er sich ausgibt. Der Kontakt ist spannend. Wir mailen regelmäßig und treffen uns auch im Chat. Um den Anfang zu machen, habe ich ihm mit meiner letzten E-Mail ein pic von mir geschickt. Ich wollte ihn unter Zugzwang setzen. Hat nichts gebracht. Er will seine Identität für sich behalten. Dafür hat er mir geschrieben, dass mein Foto ihm gefällt. Du siehst süß aus, hat Sisko gesagt. Ich wollte ihn austricksen und habe ihn auf Handy angerufen. Er geht nicht ran. Warum bleibt er nur so eisern? Er simst, das ist es aber auch. Ich würde zu gern wissen, wie sich seine Stimme anhört. Vielleicht werde ich irgendwann hinter das Geheimnis kommen. Auf jeden Fall ist es ein interessanter Kontakt, auch wenn es vielleicht bloß reine Verarsche ist.

Zu meiner großen Freude hat Patty mir das versprochene Foto von sich und Michel gemailt. Die beiden sind ein heißes Paar! Michel hat längere Haare und sieht aus wie jemand von einer Rockband. In ihren E-Mails schwärmt Patty von Michel und seinen Liebeskünsten. Patty fehlt mir. Wir hatten immer eine geile Zeit zusammen. Ich frage mich, wie lange sie in Paris bleiben wird. Manchmal beschleicht mich der Verdacht, dass sie nicht mehr zurückkommen wird. Wenn es klappt, möchte ich Patty im Sommer besuchen. Vielleicht sponsert mir Nana den Trip. Nana ist die beste Oma der Welt. Wenn ich sie bitte, sagt sie bestimmt nicht Nein.

Kopfzerbrechen bereitet mir noch das Problem mit der Schauspielschule. Ich weiß echt nicht, wie ich das auf die Reihe kriegen soll. Ich möchte so gern Schauspieler werden. Vielleicht schaffe ich es ja nicht, weil es für mich nicht mehr als ein schöner Traum bleibt. Wieso musste ich mich beim Casting auch nur so gehirnamputiert anstellen? Ich fühle mich wie ein Loser. Etienne wollte nie Schauspieler werden und hat bereits seine erste kleine Rolle gespielt. Das ist so ungerecht! Ich gönne es ihm, wirklich! Etienne ist mein bester Freund, da gibt es keine Missgunst für mich. Wir sind Homies; wenn einer von uns gewinnt, gewinnt der andere automatisch mit. Aber warum habe ich kein Glück?

Kommt mir vor, als würde ich unter dem so genannten Peter-Pan-Syndrom leiden. Bin ich mies drauf, flüchte ich in meine Fantasiewelt. Das ist voll krass. Ich muss immer an Clark Hero denken. Manchmal *glaube ich schon, er würde tatsächlich existieren. Krank, nicht wahr? Aber ich brauche einen Helden, der mich rettet … wenigstens ein bisschen.*

Ich muss schon wieder an Yannick denken. Ob er mich noch liebt? Ob er mit Simon schläft? Ich bin so traurig. Alles dreht sich in meinem Kopf. Es gibt keine Klarheit. Existiert diese Klarheit überhaupt?

Liebes Tagebuch, für heute soll's das gewesen sein. Bewahre gut meine kleinen und großen Geheimnisse. Hoffentlich löst sich der Schatten auf, bevor er Yannick und mich vollends bedeckt hat.

Himmel, bitte schick mir einen Clark Hero!

KEIN MANN WIE JEDER ANDERE

Die Ungewissheit quält mich. In den vergangenen zwei Tagen habe ich unzählige Male Yannicks Nummer gewählt, und bevor die Verbindung zustande kam, habe ich aufgelegt. Ich hatte Angst vor dem, was er vielleicht sagen würde. Vermutlich hatte ich sogar noch größere Angst vor dem, was er verschweigen könnte. Ich kann nichts mehr essen, kann nicht mehr schlafen, fühle mich wie ein gehetztes Tier. Was mich hetzt? Mein Drang nach der Wahrheit. Ich will wissen, was augenblicklich geschieht. Wahrheit. Als wäre das so einfach. Zwei Menschen, zwei Realitäten und nicht selten zwei Wahrheiten. *C'est la vie*! Im Grunde kann man sich nicht mal auf das verlassen, was man sieht oder besser gesagt zu sehen glaubt. Sinne lassen sich täuschen, da können deine Augen noch so klar und scharf sein. Herzen unterliegen Täuschungen sehr schnell, das ist wohl ihre Natur. Sehnsucht trübt den Blick und macht das Herz anfällig für einen krassen Realitätsverlust. Was ist mit meiner Realität? Zurzeit verstehe ich das Leben nicht mal ansatzweise. Ist mir alles zu kompliziert. Kann mir jemand zufälligerweise mit einem Masterplan oder so was aushelfen? Könnte ich ziemlich gut gebrauchen, damit ich wieder durchblicke!

Ein Blatt im Wind kann sich nicht verlorener fühlen. Ich bin dem Unbekannten ausgesetzt. Nana sagt, dass sei jeder von uns.

Ich weiß, dass sie Recht hat und trotzdem hilft es mir nicht. Gestern hatte ich mit Nana ein supergeiles Gespräch. Ich glaube, sie ahnt etwas. Nana ist gut drauf und alles andere als großmütterlich. Hundertprozentig würde sie mit Holly total gut klarkommen. Ich war kurz davor, bei Nana eine Beichte abzulegen und ihr von mir zu erzählen. Leider hat der Feigling in mir erneut gesiegt.

In Sachen Yannick und mir will ich nicht feige sein und der Ungewissheit ein Ende bereiten. Ich bin zu ihm gefahren, ohne es ihm vorher zu sagen. Normalerweise hätten wir uns ohnehin heute getroffen. Es ist Freitagabend. Wie wird Yannick reagieren? Ob er sich freut, mich zu sehen? Ich bin nervös. Ich stehe vor der Haustür und starre auf Yannicks Klingel. SCHAGALL. Ich mag Yannicks Namen. Bedächtig führe ich den Zeigefinger zum Klingelknopf. Ich erinnere mich an Nanas Worte: Liebe braucht Mut – und das Leben braucht beides!

Plötzlich geht die Haustür auf, und ein Nachbar, ein freundlicher älterer Herr, kommt aus dem Hausflur. Ich grüße ihn. Er lächelt und fragt, ob ich rein möchte. Ich nicke. Er hält mir die Tür auf, lässt mich in den Hausflur. Während ich die Stufen hinauf zu Yannicks Wohnung laufe, ist es fast so wie beim ersten Mal. Alles ruft sich mir ins Gedächtnis zurück. *Villa Kunterbunt!*, war damals mein Gedanke, als ich das Treppenhaus mit dem roten Treppengeländer und den ausgetretenen hellgelben Holzstufen sah. An den Flurfenstern hängen kurze Gardinen, und Grünpflanzen stehen von innen auf der Fensterbank - genau wie beim ersten Mal, nur dass damals noch Sommer war. Ich lass mir Zeit, bis ich schließlich vor Yannicks Wohnungstür stehe. Was erwartet mich? Ist er überhaupt zu hause? Vielleicht ist er unterwegs. Mit Simon? Mein Herz rast und dreht Loopings. Ich habe Bammel vor dem Moment, der vor mir liegt. Unzählige Male bin ich durch diese Tür geschritten, stets glücklich beim ›Hallo‹ und voller Sehnsucht beim ›Bis morgen‹ oder ›Bis Freitag‹, je nachdem.

Ich lege das Ohr an die Tür. Nichts ist zu hören. Normalerweise hat Yannick immer Musik an, wenn er zu hause ist. Ich klopfe an die Tür. Wenn Yannick mich wegstößt, dann ist Winter in meinem Herzen. Lieber Gott, hilf mir. Mach, dass alles gut ist! Ich klopfe noch einmal und drücke gleichzeitig den Klingelknopf neben der Tür. Manchmal ist die Liebe ein Windzug und manchmal ein Sturm. Bei Yannick und mir war es ein Orkan.

»Yannick!« Ich rufe seinen Namen, weil ich es nicht mehr aushalte. Ich will zu ihm. Ich will in seine Arme und er soll mir sagen, dass alles gut ist mit uns. Er ist das Wunder, das mich alles sein lässt, was ich letztendlich bin. Yannick ist kein Mann wie jeder andere!

Die Tür geht auf. Mit verschlafenen Augen steht Yannick vor mir. Tränen kullern über mein Gesicht. Ich falle in Yannicks Arme, schluchze.

»Immo«, flüstert Yannick und drückt mich fest an sich.

Bitte lass mich nie wieder los, Yannick! Von mir aus können wir hier für immer stehen und Wurzeln schlagen. Das ist die Liebe, wenn sie dich wie ein Fluss durchströmt, dein Herz und deine Seele berührt. Und wenn das geschieht, dann glaubst du, du könntest den Himmel berühren, ohne dich groß anstrengen zu müssen.

Ich küsse Yannick wie ich ihn noch nie zuvor geküsst habe, lege meine ganze Seele in mein Lippenbekenntnis. ICH LIEBE DICH würde nicht reichen, nicht hier und jetzt. Manchmal spricht die Stimme der Liebe lautlos, verliert keine einzige Silbe und wird dennoch verstanden. Das ist das Wunder, dem sich niemand entziehen kann!

Eng umschlungen tippeln wir ins Schlafzimmer. Yannick ist erregt. Er zieht mich aus, ist voller Zärtlichkeit. Ich lass ihn alles machen, weil ich einfach nur froh bin, bei ihm zu sein. Immer wieder küsst er die Tränen aus meinem Gesicht. Emotional bin ich viel zu verwundbar, das weiß Yannick. Ich kann nichts dagegen machen. Der liebe Gott hat mir einfach zu viel Herz und Seele gegeben.

Wir liegen im Bett, haben die Bettdecke über unsere Köpfe gezogen. Ich schließe meine Augen und bin wie in einem Kokon aus Emotionen, Leidenschaft, Verlangen und Lust. Wenn ich den Kokon verlasse, werde ich ein bisschen glücklicher sein als zuvor. Wer weiß. Vielleicht werde ich auch Flügel haben wie ein farbenprächtiger Schmetterling, der in die Lüfte steigt und sich nicht allein von den aufsteigenden Winden tragen lässt, sondern auch von einer inneren Leichtigkeit.

Yannicks Hände sind überall. Ich genieße seine Berührungen und gebe ihm alles von mir. Nichts halte ich zurück. Mein Inneres lege ich in seine Obhut. Was immer sich Yannick von mir wünscht, ich werde die Erfüllung seiner Wünsche sein. Die Mauer, die sich in den vergangenen Tagen zwischen uns aufgebaut hat, werde ich zum Einstürzen bringen, ganz gleich, was es mich kostet!

Ich atme Yannick, schmecke und spüre ihn. Unsere Küsse werden leidenschaftlicher und ungestümer. Mit den Mündern lassen wir keine Stelle unserer erregten Leiber aus. Ohne jeden Zweifel an uns lasse ich mich fallen, versinke in die Tiefe der Lust. Was mit Yannick und mir geschieht ist richtig und unausweichlich. Es ist eine Notwendigkeit! Wir teilen ein Schicksal. Mit jedem Atemzug verschmelzen wir ineinander. Es gibt kein falsches Schamgefühl aus Feigheit. Wir zeigen uns, wonach wir uns sehnen. Das ist so leicht, wenn man sich liebt!

Sanftes Stöhnen mischt sich mit zügellosem. Ich werde in Yannick sein und er in mir. Wir werden vereint sein, bis unsere Kraft schwindet und unsere Körper erschöpft aufeinander liegen bleiben, nacht Luft schnappend, glücklich, dem Himmel nah.

Unisono. Unsere Herzen sind im Gleichklang. In diesem Augenblick bin ich einfach nur ich selbst. Ich liebe, lebe, lache, leide und weine. Und wenn es so sein soll, halte ich den Atem an und fliege davon – im Taumel, im Rausch, in Ekstase, in dem Wissen, die Liebe erfahren zu haben!

♥ ♥ ♥

Yannick ist müde. Kein Wunder, wir haben Gutes vollbracht! Allerdings denke ich nicht daran, jetzt einzuschlafen. Ich will mit ihm reden. Ich will, dass er mir verrät, was mit ihm los ist. Mein Begehren scheint er zu ahnen. Seit mehr als zehn Minuten hält er die Augen verbissen geschlossen. Die Masche zieht nicht bei mir! Ich stupse ihn an. »Hey, wir müssen reden«, sage ich.

»Mmmh«, brummelt Yannick.

Sein Mmmh wird ihm nicht helfen. Ich bleibe unnachgiebig. »Warum bist du so abweisend gewesen? Nicht mal gesimst hast du!« Der Vorwurf in meiner Stimme ist unüberhörbar.

Yannick reagiert nicht, stellt sich schlafend. Er will nicht mit mir darüber reden, schon klar. Die Konfrontation mit seinem Verhalten mir gegenüber ist nicht besonders angenehm, dennoch kommt er nicht drum herum. Ich bestehe darauf! Ich will, nein, ich verlange eine Erklärung. Zehn Sekunden gebe ich ihm noch, danach werde ich meine Forderung wiederholen und drastischere Worte gebrauchen. Yannick macht keinerlei Anstalten.

»Du hast dich wie ein Arsch verhalten!« Wow! Das ist ja mal sehr drastisch. Könnte ein Mensch drastischer sein als ich? Ich wüsste nicht wer! Wenigstens klappt's noch mit der Ironie!!! »Ich weiß, dass du nicht schläfst!«

Yannick öffnet die Augen, sieht mich an. Er weiß, dass er mir nicht mehr ausweichen kann. Das hier ist nicht eines der oberflächlichen Telefonate der vergangenen Tagen, die stets dann ein jähes Ende fanden, wenn ich angefangen habe, unbequeme Fragen zu stellen. Diesmal kann Yannick nicht ausweichen und mir entgehen. Ich setze mich aufrecht hin, benutze das Kopfkissen als Rückenlehne und warte auf das, was er mir sagen wird. Yannick streicht die Rastazöpfe aus seinem Gesicht, setzt sich ebenfalls aufrecht hin, greift zur Packung Zigaretten neben dem Bett, steckt sich einen Glimmstängel an und angelt nach dem Aschenbecher, der auf dem Boden steht.

»Ich bin ganz Ohr!« Ich habe keine Lust mehr, länger zu warten. Außerdem gefällt mir nicht, was Yannick da veranstaltet. Auf mich wirkt das, als ginge es um etwas sehr Ernstes und das macht mir Angst.

»Tut mir Leid, dass ich mich wie ein Arsch benommen habe, wirklich. Ich hatte viel um die Ohren. Muss mich noch immer um eine Menge kümmern. Ist voll heavy.« Yannick zieht an der Zigarette, inhaliert, behält den Rauch in der Lunge, atmete dann durch die Nase aus.

Ich bin genauso schlau wie vorher. Offenheit schlägt mir nicht gerade entgegen. Das spricht nicht für Yannick, sondern gegen ihn! »Und?«, frage ich. Ich möchte um mich schlagen, weil ich das nicht länger ertrage. Es ist offensichtlich, dass etwas nicht stimmt.

»Und, was?«

Yannick spielt Katz und Maus mit mir. Langsam verliere ich die Beherrschung. Ich laufe gegen den Wind und kann das nicht länger ertragen. »Für wie verpeilt hältst du mich?«

»Was meinst du?«

»Das weißt du genau!«

Yannick drückt die halbe Zigarette im Aschenbecher aus. Er steckt in der Bredouille und wird nervös. Ich bin angekotzt. Auf Spielchen habe ich keinen Bock. Dann werde ich mal Klartext reden! »Hast du mit ihm gefickt?«

Yannick sieht mich entsetzt an. »Mit wem?«

Ich koche, möchte am liebsten richtig laut werden und einen kleinen Tobsuchtsanfall kriegen. »Mit Simon.«

»Wie kommst du denn darauf?«

»Dreimal darfst du raten!«

»Nein.«

»Nein, was?«

»Ich war nicht mit Simon in der Kiste.«

»Und das soll ich dir glauben?« Ich führe mich auf wie eine eifersüchtige Ehefrau, die sich nicht anders zu helfen weiß, als eine Szene zu machen. Wie genial! Der Witz ist, dass ich nackt neben Yannick sitze und wir uns eben erst geliebt haben. Mann, ist das bescheuert!

Yannick sagt nichts. Ich kann es nicht fassen! Ich bin auf hundertfünfzig, und er kriegt die Zähne nicht auseinander. Er strengt sich nicht besonders an, mich von seiner Unschuld zu überzeugen. Wahrscheinlich will er sich nicht überstrapazieren, damit er noch genügend Kraft für seinen Ex hat. Hat jemand mal eine Ladung Dynamit für mich, damit ich hier alles in die Luft sprengen kann?! Mir reicht es. Die Stimmung ist gekippt. Wenn Yannick es so haben will, meinetwegen! Ich stehe auf, suche meine Klamotten vom Boden zusammen.

»Was machst du?«

»Wonach sieht es aus?«

Yannick kommt zu mir, fasst mich am Arm. »Warte.« Er hält mich zurück.

Ich stoße seine Hand weg. »Entweder sagst du mir jetzt, was hier abläuft, oder ich verschwinde. Für immer.«

»Komm!« Yannick zieht mich zum Bett. Wir setzen uns auf die Bettkante. Er hält meine Hand. »Als ich dich vorhin weinen gesehen habe, habe ich erst geschnallt, was ich getan habe«, bricht es aus Yannick heraus. »Du, Immo, glaub mir, ich wollte das nicht. Ich bin nur ausgetickt.«

»Dann hast du doch mit ihm gefickt?«

»Nein!« Yannick drückt meine Hand ganz fest, bekräftigt sein Nein damit. »Es stimmt, dass ich mich mit Simon getroffen habe. Mehrmals sogar. Ich ... ich hab mir Kohle von ihm geliehen.«

»Und deswegen hast du mich wie ein fünftes Rad am Wagen behandelt?«

»Is'ne größere Summe Geld.«

»Wie viel?«

»15.000 Euro.«

Gut, dass ich sitze! Mir bleibt die Luft weg. Ich glaube, ich kippe um. Die Versace-Trutsche hat den Kampf gewonnen, dabei sind wir nicht mal aufs Schlachtfeld gezogen. Ich habe verloren! Simon hat die Geldkarte gezückt und mit Papas Zaster Yannick eingekauft. Und Yannick hat nicht den leisesten Schimmer! Wie viele Jahre bekommt man für Mord im Affekt aufgebrummt? Ob ich mildernde Umstände bekomme, wenn ich dem Richter von meinem Dilemma erzähle? Ich habe eine bessere Idee. Ich könnte Etienne fragen, ob er mit dem Richter schläft und mich mit seinen Liebeskünsten und seinen multiplen Techniken raushaut. Etienne ist ein Glückskind, das müsste klappen.

»Wofür brauchst du 15.000 Euro?«

»Für meine Selbstständigkeit. Du weißt doch, mein Vater wollte mir nicht helfen.«

»Simon hatte das perfekte Timing. Alle Achtung!«

»Wie meinst du das?«

»Ganz klar. Er steht genau in dem Moment auf der Matte, wo du eine Geldquelle benötigst. Und die Sau ist ja sooooo spendabel. Der alten Zeiten wegen, wie?«

»Immo, du bist eifersüchtig!«

»Das hat mit Eifersucht nichts zu tun! Verstehst du nicht?«

»Siehst du, genau deswegen wollte ich dir nicht sagen, dass Simon mir Geld geliehen hat.«

Wie Yannick *Simon* ausspricht – vor Ekel kriege ich Herpes an der Lippe! Würde mich nicht wundern, wenn beim nächsten *Simon* ein Streichquartett im Hintergrund zu spielen beginnt. Wie rührend! Süß. Einfach süß. Vermutlich fallen dann auch noch Geld-

124

scheine als optische Untermalung in Anlehnung an Trutsches vermögende Sippe von der Decke. Ich glaube, ich kriege einen Blutsturz!

»Warum sagst du nichts?« Yannick kann mein In-sich-gekehrt-Sein nicht deuten.

»Sitze ich hier wirklich noch? Ich dachte, ich hätte schon längst einen Herzstillstand und wäre tot umgefallen!« Ich fahre den Stachel aus und möchte schreien. Am liebsten so laut, dass ich platze!

»Und wann wolltest du mir von deinem Geschäft erzählen?«

»Kurz vor der Eröffnung. Ich wollte dich überraschen.«

»Wenn du mir ein bisschen Zeit gibst und ich den ersten Schock verdaut habe, arbeite ich daran ein überraschtes Gesicht zu machen. Bei der Eröffnung kriege ich das schon hin, keine Sorge.« Ich zicke rum und mach ein aufgesetztes, überraschtes Gesicht, sehe dabei wie Alice im Wunderland auf Dope aus. »Überrascht genug? Oder soll ich noch nachlegen?«

»Stress nicht.«

»Du hast mich belogen.« Ich bin wieder ernst und lass das Gezicke, bringt sowieso nichts. Aber irgendwie muss ich mich schließlich abreagieren!

»Hey, gelogen habe ich nicht. Ich wollte einfach nicht, dass du Amok läufst. Ich weiß doch, dass du Simon nicht abkannst. Aber ich brauchte das Geld. Ich will meinen Laden, und zwar jetzt. Ich habe keinen Bock, erst noch drei Jahre irgendeinen Drecksjob zu lernen. Ich will selbstständig sein! Das ist mein Traum. Simon kam vorbei, hat mich in einem blöden Moment erwischt, ich war total down. Er hat gefragt, was lost ist. Ich hab's ihm erzählt. Er hat mir seine Hilfe angeboten. Er hat genug Geld. Außerdem hat er es mir nur geliehen. Ich werde es ihm zurückzahlen. Mann, mein eigenes Geschäft ist mein Traum! Nachdem ich das Geld hatte, bin ich mit Theo los, um ein Ladenlokal zu finden. Wir hatten tierisch Glück. Und dich habe ich vernachlässigt, weil ich mich um alles kümmern musste. In drei Wochen eröffnen wir. Mein Vater wird ziemlich blöd gucken. Ich weiß, dass er stolz sein wird, weil er erkennen muss, wie wichtig mir das ist und dass ich mich voll ins Zeug gelegt habe. Eigentlich hätte ich das auch von dir erwartet.«

Das habe ich jetzt davon! Meine voreilige Schlussfolgerung entpuppt sich als ein Schuss ins Leere und bereitet mir nun ein schlechtes Gewissen. Ich habe Yannick Unrecht getan. Allerdings ist er nicht ganz unschuldig daran. Dumm gelaufen!

»Sei nicht böse«, bitte ich Yannick. »Ich habe gedacht, zwischen dir und Simon läuft was. Du hättest mit mir reden sollen, dann wäre das alles anders gewesen.«

»Ich weiß«, flüstert Yannick und küsst meine Schulter. »Ich wusste mir nicht anders zu helfen. War doch klar, dass du auf Simon allergisch reagierst. Ich kann's dir ja nicht mal verdenken. Umgekehrt würde es mir nicht anders gehen. Aber mit Simon läuft echt nix. Unsere Freundschaft ist rein platonisch. Ich bin treu, ehrlich. Eigentlich hättest du nie daran zweifeln dürfen. Du kennst mich, Schatzi. Ich würde nie mit einem anderen ins Bett gehen. Das würde gar nicht funktionieren, weil ich auf dich fixiert bin. Ich würde gar keinen hochkriegen, Immo. Du bist der Geilste für mich. Ich liebe dich!«

Ich küsse Yannick. Auch wenn ich mich kindisch verhalten habe, bin ich weiterhin felsenfest davon überzeugt, dass Simon mit dem Darlehn etwas bezweckt. Ich weiß, was er gesagt hat und dass er jedes Wort genau so gemeint hat. Das behalte ich aber besser für mich. Ich muss Yannick eben vertrauen. Er lässt sich nicht kaufen.

»Ich will dich!«, haucht Yannick.

Wir lassen uns auf das Bett fallen, knutschen. Ich bin froh, dass die Ungereimtheiten geklärt sind. Der Schatten über Yannick und mir hat sich aufgelöst. Ich hoffe nur, dass Yannick beim nächsten Mal sofort zu mir kommt und mit mir redet, was immer es auch sein mag. Nie wieder darf etwas zwischen uns kommen und uns voneinander fernhalten.

❤ ❤ ❤

Es ist kurz vor Mitternacht. Yannick schläft schon. Ich will noch schnell unter die Dusche. Yannick hat so ein geiles Duschgel, das auf der Haut so schön riecht. Außerdem bin ich noch nicht müde. Yannick muss am Samstagmorgen sehr früh raus, weil er mit Theo den Verkaufsraum auf Vordermann bringen muss, damit die Geschäftseröffnung auch wirklich pünktlich über die Bühne gehen kann. Jetzt, wo ich weiß, weshalb Yannick am Wochenende keine Zeit für mich hat, bin ich auch nicht böse. Ich habe ihm meine Hilfe angeboten. Yannick meinte, dass sei süß von mir, aber nicht notwendig. Theo hat ein paar Kumpels angeheuert, die ihm und Yannick tatkräftig zur Seite stehen. Vielleicht werde ich den Samstag mit Etienne verbringen. Mal sehen.

Um Yannick nicht beim Schlafen zu stören, schließe ich die Badezimmertür. Ich sehe mich um. Yannick hat das Badezimmer mit Seesternen, Muscheln und Duftkerzen dekoriert. Das sieht alles sehr schön aus. Die Muscheln mag ich besonders gern. In seinem Badezimmer hat Yannick ein kleines Stückchen Meer!

Ich öffne den Spiegelschrank, um die Lotion zu holen, mit der ich mich nach dem Duschen eincremen will. Ich muss lächeln. Normalerweise cremen wir uns immer gegenseitig ein. Um die richtige Atmosphäre dafür zu schaffen, legt Yannick jedes Mal eine CD mit Lovesongs ein, und wir genießen die gegenseitigen Streicheleinheiten. Wie schon gesagt, Yannick ist etwas Besonderes und kein Mann wie jeder andere!

Was ist denn das? Mein Lächeln gefriert. Nein! Das darf nicht wahr sein! Im Spiegelschrank liegt eine mir unbekannte Zahnbürste, und ein Duftwässerchen steht ebenfalls da. Versace. Fuck! Yannick, du Sau! Du hast mich angelogen! Simon hat hier übernachtet. Und ich Arsch habe mir eben noch ein schlechtes Gewissen einreden lassen! Mir ist, als zöge mir jemand den Boden unter den Füßen weg. Ich bin nicht blöd gewesen, habe mir nichts eingeredet und nicht vor lauter Eifersucht halluziniert. Von Anfang an hatte ich Recht! Und auch mit der Annahme, dass Simon Yannick mit Geld gekauft hat, lag ich richtig. Dreck! Warum muss das ausgerechnet mir passieren?

Hätte ich meinen Besuch angekündigt, dann hätte Yannick schnell noch die verräterischen Beweise vor mir versteckt. Gut, dass ich ihn förmlich überfallen habe. Jetzt weiß ich, was ich wissen muss. *Ich bin treu*, das waren Yannicks Worte. Treu. Am Ende erzählt er mir noch, Simon wäre lediglich seine Masturbationshilfe gewesen. Der Wichser hat die Beine breit gemacht und den Arsch hingehalten. Der soll krepieren! Und ich mach mir voll den Kopf, weil Tyson mich geküsst hat. Ich bin dumm gewesen!

Kein Mann wie jeder andere; wer hätte gedacht, dass das Blatt sich wenden und auf einmal die Bedeutung so negativ sein würde?

Ich will nach Hause! Auf keinen Fall werde ich die Nacht hier verbringen. Ich werde mich ganz sicher nicht neben Yannick ins Bett legen und bis zum Morgen warten. Das kann er knicken! Bin ich masochistisch veranlagt, oder was? Ich möchte schreien! Ich möchte um mich hauen! Was soll ich nur machen? Soll ich rüber ins Schlafzimmer gehen und Yannick zur Rede stellen? Soll ich ihn anbrüllen, ihn einen verlogenen, miesen Betrüger nennen und ihm sagen, dass er für mich gestorben ist? Was bringt mir das? Nichts! Yannick würde mir weitere Lügen auftischen, fadenscheinige Erklärungen abgeben. Blablabla. Wie konnte er mir das antun? Er behauptet, er würde mich lieben. Was für eine Liebe soll das sein?

Der Schatten, vor dem ich mich so gefürchtet habe, hat sich vollends über Yannick und mich gelegt. Es ist vorbei. Aus. Es war einmal …, das zählt nicht mehr. Es war einmal …, das sind die

Märchen, die man sich erzählt, um der Leere zu entfliehen. Doch damit lullt man nur ein. Alles Lüge! Alles Hirngespinste!

Ich nehme die Zahnbürste, gehe zur Toilette, klappe den Toilettendeckel hoch und putze mit der Zahnbürste unterhalb des Toilettenrandes. Ich bin vorsichtig, damit die Borsten nicht auffällig beschädigt werden. Möge Simon bei lebendigem Leib verfaulen! Ich stelle die Zahnbürste zurück, verlasse das Badezimmer und schleiche mich zu Yannick ins Zimmer. Lautlos sammle ich meine Klamotten ein, gehe in den Korridor, ziehe mich an und verlasse die Wohnung, ohne ein Geräusch zu machen. Das war's!

BYE, BYE BABY! – NIEMALS WIEDER DEIN

1 Kurzmitteilung Yannick
Bin eben aufgewacht. Wo steckst du?
Ist 4.36 Uhr. Hab ich in der Aufregung
irgendwas nicht mitgeschnitten? Dachte,
du bleibst über Nacht. Dein Handy ist
abgestellt. Muss noch ein bisschen
schlafen. Bin müde wie Sau.
Bitte ruf mich an!!!

1 Kurzmitteilung Yannick
Du fehlst mir. Warum bist du einfach
abgehauen? Du fehlst mir. Melde dich!
Ich liebe dich!

1 Kurzmitteilung Yannick
Immo verzweifelt gesucht! Schatzi,
wo steckst du? Langsam mach ich mir
Sorgen! Ich vermisse dich!

1 Kurzmitteilung Yannick

Ruf dich permanent an. Dein Handy ist aus.
Was ist los?

1 Kurzmitteilung Yannick

Immo!?

1 Kurzmitteilung Yannick

Muss zu Theo. Weiß nicht, wie lange ich
heute ackern muss. Ruf mich an. Ich warte
auf deine Nachricht. Kuss!!!

Von: Skaterboy
An: Immo
Betreff: Wo steckst du, Baby?

Hi Schatzi,
sag mal, wo steckst du? Hab dir mindestens 100-mal gesimst,
grins. Dein Handy ist ausgeschaltet. Der Kontakt ist unterbro-
chen ;-((Liegt bestimmt am blöden Satteliten, der Sauhund
hat die Umlaufbahn geändert und lässt mich nicht zu dir
durchkommen. Der kann was erleben ;-)) Hab gedacht, schreib
ich dir eben ne Mail.
Baby, ich war total verwirrt, als ich wach wurde und du nicht
mehr bei mir warst. Wolltest du nicht bis zum Morgen bleiben?
Hab ich bei der ganzen Streiterei und Versöhnung was nicht
mitgekriegt? Du hättest mich wecken sollen, um mir Bescheid
zu sagen. Wenigstens eine Nachricht hättest du mir auf den
Tisch legen können.
Hab mich total gefreut, dass du bei mir warst. War schön mit
dir! Versöhnungen sind sexy, findest du nicht auch ;-))

Ich schlaf total gern mit dir. Du bist der perfekte Liebhaber, zärtlich, wild und so süß. Keiner küsst wie du! Hab schon wieder Lust auf dich!!!

Bin eben nach Hause gekommen. Mit Theo habe ich einiges geschafft. Das Geschäft wird ein Knüller! Der Verkaufsraum sieht supercool aus. Ein Kumpel von Theo hat eine Wand mit Graffiti optisch aufgestylt. Kommt voll geil! Ich hab auch schon Skateboards und all so 'n Zeug geordnet, nur vom Feinsten. Mein Vater ist vorhin im Geschäft gewesen, hat alles inspiziert. Jetzt ist er begeistert und steht hinter mir, bestimmt, weil er keine andere Wahl hat.

Ich fahr kurz zu meiner Mama, um Essen abzuholen. Es gibt Nudelauflauf. Anschließend bin ich wieder im Geschäft. Wir müssen noch Wände streichen, stöhn, schwitz ;-))

Ich warte auf deinen Anruf!!! Bin total happy, dass du mein Süßer bist.

Kuss. Yannick

1 Kurzmitteilung Yannick

Immo, was ist los? Warum meldest du
dich nicht? Warte schon den ganzen Tag
auf deinen Anruf. Hast du meine
Mail gelesen? Kuss!

Antworten

Fahr zur Hölle! Tu mir den Gefallen und
nimm die blöde Versace-Schlampe gleich mit!
Schönen Tod, du elender Lügner. Ruf mich
nie wieder an! Und erspare mir dein Gesimse.
Du nervst!!!

Senden

1 Kurzmitteilung Yannick

Was ist los? Geh endlich an dein
verdammtes Handy! Ich will mit dir
sprechen!

1 Kurzmitteilung Yannick

Geh ans Handy, Immo!

1 Kurzmitteilung Yannick

Immo, bitte!!!!!

TAGEBUCH, PT. 2

Liebes Tagebuch,

die vergangenen zwei Tage habe ich fast nur geheult. Am liebsten hätte ich mich in mein Zimmer eingeschlossen, um niemals wieder rauszukommen. Ich bin traurig, fühle mich gestrandet in einer Welt, die nicht meine ist. Gleichzeitig ist eine Stinkwut in mir. Ich möchte um mich schlagen, den Kummer rauslassen und alles soll dann wieder gut sein. Funktioniert nicht, ich weiß.

Meine erste große Liebe ist vorbei. Yannick und ich sind kein Paar mehr. Ich habe ihn in die Wüste geschickt, weil er mich mit seinem Ex-Lover betrogen hat. Das hätte ich nie für möglich gehalten. Ich habe immer geglaubt, Yannick wäre anders und kein Pretender. Seine Sanftheit war wohl reine Masche. Yannick ist nicht das Schaf, für das ich ihn gehalten habe – er ist ein Wolf!

Yannick hat mich mit unzähligen SMS-Nachrichten bombardiert. Irgendwann ist mir der Kragen geplatzt. Ich habe ihm geantwortet und gesimst, dass er zur Hölle fahren soll. Er stellt sich dumm und tut so, als wüsste er nicht, was los sei. Pausenlos ruft er mich auf Handy an. Ich gehe nicht ran, wenn ich seine Nummer oder ›unbekannter Teilnehmer‹ auf dem Display lese. Ich kenne Yannick. Er wird versuchen mich auszutricksen, indem er seine Handynummer unterdrückt! Wozu soll ich mit ihm reden? Es gibt nichts mehr zu sagen. Gestern Abend hat er bei uns auf dem Festnetz angerufen. Weitsichtig hatte ich vorgebeugt. Mom hat Yannick abgewimmelt. Dazu musste ich ihr eine Notlüge unterjubeln und behaupten, Yannick wäre ein Typ aus der Schule, der permanent klaut und dadurch ununterbrochen mit der Polizei Ärger hat. Ich weiß, das ist derbe. Aber ohne meine kleine Unwahrheit hätte Mom Yannick nicht abgewimmelt. Du weißt doch, liebes Tagebuch, Mom sagt immer, dass man sich Konflikten stellen muss, um diese mit Hilfe einer aktiven Problemlösung zu bereinigen. Ob sie auch noch so denkt, wenn ich ihr sage, dass ich auf Jungs stehe? Hoffentlich lässt sie in diesem Punkt ihre aus Yoga und Meditation gewonnene Kraft nicht im Stich!

Zum Glück ist Yannick nicht bei uns aufgekreuzt. Kommt vielleicht, wer weiß. Aber auch in diesem Fall kann ich mich auf Mom verlassen. Sie wird behaupten, ich sei nicht zu hause. Ich will Yannick nie wiedersehen. Er hat mir zu weh getan. Das werde ich ihm niemals verzeihen. Warum passiert ausgerechnet mir das immer wieder? Valentino wollte nur mit mir ins Bett, weil er ein Jungfrauenknacker ist. Kaum hatte er mich geknackt, ließ er mich fallen wie eine heiße Kartoffel. Nach dieser Enttäuschung lerne ich Yannick kennen, und der betrügt mich mit seinem Ex. Ich fühle mich total mies, wie ausgeschissen. Mehr und mehr kann ich Etienne verstehen. Was nützt mir die Liebe, wenn ich jedes Mal einen Arschtritt kriege? Das tut so verdammt weh. Aber aufgeben kann ich nicht, das will ich auch gar nicht. Es gibt jemanden für mich, ganz bestimmt! Zugegeben, momentan fällt es mir schwer, daran zu glauben. Doch kein Yannick dieser Welt kann meinen Glauben an die Liebe zerstören. Niemals!

Um meinen Herzschmerz auch richtig bis zum Exzess auszuleben, höre ich auf Kopfhörer tieftraurige Songs, schmeiß mich ins Kissen und heule. Ist wohl die beste Methode, um darüber hinwegzukommen. Ich lese auch viel, um mich abzulenken.

Liebes Tagebuch, zur Liebe habe ich mir meine eigenen Gedanken gemacht. Ich weiß nicht, ob ich richtig liege, darauf kommt es vielleicht auch gar nicht an. Für den Moment hilft es mir jedenfalls.

*Außerdem ist es nicht verkehrt, wenn ich mich tiefgründig mit mir
auseinander setze. Sollte ich es wirklich schaffen und eines Tages als
Schauspieler arbeiten, dann hilft mir das hundertprozentig. Ich will
dir meine Gedanken anvertrauen, damit ich sie mit dir teilen kann.
Also …*

*Mit der Liebe ist das so eine Sache. Liebe ist nicht für die Ewigkeit.
Das Gefühl ist ein Vagabund. Kaum ist es da, verschwindet es auch
schon wieder. Hat man Glück, bleibt es. Liebe verändert sich. Im
Grunde ist die Liebe ein Vogel, der fliegen will, weil das seine Natur
ist. Die meisten Herzen sind wie Käfige. Eingesperrte Vögel werden
traurig und sterben früh. Ein Herz, das keinem Käfig gleicht, weiß genau, dass es viele Vögel gibt, die herbeigeflattert kommen, eine Weile
bleiben und dann wieder wegfliegen, um für einen anderen Vogel Platz
zu machen. Das klingt schön, nicht wahr, liebes Tagebuch? Trotzdem
gefällt es mir nicht. Ich will eine Liebe fürs Leben! Und wenn ich daran denke, dass ich letztendlich für Yannick ein Käfig war, geht es mir
noch sehr viel schlechter. Ich habe geglaubt, Yannick wäre glücklich
mit mir. Was kann Simon ihm geben, das ich ihm nicht geben kann?
Yannick hätte mit mir reden sollen. Vielleicht ist Simons Geld ja doch
der wahre Grund für Yannicks Untreue. Das ist so gemein! Er scheißt
auf mich, bricht mir das Herz und wälzt sich mit Simon im Bett, genießt sein Leben. Warum ist die Liebe so kompliziert?*

*Ich denke immerzu an Yannick, obwohl ich es nicht will. Seltsam.
Wieso verursachen die schönen Erinnerungen einen größeren Schmerz
als die weniger schönen? Ist das so, damit wir vor Sehnsucht zerfließen
und nicht aufgeben und weiter nach der großen Liebe suchen?*

*Etienne meint, was einmal passiert, passiert auch ein zweites Mal.
Was er damit sagen will, ist, wer dich einmal betrügt, der betrügt dich
ein weiteres Mal. Wahrscheinlich hat Etienne Recht. Als unbelehrbarer
Romantiker und Verfechter der wahren Liebe deute ich Etiennes Worte
in meinem Sinne: Wer einmal eine große Liebe gefunden und wieder
verloren hat, der weiß, dass sie existiert. Und warum sollte man sie*

137

nicht ein zweites Mal finden? Diese Sichtweise gefällt mir, gibt sie mir doch Trost und Hoffnung.

Liebes Tagebuch, ich will nicht allein sein. Ich wünsche mir, dass etwas Aufregendes geschieht. Ich will glücklich sein!!!

IM CHAT
... RENDEZVOUS IM WORLD WIDE WEB

Hotboy: langsam zweifle ich an mir.

Romantikuss: du und selbstzweifel??? du mussst so was wie eine diabolische verwandlung durchmachen!!!

Hotboy: wenn das so weitergeht, wache ich eines morgens auf, schwebe drei meter überm bett wie die irre tussie aus der exorzist. nur mit dem unterschied, dass ich mich ins gegenteil verwandelt habe und ein langweiliges, altes ex-flittchen bin. im wahnsinn werde ich wahrscheinlich auch noch das ende aller fickerei predigen. da luder ich mich durchs leben und stecke voll in einer sackgasse!

Romatikuss: adrian will eben nicht nur den schnellen sex mit dir. ist doch geil.

Hotboy: hast du se noch alle??? wie lange will er noch mit mir händchen halten? ich hab schon hornhaut an den fingern vom vielen händchenhalten. das ist nicht normal! der ist voll der softwürfel.

Romantikuss: dann mach schluss.

Hotboy: das kann ich nicht. adrian ist meine zwangsneurose, fürchte ich. ich kann ihn nicht abschütteln. soll ich dir mal was erzählen?

Romantikuss: schieß los!

Hotboy: letzte nacht wollte ich ihn geil machen. ich stand nackt im türrahmen und hab das becken kreisen lassen. adrian sah mich entsetzt an. zieh dir was an, bevor du dich erkältest, hat er zu mir gesagt. ich hab ne latte, wackle mit dem arsch und der hat angst, dass ich mich erkälte. der muss impotent sein!

Romantikuss: schon komisch.

Hotboy: adrian will keinen sex. warum ist er mit mir zusammen? ich kapier das nicht. der befummelt mich nicht, spielt mir nicht an den nüssen, nichts. der meint doch tatsächlich wir müssen vertrauen aufbauen. das hat noch nie ein macker zu mir gesagt. der kann sich sein vertrauen reinschieben. verdammt, ich will sex! männer wollen immer gleich mit mir ins bett. warum adrian nicht?

Romantikuss: du sägst ihn nicht eher ab, als bis du ihn hattest. richtig?

Hotboy: bis jetzt habe ich jeden typen bekommen. adrian wird garantiert nicht die ausnahme sein. lieber schneide ich mir die pulsadern auf!!!

Romantikuss: mann, bist du eitel.

Hotboy: das hat mit eitelkeit nichts zu tun. ich lass mir doch nicht meine erfolgsbilanz kaputtmachen. ich bin nicht ganz dicht. ich bin wirklich verschossen in den langweiler. wie ist das möglich? ich kann 1000 andere haben.

Romantikuss: du kannst doch bloß nicht ertragen, dass adrian dich nicht knallen will.

Hotboy: von wegen! ich hab echt gefühle für ihn. ich verstehe mich selber nicht. er ist an mir als person interessiert und nicht als lustobjekt, hat er gesagt. ich hab ihn gefragt, wieso. er hielt das für einen scherz! niemand interessiert sich für mich als person. die kerle wollen meinen körper. adrain muss sich untersuchen lassen. ich hab schon überlegt, ob er vielleicht eine phimose hat. hat er überhaupt einen schwanz?

Romantikuss: hast du ihn etwa noch nie nackt gesehen?

Hotboy: rate mal, immo!!!

Romantikuss: echt?

Hotboy: das ist kein joke.

Romantikuss: heftig!

Hotboy: was ist mit dir? simst yannick noch?

Romantikuss: ja, aber nicht mehr so oft. er bittet mich um eine aussprache.

Hotboy: ich hab dir immer gesagt, der ist nicht echt. der war zu perfekt! so einen gibt's nur im märchen!

Romantikuss: ;-((

Hotboy: du findest einen anderen!!! warte mal.

Romantikuss: was is?

Hotboy: so'n freak klickt mich an. der will ein date.

Romantikuss: und?

Hotboy: bevor ich mich mit dem treffe, leck ich die steckdose! ich schreib dem assi mal eben, dass er nicht nerven soll.

Romantikuss: okay.

Hotboy: alles klar. der assi hat mich vorhin angesaugt. ich bin ein knallharter stecher, mit ordentlich was in der hose und im kopf, hat er rumgesülzt. als ich nach seiner größer gefragt habe, kommt der mir mit 15 zentimeter an. der scherzkeks! da bin ich anderes gewöhnt.

Romantikuss: was hast du ihm geantwortet?

Hotboy: er soll mir nicht mit kleinigkeiten ;-)) auf den keks gehen. hey, immo, ich bin gewöhnt mit nem porsche spritztouren zu unternehmen und werd wohl kaum auf vw umsteigen!!!

Romantikuss: erzähl das adrian!

Hotboy: sau!

Romantikuss: wunder punkt? ;-))

Hotboy: bis du über deine trennung weg? ging aber schnell, seelchen!

Romantikuss: yeah! gib's mir!

Hotboy: wow! eben hat der typ mit dem nick rammler27 den chatroom betreten. hab gehört, der soll einen riesigen schwanz haben. den krall ich mir jetzt! ich ruf dich nachher an!

Romantikuss: okay. viel glück beim baggern!

Hotboy: glück brauche ich nicht. ich werd dem jetzt sagen, was ich drauf habe, dann will der mich sowieso.

Romantikuss: hoffentlich ist er nicht mit adrian verwandt, dann nützt dir auch deine biegsamkeit nix.

Hotboy: den krieg ich. wetten! bis nachher!

Einige Minuten später im Chat.

Sisko: hi süßer. hatte im gefühl, dass ich dich hier treffe. kuss!

Romantikuss: hey! ;-))

Sisko: alles roger bei dir?

Romantikuss: jein.

Sisko: jein? was heißt das?

Romantikuss: ;-((

Sisko: so schlimm? komm rüber, damit ich dich trösten kann.

Romantikuss: ein pic von dir würd mir für den anfang schon reichen.

Sisko: grins.

Romantikuss: wer bist du?

Sisko: dein unbekannter verehrer, hübscher junger mann ;-))

Romantikuss: wieso lüftest du deine identität nicht? bitte!

Sisko: eigentlich kann ich schönen jungs nichts abstreiten.

Romantikuss: dann mailst du mir ein pic von dir?

Sisko: irgendwann ganz bestimmt. versprochen.

Romantikuss: das ist unfair. immerhin weißt du, wie ich aussehe.

Sisko: stimmt, und du siehst wirklich hübsch aus. würd dich gern in den arm nehmen. erzähl mal, weshalb es dir ;-((geht!

Romantikuss: vielleicht ein anderes mal.

Sisko: du willst nicht. okay. hast du lust auf einen spaziergang?

Romantikuss: was meinst du?

Sisko: komm, gib mir deine hand und wir laufen jetzt ein bisschen durch berlin. ist zwar saukalt hier, dafür ist der himmel sternenklar. du magst doch sterne, oder? ich wette, du bist ein romantisches schnuckelchen.

Romantikuss: und wohin willst du mit mir spazieren?

Sisko: am liebsten zu mir. könnte aber gefährlich werden.

Romantikuss: wieso?

Sisko: weil ich dich zum fressen süß finde ;-))

Romantikuss: yummy, yummy!

Sisko: oh yes! lecker!

Romantikuss: bist du noch single?

Sisko: ja. steh doch nicht so auf one night stands, weißt du doch. kommt schon mal vor, aber nur ganz selten. ehrlich. bin mehr beziehungsmensch. ist aber schwer, den richtigen zu finden. die wollen ja alle immer bloß den schellen sex. und wenn mich einer ernsthaft will, will ich ihn nicht. ich armer.

Romantikuss: jetzt brauchst du wohl trost, wie?

Sisko: von dir immer! bist bestimmt ein ganz süßer tröster.

Romantikuss: glaubst du?

Sisko: ja!!! ich seh dich übrigens grade.

Romantikuss: ?

Sisko: hab dein pic ausgedruckt. du hast schöne augen. blau.

Romantikuss: welche augenfarbe hast du?

Sisko: dunkelbraun.

Romantikuss: warum krieg ich kein foto? seit monaten simsen, mailen und chatten wir. was hast du zu verstecken?

Sisko: nichts.

Romantikuss: dann her mit dem pic!

Sisko: später!

Romantikuss: dann lass uns wenigstens telefonieren. ich möchte deine stimme hören.

Sisko: alles zu seiner zeit. wozu die eile? ist doch spannend so.

Romantikuss: du heißt nicht zufälligerweise adrian?

Sisko: adrian? ne. wie kommst du darauf? du weißt, wie ich heiße. sisko.

Romantikuss: war ein scherz. musst du nicht verstehen. sisko ist doch eh dein nick.

Sisko: glaubst du?

Romantikuss: ja.

Sisko: ;-))

Romantikuss: ich bin müde. werd jetzt pennen gehen. mailst du mir morgen?

Sisko: na kar! bin auch müde. nehm dein foto mit ins bett, dann bist du bei mir.

Romantikuss: wirklich?

Sisko: ich schwöre.

Romantikuss: gute nacht!

Sisko: kuss!

Romantikuss: mmmh. zurück!

FREUNDE FÜRS LEBEN

»Gestern hab ich 'nen geilen Schuss kennen gelernt. Er ist Bauch-
muskel- und Po-Model. Nix Porno oder so, richtig seriös! Zeb
macht täglich mindestens vier Stunden Workout. Sein Body ist wie
gemalt. Und erst sein Schwanz! 20,4 Zentimeter, ungelogen. Ich
hab nachgemessen. Zeb hat das mächtig angetörnt, als ich das Maß-
band in die Hand genommen und gesagt habe: Dann wollen wir
mal! Sabbernd bin ich auf die Knie gegangen, habe Zeb genaustens
vermessen und ihm gehuldigt. Zeb steht drauf. Weißt du, ich hab
so getan, als hätte er das achte Weltwunder zwischen den Beinen
baumeln. Dein fettes Teil krieg ich nicht rein!, habe ich auf verängs-
tigte Maid vom Land jenseits der großen Schwänze gemacht. Das
hat ihn angegeilt, und er wollte auf der Stelle Sex. Ich nicht blöd,
hab natürlich das volle Du-bist-so-groß-uuhuu-ahh-ich-muss-die-
Zähne-zusammenbeißen-Programm abgespult. Das zieht immer!
Ich wette, während er mich geknallt hat, haben sich für ihn seine
20,4 Zentimeter wie 30 angefühlt. Mir war's recht! Die Kerle sind
so leicht zu manipulieren. Aber er war nicht schlecht. Total bekifft
haben wir's zweimal gemacht. Mit Pause.« Mit der Gabel stochert
Etienne in seinem Tortenstück rum, ohne dass er einen Bissen davon isst. Er seufzt vor sich hin, legt die Gabel zur Seite und schiebt
den Teller von sich weg. »Kein Appetit.«

»Bauchmuskel- und Po-Model, hm. Ich hatte null Ahnung, dass es so was gibt.« Ich sehe Etienne an. »Die 20,4 Zentimeter scheinen dich nicht glücklich gemacht zu haben.«

»Ach«, seufzt Etienne erneut. »Meine ätzende Zwangsneurose drückt meine Stimmung ununterbrochen und lässt kein Glücklichsein aufkommen. Ich verstehe mich selber nicht mehr.«

»Du meinst Adrian?«

»Wen sonst!«

»Sieh uns an!« Mit der Kuchengabel zeige ich auf Etienne und mich. »Wir sitzen hier bei Holly in der Küche, sind deprimiert und jammern rum. Du, weil Adrian nicht mit dir ins Bett will, und ich, weil ich mich von Yannick getrennt habe. Statt nur Trübsal zu blasen, sollten wir etwas gegen unseren Kummer unternehmen.«

»Wenn mich 20,4 Zentimeter nicht aufmuntern können, was bitte schön dann?!«

»Bei dir dreht sich immer alles um Sex. Hey, im Leben gibt es auch noch was anderes.«

»Ja, genau«, erwidert Etienne gelangweilt. »Zum Beispiel in Hollys Küche zu sitzen und darauf zu warten, dass sie ihren Arsch rüberschwingt. Wo bleibt die eigentlich? Die lässt uns antraben, setzt uns Torte vor und haut anschließend ab ins Schlafzimmer. Geht der einer ab, wenn sie mit ihrem Russen fickt, während wir hier sitzen und warten? Oder transt die sich noch ein bisschen mehr auf? Wie viel Make-up verträgt ein Gesicht? Wenn die nicht aufpasst, kippt die vorne rüber, so wie die sich mit Schminke zuspachtelt. Die glaubt doch tatsächlich, niemand würde schnallen, dass sie sich falsche Wimpern anklebt und eine Perücke trägt. Klar, Holly ist ja auch erst 29 und wiegt 65 Kilo. Wenn die sich die Hände vors Gesicht hält, glaubt die bestimmt auch unsichtbar zu sein. So viel kann ich gar nicht kiffen!«

»Du Giftspritze!«

»Du verteidigst sie schon wieder!«

»Ich kann nicht ab, wenn du über Holly lästerst. Sie ist unsere Freundin.«

»Na und? Irgendwie muss ich mich abreagieren. Ich krieg das einfach nicht ins Hirn. Wieso will er nicht mit mir pennen?« Etienne kommt gedanklich nicht von Adrian los. »Vor ein paar Tagen hat er mir die Füße massiert.«

»Ist doch schön.«

»Hast du sie noch alle? Ich lieg auf der Couch, habe eine Latte und der massiert meine Füße. Adrian muss hetero sein. Genau! Vielleicht schreibt er gerade an einem Drehbuch über einen schwulen Jungen. Wow! Das ist voll hip. Ich meine, sind wir mal ehrlich, ich eigne mich wie kein anderer. Ich bin geil, sehe gut aus, habe das gewisse Etwas, Männer stehen auf mich.«

»Ja, und du bist biegsam, selbstlos, von deiner Bescheidenheit will ich gar nicht erst sprechen!«

Etienne beißt auf seine Unterlippe, sieht mich spöttisch an. »Sag mal ehrlich, das machst du auch jedes Mal bei den Männern, ne? Wundert mich nicht, dass es nie klappt. Auf Ironie steht keine Sau. Die wollen was Geiles hören!«

»Außer Adrian!«

»Du Zimtzicke!«

Ich strecke Etienne die Zunge raus. Wir müssen beide grinsen. Schritte sind zu hören. Die Küchentür springt auf. Mit einem euphorischen Gesichtsausdruck schwebt Holly im schwarz-weiß-kartierte Chanel-Kostüm-Imitat herein. »Gott! Bin ich glücklich!«, ruft sie aus und reißt die Arme auseinander.

Fassungslos guckt Etienne zu mir, starrt dann mit einem strafenden Blick Holly an und sagt: »Konntest du dir nicht einen günstigeren Moment aussuchen, du Trampel! Wir sind down, und du quatscht uns mit deinem Glück voll. Sollen wir dir auf den Tisch kotzen, oder was? Ist das deine neue Feinfühligkeit?«

Holly setzt sich zu uns an den Tisch, streicht über ihr langes blondes Haar, das sie diesmal offen trägt, spielt an ihrem Ohrring, macht einen Schmollmund und sieht Etienne schräg von der Seite an. »Du hast es nötig, wie? Ohne Schwanz hältst du es keine zwei Tage aus. Schätzchen, im Kühlschrank liegt eine Schlangengurke. Bedien dich!«

»Ich hab gerade erst 20,4 Zentimeter gehabt! Jetzt bist du baff. Nicht schlecht, wie?«

Holly lacht gekünstelt, nimmt sich ein Stück Torte, schaufelt los und mit halbvollem Mund erwidert sie: »Dimon hat mehr!«

»Ganz bestimmt«, lächelt Etienne angewidert und macht deutlich, dass er Holly kein Wort glaubt.

»Glaub's oder nicht. Ich weiß, was ich weiß!«

»Tu mir ein Gefallen und langweile uns nicht. Wieso hast du uns überhaupt herbestellt?«

»Hach«, räkelt sich Holly. »Ich brauch eure Unterstützung. Ich hab mir was Nettes eingefangen.«

»Mach dir mal keinen Kopf«, brabbelt Etienne, gießt sich Kaffee nach und zieht die Nase hoch. »Heutzutage ist das kein großes Ding mehr. Du gehst zum Arzt, der verschreibt dir Penicillin, und du bist wieder in Ordnung. Wenn du einen guten Doc brauchst, kann ich dir helfen. Ich kenne einen ziemlich gut. Sehr, sehr gut sogar. Verstehst du?«

»Du vom Sperma besessene, auf allen öffentlichen Toiletten sesshafte Nymphomanin! Ich rede doch nicht von einem Tripper!« Holly ist gespielt empört und legt die Hand auf die Brust, das macht sie sehr graziös, fast schon ein bisschen majestätisch. Geübt ist eben geübt! »Du sagst dir auch: Ich ficke, also bin ich. Stimmt's?«

»Spitz die Lauscher, Pommespanzer, ich steh eben nicht darauf, mich mit irgendeinem Fraß wie eine Gans stopfen zu lassen!«

»Womit du dich stopfen lässt, ist ja bekannt!«

»Fette Fregatte!«

»Abgepsychte Matratzenakrobatin!«

»Aufgetranste, übergewichtige, talentfreie Brunhilde!«

»Das nimmst du zurück!« Holly steht vom Stuhl auf, ballt die Fäuste und prustet wie ein Stier, dem ein rotes Tuch vors Gesicht gehalten wird. »Dich walz ich nieder! Und wenn du am Boden liegst, drück ich meinen fetten Arsch auf deine ekelige Visage und mach dich platt! Du wirst nach Luft japsen wie ein Fisch auf dem Trockenen.«

»Meine Güte!« Mir reicht es wieder mal. »Ihr zwei seid total gestört! Geht euch gleich an die Gurgel, dann ist endlich Ruhe! Ihr habt 'ne Macke!«

Holly setzt sich wieder auf den Stuhl, klimpert mit den Augen und tätschelt meine Hand. »Herzchen, was ist los? Ist es wegen Yannick?«

»Ihr macht mich krank! Könnt ihr euch nicht wie zwei normale Menschen unterhalten? Wie wär's mit Schlammcatchen?«

»Unsere Prinzessin!«, prustet Etienne gelangweilt. »Wenn die so weitermacht, kriegt die noch den Friedensnobelpreis! Die rennt auch durch die Gegend rum und föhnt die Leute zu: Gewalt ist keine Lösung!« Etienne schwuchtelt rum, weil er mich ärgern will. »*Stop in the name of love*! Als würde das funktionieren!«

»Nenn mich nicht immer Prinzessin! Ich hass das!«

»Deswegen macht's ja auch so'n Spaß!«

»Mach jetzt mal den Kopf zu!«, zählt Holly Etienne an und wendet sich mir zu. »Weißt du, Immo, Etienne und ich haben eine besondere Art der Kommunikation. Die Beschimpfungen sind nichts anderes als Freundschaftsbekundungen. Ich meine, guck ihn dir an! Er sitzt da, denkt an Sex, läuft aus, und man sieht es ihm an. Wie soll man mit so einer Genitalrhythmuskoordinatorin ernsthaft reden? Wenn ich Etienne als Samenergussassistentin bezeichne, na ja, eigentlich nenne ich ihn lieber Schlampe, aber das kommt von

149

Herzen und ist lieb gemeint, das ist wie eine freundschaftliche Umarmung.« Holly lächelt zufrieden und bedenkt Etienne mit einer Gesichtsmimik, die was provokant Tantenhaftes hat, so als wolle sie ihn in beide Wangen kneifen und sagen: Wo is' er denn? Na, da is' er ja. Huch! Is' der aber groß geworden.

»Ja, genau. Und wenn ich zu Holly sage, sie soll rüberrollen, weil ich vorbeiwill, gebe ich ihr liebevoll zu verstehen, dass sie langsam mit dem Fressen aufhören soll, weil sie sonst platzt. Mach ich doch nur, weil sie unsere Freundin ist, die scharfe Puppe!«

Holly und Etienne werfen sich einen Kuss zu. Gut, dass wir darüber mal gesprochen haben. Nee, is' klar! Mit einem großen Karton kommt Dimitri in die Küche. Er trägt nur eine Jogginghose, sonst nichts. Seine behaarte Brust ist supermuskulös, genau wie seine Oberarme.

»Chèrie«, haucht Holly verliebt. »*Ja tebja ljublju!*«

Dimitri lächelt, seine Augen füllen sich mit einem Glanz. »Ich liebe dich auch!« Er gibt Holly einen innigen Kuss. Etienne nutzt die Sekunde, um mich fassungslos anzusehen. Mit den Augen deutet er auf Dimitris Muskeln und schluckt. Ich schätze, die Genitalrhythmuskoordinatorin in Etienne würde jetzt gerne in eigener Sache aktiv werden!

»Immo«, begrüßt Dimitri mich. »Alles gut?«

»Ja. Und bei dir?«

»Auch.« Dimitri reicht mir die Hand, dann Etienne.

»War's für dich genauso schön wie für mich?« Etienne kann nicht anders. Vermutlich hat er einen Hormonschock.

»*Da.*« Dimitri stellt den Karton auf der Tischplatte ab. »Brauchst du noch was?«, erkundigt er sich bei Holly.

»Nein, alles bestens, Dimon.«

»Ich guck DSF. *Ty samaja krasivaja.*« Dimitri küsst Holly, drückt sie und geht ins Wohnzimmer.

»Spiegelein, Spiegelein an der Wand. Wer ist die Schönste im ganzen Land?« Holly juchzt auf, stippt mit dem Finger auf ein Tortenstück, stibitzt die dekorative Sahnehaube und schleckt sie von der Fingerkuppe ab. »Dimon hat eben gesagt, dass ich die Schönste bin!«

»Mann, muss der einen beschlagenen Spiegel haben!«, kommentiert Etienne Dimitris Aussage.

Holly setzt zum Gegenschlag an.

»Etienne will dir nur sagen, dass der Spiegel vielleicht eine sehr subjektive Wahrnehmung hat, weil der verliebte Blick möglicherweise keiner objektiven und repräsentativen Umfrage standhalten könnte, was ich persönlich für eher unwahrscheinlich halte«, stoppe ich sie und kriege noch so gerade die Kurve. »Eure Art der Kommunikation ist eben besonders, wirklich, sehr besonders. Allmählich schnall ich es.«

Etienne grinst und freut sich sichtlich. Wahrscheinlich ist es eine Genugtuung für ihn, dass ich diesmal ihm die Stange halte.

»Du lernst ja unglaublich schnell, Immo«, sagt Holly und gibt sich gespielt angesäuert. »Kleiner Heckenschütze, du! Königinmörder! Bestimmt fragt ihr zwei Hübschen euch, was in dem Karton ist. Darin steckt das nette Etwas, von dem ich gesprochen habe.« Holly zieht den Karton zu sich heran, öffnet ihn und holt Damenslips in schwarz, weiß und rot raus, stapelt einige vor sich und glätte sie mit der flachen Hand. Anschließend kramt Holly Kunststoffbeutel hervor und Schleifenband, wie es bei Geschenken zur Dekoration verwendet wird.

»Was hast du mit den Teilen vor?«, will Etienne wissen. »Sind das Wurfgeschosse für deine Hochzeit? Slips statt Reis? Ist das ein alter Transenbrauch?«

»Du dumme Nuss! Vielleicht sollte ich bei meiner Hochzeit auf einen ganz anderen Brauch zurückgreifen und zwar auf Verprügelt-die-Nymphomanin-bis-sie-ihre-Zähne-spuckt! Ihr müsst mir helfen, die Slips zu verpacken. Aber macht das bloß anständig, verstanden! Die Schleife kommt zum Schluss, schön akkurat!« Holly nimmt einen Slip, packt ihn in den Beutel, nimmt Schleifenband und umschließt damit den Beutel. Mit einem Messer raut sie die zwei Enden vom Schleifenband auf, so dass lockenartige Kringel entstehen. »So will ich das haben! Wenn wir zügig arbeiten, sind wir in einer Stunde fertig!«

»Was willst du damit?«, frage ich.

»Ich brauch Geld für meine Brustvergrößerung«, erzählt Holly und fasst sich an den Busen. »Ich fress Hormone wie eine Bekloppte, und trotzdem weigern sich meine zwei Süßen, noch etwas zuzulegen. Die erinnern mich stark an zwei Frühchen, die noch ins Wärmebett müssen, unterentwickelt wie die sind. Jede Sechzehnjährige hat mehr Holz vor der Hütte! Viel fehlt mir nicht mehr, dann habe ich die Kohle für die OP zusammen. Mir kam die Idee, getragene Slips bei eBay anzubieten!«

»Das ist ein Scherz!« Etienne glaubt Holly kein Wort.

»Nein. Die Höschen habe ich fast umsonst ergattert. Wisst ihr, Anuradha ist nicht nur ein versoffenes Loch, sie ist auch Gelegenheitskleptomanin. Praktisch, ne? Ich hab sie dezent durch die Blume wissen lassen, dass sie ihrer Königin huldigen muss, wenn sie meine Background-Sängerin sein will. Ich habe ihr einen Auftrag erteilt und die Bekloppte ist gleich losgelaufen, um die Slips zu besorgen. Die Gestörte glaubt doch jetzt tatsächlich, sie hätte einen Soloauftritt in *meiner* Show. Tja, was lernen wir daraus? Mit Alk kann man sich zweifellos doof saufen!«

»Und du meinst, du wirst die Slips los?« Ich bin skeptisch, woraus ich keinerlei Hehl mache.

»Herzchen, wenn geldgeile Elsen angebissene Butterbrote bei eBay versteigern können, werde ich meine von mir höchstpersönlich getragene Slips ja wohl loswerden!« Holly ist überzeugt von ihrer Geschäftsidee.

»Hä? 'tschuldige mal, aber in die Hosen passt nicht mal 'ne halbe Arschbacke von dir!«, hält Etienne dagegen und wittert Betrug.

»Und? Weiß doch niemand! Bei eBay gibt's Richtlinien, da halte ich mich dran. Punkt. Aus. Naturbelassene, heiße Damenhöschen – so lautet mein Verkaufsslogan. Dazu gibt's ein Foto von mir im Abendkleid, damit auch jeder die heiße Quelle seiner Schnüffelfreuden kennt. In den vergangenen Nächten habe ich mit Dimon in einem Berg von Slips geschlafen, damit der Stoff nach irgendwas riecht. Ein Spritzer Parfüm dazu, fertig! Ich wette, die ganzen Fetischisten werden frohlocken, wenn sie mein Angebot sehen!«

»Dann lasst uns einpacken!« Ich unterstütze Holly gerne, obwohl ich nicht an den Erfolg glaube.

Holly verteilt Slips, Verpackungsmaterial und ist guter Dinge. Etienne lässt sich ebenfalls nicht lumpen und macht sich ans Werk.

»Bei der Aktion haben wir wenigstens Zeit für uns und können klönen«, freut sich Holly. »Ach, Kinder, ist wirklich schön mit euch!«

»Klönen? Hast du was zu süppeln? Nüchtern halte ich das nicht aus!«

»Prosecco?«

»Her damit!«

Holly geht zum Kühlschrank, holt eine Flasche Prosecco raus und aus dem Küchenschrank drei Gläser. »Ach ja, richtig«, sagt sie und tippt mir auf die Schulter. »Du trinkst ja keinen Alkohol, Schatzl. Magst was anderes, Spatzl?«

»Was soll das? Setzt du gleich zum Königsjodler an?«

»Zu rechnen ist damit!«, gackert Holly. Sie setzt sich an den Tisch, öffnet die Flasche und versorgt Etienne und sich mit Prosecco. »Prösterchen!«

Ich nehme mir einen O-Saft. Ich mag keinen Alkohohl, schmeckt mir einfach nicht. Zu dritt machen wir uns ans Werk und packen die Slips ein. Wir lachen, haben Spaß und jeder von uns genießt die Runde. Wahre Freundschaft ist ein Segen!

»Letzte Woche war ich vielleicht deprimiert«, erzählt Holly, isst dabei immer wieder mal von der Torte und spült mit Prosecco nach. »Ich rein in ein Geschäft, wollte mir eine Hose kaufen. Ich dachte, versuch's mal mit einer Baggy. Ich probier die Hose an, kam mir gleich verdächtig vor. Als ich im Spiegel geschaut habe, habe ich laut aufgeschrien. Bei mir war das Teil eine Röhrenjeans! Ich war total geschockt und kurz vor einer Ohnmacht. Der blöde Verkäufer kam angedackelt und meinte allen Ernstes, genau so müsste die Hose sitzen. Der Typ war ein vergreister Peter Pan mit Rheuma in den Knochen, dem die Arschbacken flattern, wenn er einen Furz lässt!«

»Vielleicht solltest du weniger futtern«, schlägt Etienne pragmatisch vor.

Holly verzieht das Gesicht. »Ich esse gar nicht so viel. Das liegt an meinem langsamen Stoffwechsel. Da fällt mir ein, im Kühlschrank ist noch Nudelsalat. Wollt ihr?«

Etienne und ich wollen. Holly tischt auf, beim Bewirten lässt sie sich grundsätzlich nicht lumpen. Bevor wir über den Nudelsalat herfallen, holt Holly eine CD, legt sie in die Kompaktanlage, die auf der Arbeitsplatte steht. Eine Ballade erklingt. Holly ist begeistert.

»Wer singt das?« Meine Neugierde ist geweckt. »Klingt nicht schlecht.«

»Nicht schlecht? Herzchen, das ist einfach nur geil! Meine Göttin singt!« Hingerissen vergisst Holly für einen Moment glatt den Nudelsalat. »Ich muss euch was erzählen, was ich vor lauter Freude über meine bevorstehende Hochzeit glatt vergessene habe! Vor einigen Monaten habe ich meine Göttin live gesehen. Ich saß ungefähr sieben Meter von ihr entfernt, und sie stand auf der Bühne, performte mit wenigen Gesten, aber voller Präsenz diesen Song.

Hach, war das schön!« Selig nimmt Holly eine Gabel und isst vom Nudelsalat, kaut und lässt den Mund auf.

»Und? Wer ist sie?« Ich will nicht, dass Holly Etienne und mich länger auf die Folter spannt.

»Frida!«

»Frida?« Etienne und mir schießt es gleichzeitig raus. »Wer ist Frida?«

»Ihr Unwissenden! Als kleines Mädchen habe ich mir immer die Platten meiner älteren Cousine angehört. Ihr wisst schon, Schallplatten, die großen runden Dinger aus Vinyl, als es noch keine CDs gab.«

»Jetzt fängt die auch noch beim Urknall an!« Trotz reichlich Prosecco reagiert Etienne genervt. Er hat keine Lust auf endlos lange Geschichten, die sich nicht um Männer und schlüpfrigen Inhalt drehen. »Und ein kleines Mädchen bist du nie gewesen. Schluss mit der Verblendung!«

»Ruhe! Lass mich erzählen!« Holly duldet kein Dazwischenquatschen, dafür ist ihr das Thema zu wichtig. Immerhin spricht sie über ihre Göttin! »Meine Cousine hatte alle Platten von ABBA. Ich erinnere mich noch, als wäre es gestern gewesen. *I Wonder* ertönte aus den billigen Lautsprechern von ihrer pisseligen Anlage. Mir war, als trällerte eine Nachtigall, beseelt und vom Leben entsandt, um Freude zu schenken, in mein Zimmer. Es folgte *Dancing Queen* und *Gimme! Gimme! Gimme!*. Das waren die wilden Siebziger! Zu der Zeit bin ich übrigens noch im flüssigen Zustand mit meinem Vater über die Zäune gesprungen! Aber wir alle wissen ja, dass Musik für die Ewigkeit ist. Zurück zum lieblichen Moment der Nachtigall. Es war ABBAs Frida, damals noch rothaarig. Ich fass das mal eben in einem Zeitraffer zusammen: ABBA trennen sich. Frida macht solo weiter. Englischsprachige Alben, zwei an der Zahl. Das zweite floppt. Sie zieht sich international zurück. National gibt sie immer wieder mal ein musikalisches Lebenszeichen. Private Schicksalsschläge. Singen ist nicht mehr. Dann die Wende. Plötzlich blond. Ein gemeinsamer Song mit Jon Lord von Deep Purple. Der Titel des Songs *The Sun Will Shine Again*. Er läuft gerade eben im Hintergrund. Willkommen in der Gegenwart. Ich hoffe, ihr habt den Flug durch die Zeit genossen. Ich brauch jetzt erst mal noch ein Glas!« Holly schenkt Prosecco nach, macht die Anmerkung, dass man von dem Gesöff nicht wie ein alter Bauarbeiter rülpsen muss, außer Marisa del Corral. Der amateurhaft geschminkte, auf Storchenbeinen durchs Leben krakelnde Superzinken rülpst sogar bei stillem Wasser wie eine vom Irrsinn befallene Elefantenkuh, die kalbt, so Holly. »Bei einer Extra-Sendung von ›Wer wird Millionär?‹ mit dem Themenscherpunkt FRIDA würde ich haushoch gewinnen!«

»Wie weit gehst du noch in die Vergangenheit zurück?« Etienne will von Hollys Göttin nichts wissen. »Gehörst du etwa doch schon zum Krampfaderngeschwader?«

»ABBA ist Kult!«, rechtfertigt sich Holly. »Und jetzt zurück zur meiner eigentlichen Geschichte! Also. Vor ein paar Monaten hat mich Hannes mit Karten für eine TV-Show überrascht. Nur zur besseren Verständigung: Hannes ist der Typ, der mich mal nach einem Auftritt in meiner Garderobe angesaugt hat. Seine Frau war in Kur, und vor lauter Druck sind ihm fast die Klöten von allein abgefallen. Ihr erinnert euch möglicherweise noch. Falls nicht, Pech! Auf jeden Fall wollte er mich überraschen und sich seine Position als mein Platzhirsch sichern. Wir hin zu der Show. Ich war rausgeputzt wie die Königin der Nacht. Meine Haare hatte ich extrastark toupiert und zum Empire State Building aufgetürmt. Wir saßen in der ersten Reihe. Die Show war nicht der Renner. Und dann plötzlich kündigte der Moderator, so ein Milchgesicht, Frida und Jon Lord an. Nichts und niemand konnte mich im Sitz halten. Ich bin aufgesprungen, habe eine La-ola-Welle im Alleingang geschmissen. Die Partyschranken in den Sitzen neben mir waren zu nichts zu animieren. Ich nicht blöd, lass mich schließlich nicht lumpen bei

meiner Göttin, und schmeiß eine weitere La-ola-Welle mit einem
Aufschrei des Entzückens. Ich glaube, die haben mich noch drei
Städte weiter gehört. Mir ist fast die Perücke vom Kopf gefallen.
Es hat dann Krrrratsch! gemacht und meine Miederhose ist geris-
sen. Die Dilettanten um mich herum haben gedacht, ich hätte
meine Darmfunktion nicht unter Kontrolle und würde fröhlich
vor mich hin dönern. Ich bin eine Lady! So was gibt's bei mir nicht!
Hannes hat mich dann in den Sitz runtergezogen. Ich war voll aus
der Puste, und meine Zunge hing auf halbacht. Genau in diesem
Moment setzte die Musik ein, Jon Lord saß am Klavier, und meine
Göttin betrat die Bühne. Mit wohl bedachten Schritten ging sie
zum Mikrofonständer. Was für eine Aura! Und sie sieht für ihr Alter
immer noch unglaublich gut aus. Ob sie auch Hämorridensalbe
gegen Falten benutzt? Angeblich macht das Sandra Bullock. Als
Künstlerin bin ich für die Schönheitstipps von Kollegen dankbar.
Wo bin ich stehen geblieben? Ach ja, richtig, meine Göttin stand
vorm Mikrofonständer und wartete auf ihren Einsatz. Unsere Blicke trafen sich. Frida wirkte leicht irritiert. Wenn ihr mich fragt,
war sie angetan von meinem Abendkleid. Ich hatte aber auch einen
heißen Fummel an! Sie sang, und ich winkte ihr zu. Zum Glück
gehöre ich nicht zu den aufdringlichen Fans, die unangenehm auf-
fallen. Ich hab ihr einen Kuss zugeworfen. Und dann geschah das
Unglaubliche. Frida gab mir ein Zeichen! Ich weiß, für alle anderen
sah es so aus, als hätte sie sich mit der Zungenspitze etwas aus einer
Zahnlücke geholt. In Wahrheit hat sie mir damit sagen wollen:
Mann, bist du ein steiler Zahn! Ich war fassungslos und wollte die
Bühne stürmen. So ein abartiger Ordner hat mich mit Hilfe eines
Kollegen abgefangen und aus der Halle gezerrt. Ich hätte die Ver-
anstaltung gestört, hat der Wichser behauptet. Ausgerechnet ich!
Das konnte ich natürlich nicht auf mir sitzen lassen. Putzt du dir
die Zähne mit Hundescheiße?, habe ich ihn gefragt. Daraufhin hat
er mir Hausverbot erteilt. Anschließend wurde ich auch noch von

anderen Fans bepöbelt. Die Einfaltspinsel waren nur neidisch!«

»Aufhören! Meine Ohren bluten bestimmt schon«, brüllt Etienne. »Du bist krank! Ich glaube dir kein Wort!«

»Jedes Wort ist wahr! Ruf Hannes an und frag ihn. Der Tag wird kommen, an dem ich mit meiner Göttin auf du und du bin.«

Etienne beschimpft Holly als fette Lügnerin. Ich greif zum Prosecco, will auch einen Schluck trinken.

»Du quatscht jeden zum Alki«, wirft Etienne Holly vor und freut sich insgeheim, dass ich endlich vom O-Saft die Nase voll habe. »Sogar Immo hält es nicht mehr aus. Dabei schmeckt dem das Zeug nicht mal!«

»Ich hab auch noch lecker Eierlikörchen«, fällt Holly ein. »Ein Eierflip käm jetzt nicht schlecht. Was sagt unser Flittchen dazu?«

»Her damit!« Neben Männern ist Etienne auch jeder anderen Art von Rausch zugetan. »Hast du Shit da?«

Holly schüttelt den Kopf. »Ich hab alles weggekifft.« Sie holt den Eierlikör. »Über Eis schmeckt das saugut!« Sie geht zum Gefrierfach vom Kühlschrank und greift sich eine Familienpackung Eiscreme. In drei Dessertschalen richtet sie das Eis an und gießt Eierlikör drüber. »Aber nicht das Verpacken vergessen! Morgen früh will ich mit der Versteigerung beginnen. Was haltet ihr davon, wenn ich einen Abend mit mir bei eBay anbiete?«

»Einerseits spricht das für dein unerschütterliches Selbstvertrauen«. Etienne kostet vom Eis. »Mmmh. Lecker! Anderseits zeugt es auch von Abenteuergeist.«

»Wieso Abenteuergeist?«

»Stell dir vor, ein Irrer mit abartigen Gelüsten ersteigert das Date mit dir. Vielleicht ein Transen-Hasser, der dich bei lebendigem Leib schlachtet und dein Fleisch an Straßenköter verfüttert.« Etienne beschwört Düsteres herauf, natürlich macht er das absichtlich.

»Fakt ist, dass Dimitri bestimmt was dagegen hat«, bringe ich das eindeutig realistischere Argument, das gegen Hollys fixe Idee spricht.

»Dimon ist schrecklich eifersüchtig.« In Hollys Stimme schwingt Zufriedenheit und Selbstbewusstsein. Dimitris Eifersucht ist für sie ein eindeutiger Beweis für seine Gefühle. Würde er sie nicht lieben, wäre er nicht eifersüchtig! »Dimon würde so eine Versteigerung niemals dulden. Bevor mich ein anderer Kerl anfasst, killt er ihn. In meinem ganzen Leben bin ich noch nie so verliebt gewesen. Mit Dimon fühle ich mich als Mensch vollkommen. Er haucht Liebe in meine Seele. Ich fühle mich schön und sexy. Dimon besiegt für mich meine Verzweiflung. Das liegt alles hinter mir. Dimon schenkt mir ein Gefühl, das ich niemals zuvor bekommen habe. Endlich bin ich glücklich!« Holly hält inne. Für einen Atemzug legt sie all das Inszenierte und Unechte ab. Sie ist sie selbst, ganz pur. Unter all dem Make-up kommt ein verletzbarer Mensch hervor, der sensibel und dünnhäutig ist. »Die Hoffnungslosigkeit lässt sich nicht betrügen, das weiß niemand besser als ich.« Hollys Augen füllen sich mit Tränen.

Wir sitzen am Tisch, schweigen zu dritt. Etienne starrt auf seine Portion Eis. Keine Ahnung, worüber er nachdenkt. Vielleicht regt der Eierlikör seine Fantasie an. Vielleicht steckt aber auch mehr dahinter. Was dafür spricht, ist die Tatsache, dass er keinen Pieps von sich gibt. Ich muss an Yannick denken. Holly hat verdammt Recht: Die Hoffnungslosigkeit lässt sich nicht betrügen. Scheiße! Jetzt fang ich auch noch zu flennen an. Tränen kullern. Still, mein gebrochenes Herz! Schlag einfach weiter, bis irgendwer kommt und dich wieder glücklich macht.

»Hey, ihr zwei Trauerweiden.« Holly merkt, dass die Stimmung gekippt ist und Traurigkeit sich ausbreitet. »Aus gebrochenen Herzen erblüht neue Liebe!« Holly lächelt, strahlt Wärme aus und ist einfach nur klasse. »Hättet ihr gedacht, dass ich einen Mann wie Dimitri heiraten würde? Natürlich nicht! Nicht mal ich hätte im

Traum daran gedacht! So ist das Leben. *Alles* ist möglich! Denkt an die Worte meiner Göttin: Die Sonne wird wieder scheinen! Das ist nicht bloß eine Floskel, das ist die Wahrheit! Manche Umstände lassen sich in simple Worte fassen. Wörter können Lügen sein, ebenso Wahrhaftigkeit. Manche Wörter töten, andere liebkosen. Wörter sind die Tempel der Gefühle. Das drückt die Kunst aus. Deswegen liebe ich die Singerei. Wörter sind ein Mysterium, das Universum der Geheimnisse – genau wie Gefühle. Wir leben, das ist nicht immer leicht, sollte aber ausreichen, um zu sagen: Ich kämpfe für mein Glück! Das Leben und die Liebe gehen oftmals getrennte Wege, aber eines Tages finden sie zusammen und dann macht es Bäng! und alles ist so verdammt geil!«

Ich könnte Holly knutschen! Sie hat so viele Gesichter und ist als Mensch unschlagbar. Wahre Freunde sind ein Segen!

»Wenn ein Kerl mit mir ins Bett geht, soll er mich gefälligst vögeln, als wäre er ein Pornostar. Hat er das nicht drauf, soll er sich verpissen und jemanden langweilen, dem er 14 Zentimeter als 21 verkaufen kann.« Frustriert matscht Etienne mit dem Löffel in seiner Eiscreme, mengt den Eierlikör unter. »Adrian hat mehr als 14 Zentimeter, trotzdem will er nicht mit mir ins Bett. Jeder Macker will mit mir in die Kiste, außer ihm. Was soll das? Warum ist er überhaupt mit mir zusammen? Das ergibt keinen Sinn. Kaufst du dir einen BMW und lässt ihn in der Garage? Natürlich nicht!«

»Wenigstens wurdest du nicht betrogen«, gebe ich Etienne zu bedenken. Das ist eben meine subjektive Sicht der Dinge. »Stellt euch das nur mal vor. Yannick bevorzugt seine Versace-Trutsche. Die Schwester ist echt widerlich, voll der *Material Boy*. Die Typen mit Geld meinen, die können sich alles kaufen. Ekelig! Allerdings liegen die gar nicht so verkehrt. Yannick ist der beste Beweis!«

»Trotzdem geht es mir nicht besser!«, hält Etienne dagegen. »Weshalb musste ich mich ausgerechnet in Adrian verlieben? Ich schnall's nicht! Der ist nicht mal mein Typ! Optisch schon, klar.

Aber seit wann zieht es mich zu intellektuellen Dödeln hin, die auf Selbstanalyse stehen und 'ne kranke Vorliebe für Freud haben? Gestern hat er mir erzählt, dass er mich menschlich ergründen will. Der soll sich einen Kanarienvogel kaufen! Tweety, pick, pick, pick! Flatter. Sing. Fall von der Schaukel. Lass 'ne hungrige Katze rein. Das ist doch nicht normal! Jemand muss den Stecker bei ihm gezogen haben. Der soll mich mit seinem Schwanz ergründen! Bei meinem letzten Date habe ich es mit 'nem Prachthengst getrieben. Der hat mich geknallt, als würde es kein Morgen geben! Ich habe mir dabei vorgestellt, er wäre Adrian. Verliebt zu sein ist nicht mein Ding! Mir ist es lieber, wenn der andere in mich verliebt ist und ich ihn zu meinem Sklaven machen kann!«

»Ich nehme euch besser die Beutel für die Slips weg, bevor ihr euch die Plastikteile über den Kopf stülpt und den Löffel abgebt! Kinder, eintüten und zwar zackig!« Holly bemüht sich Frohsinn zu verbreiten. Sie ist wieder ganz die *Grand Dame* des Skurrilen und Schrägen. »Kennt ihr Russ Meyer? Leider ist er tot. Er war US-Kultregisseur und Pionier der Softporno-Branche. Seine Filme *Faster, Pussycat! Kill! Kill!,* und *Vixen* sind Hommagen an die weibliche Brust! Meine Inspiration! Meine Freundin Bonita de Angelo, sie möge in Frieden ruhen«, Holly bekreuzigt sich, leert ihr Glas und schenkt Prosecco nach, »war kurz davor, mit ihm zu arbeiten. Bonita war eine tragische Gestalt!«

»Wer ist das nicht?« Etienne nimmt einen Slip, packt ihn in eine Tüte und macht sich daran, die Schleife anzubringen. »Sieh uns an! Wir sitzen in deiner Küche, verpacken Damenslips, weil du die Leute verarscht. Nebenbei kommst du uns mit der Lebensgeschichte von einer Bonita Trallala. Ich hoffe, du fängst nicht bei ihrer Geburt an!«

»Gönn dir die Flasche Eierlikör und halt die Klappe!«, kontert Holly. »Bonita war Pornodarstellerin. Während einer Double-Penetration ist sie abgenippelt!«

»Komm schon, du tischt uns wieder 'ne abgefahrene Lügengeschichte auf. Im besoffenen Kopf fährst du echt zu Höchstleistungen auf. Wer war dein Vater? Einer der Gebrüder Grimm?« Etienne zweifelt Hollys Bonita-Story an.

»Still! Die Geschichte ist keine Fiktion. Bonita wurde von zwei großschwänzigen Typen rangenommen. Ihr müsst wissen, dass Bonitas Slogan lautete: Einer geht noch rein! Wie auch immer. An diesem Drehtag riss sie die Augen immer weiter auf. Sie zischte ein Aahh und Uhh, und die Hengste rammelten sich einen ab. Bonita stöhnte noch mal auf, und dann gab sie keinen Laut mehr. Der Regisseur meinte, sie wäre total geil und soll so bleiben. Bonita war schon fast kalt, und die zwei Ficker haben es ihr noch immer besorgt. Wie unterbelichtet muss man sein, um nicht zu bemerken, dass etwas nicht stimmt? Männer! Erst als ein Darsteller zum *Cum-Shot* ansetzen wollte und sein Apparat vor Bonitas Gesicht hielt, war klar, dass Bonitas starrer Blick nicht von multiplen Orgasmen herrührte.«

»Und was willst du uns damit sagen? Hände weg von Double-Penetration?«

»Unsinn! Das war ein kleiner Schwank aus meinem Leben. Bonita war meine beste Freundin. Hin und wieder denke ich an sie. Komischerweise kommt mir jedes Mal ihr letzter Dreh in den Sinn.«

»Sie hatte zwei Schwänze in sich, als sie abgekratzt ist. Andere werden vom Zug überrollt oder begehen Selbstmord, weil sie sich eine völlig kranke Geschichte anhören müssen!« Etienne setzt die Flasche Eierlikör an den Mund und trinkt.

»Wohl war!«, stimmt Holly zu.

»Wie war dein Coming-out?«, frage ich Holly. Sie hat mir noch nie davon erzählt, und es interessiert mich. Vielleicht kann sie mir einen Impuls geben.

»Du hast genug vom Seichten, wie?« Holly sieht mich mitfühlend an. Mit der Fernbedienung lässt sie zum X-ten Mal Frida erklingen. *The Sun Will Shine Again*. Das macht Holly mit Absicht. Weshalb drückt sie eigentlich nicht auf Repeat? »Mein Coming-out«, seufzt sie. »In einer zivilisierten Gesellschaft sortiert man keine Menschen nach ihrer Ethnie, ihrer sexuellen Orientierung oder sonst was, habe ich geglaubt. Trugschluss! Dieses Titten-Schwanz-Frau-Mann-Ding inklusive Hautfarbe ist wie ein Stigma. Mich macht das krank! Ich bin anders, das war mir immer schon klar! Hat sich im Übrigen auch früh gezeigt. Als ich klein war, 'ne Hand voll Holly sozusagen, habe ich mir heimlich die Klamotten von meiner Mutter angezogen. Ich weiß, das machen viele und ist *das* Klischee schlechthin. Das Leben ist eine Aneinanderreihung von Klischees, das darf man nicht vergessen. Ich bin nicht *Starman*, der vom Himmel fällt und alles neu erfindet. Hätte ich eh kein Bock drauf! Ich war nie ein Junge, hab mich einfach nicht wie einer gefühlt. Ein Himmel voller Fragezeichen schwebte über mir. Irgendwann hab ich gecheckt, dass ich weder ein Junge noch ein Mädchen bin. Ich bin ich! So einfach ist das! Manche meinen, ich sei eine Fummeltrine. Sollen sie doch! Ich lebe, was ich bin. Das ist ein kleiner und feiner Unterschied! Schubladendenken ist nicht mein Ding, sorry! Ich lass mir keinen Stempel verpassen. Das macht keine Diva! Mit 12 hat mein Alter mich verprügelt, weil er mich im Kleid erwischte. Anschließend hat der versoffene Hurenbock meine Mutter gefickt, beide waren voll wie tausend Mann. Ich hab die Schreie ignoriert und meine Augen geschminkt. Blau. Da stand ich drauf. Dunkelblauer Lidschatten und ein dicker schwarzer Lidstrich wie bei den stylischen Frauen aus den Siebzigern. Das hatte was Nuttenhaftes, fand ich geil! Zuhause war es die Hölle. Ich fand mich normal, war mit dieser Meinung sehr allein. Die Penne war ein reines Psychohaus. Das war ein einziges Spießrutenlaufen! Gott. Wie oft bin in gestorben? Täglich, manchmal mehrmals. Ich hatte die Schnauze gestrichen voll. Ich wollte abhauen, wusste aber nicht wohin. Mit 18 habe ich es nicht länger ausgehalten. Ich hab mich als Kellnerin in einer Szene-Bar durchgeschlagen. Damals hatte ich auch meinen ersten Sex. In der Toilette. Es stank nach Pisse und die Klobrille war mit Scheiße beschmiert. Mit dem Gesicht stand ich zur Wand und starrte auf die verdreckten Kacheln. Ich hatte Angst, traute mich kaum zu atmen. Hinter mir war ein junger Typ mit Goldkette und braun gebrannter Fresse. Er hatte mein Kleid zerrissen, hielt mir 'ne Messerklinge an der Halsschlagader und fickte mich. Ich hab geglaubt, er würde mich abstechen. Er spritzte ab, riss meine Perücke vom Kopf, trat mir in den Rücken und verabschiedete sich mit einem ›Alte Fotze!‹. Mir muss niemand etwas übers Leben erzählen. Ich weiß, wie es sich anfühlt, wie es aussieht und was es mit dir anstellen kann. Mein Coming-out hatte ich bei meiner Geburt – als Mensch! Wer damit nicht klarkommt, soll sich verpissen!« Holly stützt die Ellbogen auf die Tischkante, legt die Hände ineinander und lächelt zaghaft. »Das ist *mein* Leben! Niemand soll mir in die Quere kommen. Ich hab gelernt zu kämpfen.« Holly nimmt die Flasche Prosecco, schenkt nach, bis ihr Glas randvoll ist. »Auf uns!«

Wir erheben die Gläser, stoßen an und trinken.

»Meinen Eltern ist es scheißegal, was mit mir los ist«, gewährt Etienne Einblicke ins heimische Familienleben, was untypisch ist für ihn. Normalerweise redet er nicht darüber. Weshalb das so ist, wird schnell klar. »Ich nenn die bloß Kohlebeschaffer, weil es bei denen um nichts anderes geht. Ich hab denen bis heute nicht gesagt, dass ich auf Typen stehe. Wozu auch? Sollte ich irgendwann mal einen Stecher haben, der Banker ist, dann werden die sich vor Freude nass machen. Kann man günstiger an Anlagetipps kommen? Ein Börsianer, das wär's! Nenn mich Mami!, würde meine Mutter zu ihm sagen. Die haben sich nicht mal für meine Rolle bei der Gerichtsshow interessiert. Würde Schwulsein was kosten, gäb's jede Menge Stress. Werde 'ne Hete, das ist umsonst!, würde mein

Vater maulen. Die sind so emotional wie 'ne tiefgefrorene Salami-pizza!«

»Bei mir ist das anders. Meine Eltern kümmern sich um mich.« Mir fällt auf, dass ich nicht glücklich klinge. Ziemlich beknackt! Eigentlich sollte ich darüber happy sein. Zuhause gibt es jede Menge Fürsorge, Geborgenheit und Anteilnahme. Etienne und Holly haben Grund sich zu beschweren, nicht ich! »Shit! Ich hab voll Muffe vor meinem Coming-out. Trotz dem guten Verhältnis zu meinen Eltern kann ich nicht einschätzen, wie sie reagieren werden. Besonders mein Dad macht mir Kopfschmerzen. Ich schaff's einfach nicht den Mund aufzukriegen. Jedes Mal wenn ich etwas sagen will, fehlt mir der Mut. Das ist idiotisch! Es sind meine Eltern. Wenn die mich nicht verstehen, wer dann?!«

»Setzt dich nicht unter Druck«, rät mir Holly. »Als Hete würde niemand von dir erwarten, dass du sagst: Ich bin heterosexuell und stehe auf Mädels. Ein schwuler Junge hat es sehr viel schwerer. Schwulsein wird von vielen Eltern nach wie vor als Makel empfunden, weil sie nur daran denken, dass ihr Sohn mit einem Mann Sex hat. Außerdem reduzieren die ohnehin alles aufs Arschficken!«

»Das machen Heten auch!« Etienne ist entrüstet. »Bei uns ist das pervers und bei denen 'ne geile Variante. Vielen Frauen gefällt das. Den Typen sowieso!«

»Ich lass mich nicht auf Sex reduzieren! Wo bleibt das Herz? Ich will lieben!« Wie so oft breche ich eine Lanze für die Liebe und das Menschsein. »Ich wünsche mir Normalität. Ich will meinen Freund mit nach Hause nehmen können, und alles soll easy sein.«

»Wenn du so weit bist, wirst du es deinen Eltern sagen. Alles wird gut werden. Bei deinen Eltern kannst du optimistisch sein.« Holly gibt sich zuversichtlich und sendet mir einen aufbauenden Impuls.

Ich muss an meinen Coming-out-Traum denken. Schlimmer kann's nicht kommen, nicht wahr? Holly macht Dampf. Sie will, dass wir uns mit dem Verpacken der Slips beeilen, damit wir fertig werden und etwas anderes machen können. Für ganze drei Minuten schaffen wir es uns aufs Verpacken zu konzentrieren, bis wir einen Rückfall erleiden und uns über alles Mögliche unterhalten. Freunde fürs Leben sind was Wunderbares!

♥ ♥ ♥

Wir haben es geschafft. Die Slips sind verpackt. Holly kann sich an die Versteigerung machen. Sie sitzt mit Etienne in der Küche und hat eine weitere Flasche Prosecco geköpft. Ich habe mich zu Dimitri ins Wohnzimmer abgesetzt. Mir ist wichtig, dass sich auch zwischen uns Freundschaft entwickelt. Als Hollys Ehemann in spe gehört Dimitri zu uns. Weil er nicht viel redet, habe ich unser Gespräch auf seine Heimat gelenkt. Das gibt mir zugleich die Möglichkeit, mehr über ihn zu erfahren.

»Ursprünglich bin ich aus Workuta«, erzählt Dimitri, während er eine Zigarette raucht und Bier trinkt. »Schon mal was von Workuta gehört?«

»Noch nie.«

Dimitri lacht. »Wundert mich nicht. Ich habe es dort gehasst. Es gibt nur zwei Monate Sommer. Zwei Monate! Sechs Monate lang ist es stockdunkel und bis zu minus 60 Grad kalt. Im Winter sind die Straßen voller Schnee. Eiszapfen hängen von den Hausdächern, alles ist weiß und eisig. Eine tiefgefrorene Hölle! Der Himmel ist grau. Aus den Schornsteinen der Fabrik wird Dreck in die Luft gepustet. Einfach trostlos. Die Menschen haben kein Geld. In Workuta wächst nichts. Alles muss hintransportiert werden, deswegen ist alles so teuer. Wer kann, verlässt Workuta. Stalins Gegner wurden zu Hunderttausenden dorthin deportiert. Mit 18 bin ich nach Moskau. Ich war Soldat.«

»Soldat?«

»Ja. Ich hab gelernt zu kämpfen. Pistolen, Gewehre, Nahkampf;

darin bin ich gut. Ich schieß selbst mit verbundenen Augen mitten ins Ziel!« Dimitri drückt die Zigarette im Aschenbecher aus. »Gehorsam hab ich nicht gelernt. Befehle ausführen liegt mir nicht. Ich bin zu stark! Ich bin ein Mann! Mit dem Oberst bin ich dauernd aneinander geraten. Der hat sich wie das Alpha-Männchen gefühlt. Bestimmt hat er sogar in die Ecken gepinkelt, um sein Revier zu markieren. Ich bin abgehauen. Soldat zu sein war kein Job für mich.«

»Wohin bist du abgehauen?«

»Ich bin an vielen Orten gewesen.«

»Klingt spannend.«

»Das war es auch. Manchmal jedenfalls.«

»Und deine Familie? Vermisst du sie nicht?«

»Nein. Das habe ich hinter mir gelassen. Meinen Großvater vielleicht. Er lebt in Wladiwostok.«

Ich betrachte Dimitri, ohne dass er es bemerkt. Er verbirgt etwas, das fühle ich. Dimitri hat ein Geheimnis, ganz bestimmt! Ich habe eine gute Intuition und kann meiner Eingebung vertrauen. Geht es um andere, liege ich oftmals richtig. Geht es um mich, lässt mein Bauchgefühl zu wünschen übrig. Ich klinge wie eine Orakeltante, die in eine Glaskugel blickt oder Tarotkarten befragt. Immo, das Medium. Ich glaube, mir kommt der Nudelsalat samt Eiscreme inklusive Eierlikör und Prosecco hoch!

Was mag Dimitri verheimlichen? Meine Neugierde ist geweckt. Sherlock Holmes müsste man sein, dann würde ich im Handumdrehen dahinter kommen. Irgendwas ist da. Besser, ich grübele nicht weiter nach. Dimitri muss mir nicht alles über sich erzählen, dazu gibt es keinerlei Anlass. Und wer bin ich, dass er mir seine Lebensgeschichte im Detail schildern soll? Ich hoffe nur, dass er Holly glücklich machen wird und dass er sie so liebt, wie sie es verdient! Das ist alles, worauf es ankommt. Holly hat mir erzählt, dass Dimitri als Bodyguard für einen vermögenden Geschäftsmann tätig ist. Dimitri verliert nie ein Wort über seine Arbeit. Wahrscheinlich ist er zur Verschwiegenheit verpflichtet und pflichtbewusst hält er sich daran. Das zeugt von Professionalität und spricht für Dimitri, nicht gegen ihn!

Es kommt vor, dass Dimitri für mehrere Tage mit seinem Boss unterwegs ist und deswegen nicht bei Holly sein kann. Für Holly ist das in Ordnung, schließlich hat sie jede Menge mit sich, der Ausarbeitung ihres neuen Bühnenprogramm und dem Geldverdienen zu tun. Klar, dass sie jedes Mal ihren Dimon fürchterlich vermisst, wenn er nicht bei ihr zu hause sein kann. Sehnsucht hält die Liebe lebendig und macht sie erst so richtig schön, sagt Holly. Sie ist eine kluge Frau! Plötzlich bemerkt Dimitri meinen Blick. Ich lächle verlegen.

»Vom Training!« Dimitri spannt seinen Oberarm an, zeigt mir seinen Bizeps. Damit nicht genug, lässt er seine Brustmuskulatur aufzucken wie ein Wrestler, der sein Publikum verzücken und auch ein bisschen angeben will. Das sieht cool aus!

»Wow!« Zum Glück denkt Dimitri, ich hätte seine Muskeln bestaunt. Gedanken sind frei, und das ist gut so.

»Holly mag dich sehr, Immo. Sie hat mir gesagt, dass sie deine gute Fee ist. Ich mag dich auch!« Dimitri legt freundschaftlich den Arm um mich und drückt mich. »Du bist ein Lieber.«

»Danke.«

»Ein ganz Lieber!«

Wer hätte gedacht, dass hinter Dimitris ansehnlicher maskuliner Fassade ein scheinbar beseelter und emotionaler Mann steckt? Ich kann gut nachvollziehen, weshalb sich Holly bei Dimitri geborgen fühlt. Er vermittelt Sicherheit. Kein Wunder, ist er doch wirklich ein Fels von Kerl!

»Lass uns in die Küche gehen. Ich will für uns etwas kochen. Kennst du die russische Küche?«

»Nein.«

»Das müssen wir ändern!«

Der Abend scheint noch lange nicht zu Ende zu sein. Ich wünschte, Yannick wäre hier und unsere Beziehung würde noch existieren, dann wäre dieser Abend perfekt. Zum Glück habe ich meine Freunde. Irgendwann werde ich wieder glücklich verliebt sein. Liebe kann man vielleicht begraben, aber sie stirbt nicht! Hoffentlich lässt die Auferstehung nicht zu lange auf sich warten. Liebe ist wie ein Phönix aus der Asche. Meine Freunde werden mir beistehen. Und wie schon gesagt, Freunde fürs Leben sind was Wunderbares und unbezahlbar!

UND DANN ...

1 Kurzmitteilung Etienne
Nie wieder ein Blind Date! Der
Typ hat Bockwurstfinger, Einlagen
in den Schuhen & Mundgeruch!
Er ist Allergiker, ohne Asthmaspray
läuft nix! Möchte meine Kontaktlinsen
rausreißen, hätte ich nur welche!
Bin im Lollipop, hab nen anderen
Stecher klargemacht. Werde
Quasimodo in den Glockenturm
verbannen!

Antworten
Dein Blind Date ist ja ein echtes
Sahneschnittchen. Hast du schon
Herpes an der Lippe? Details
gibt's später, oder? Viel Spaß
mit dem Stecher. My body hurts
just thinking of it. Aaaaah!!!

Die Sonne meines Lebens strahlt voller Kraft hoch oben am Himmel. Es hat einiges an Zeit gekostet, bis ich mich wieder darauf besinnen konnte. Zugegeben, das Ende mit Yannick habe ich noch nicht wirklich weggesteckt, damit muss ich fertig werden. Das ist ein Prozess der Verarbeitung, der sich für mich nicht innerhalb von drei Wochen bewältigen lässt. Dafür war das Gefühl viel zu intensiv und tief. Kein Wunder also, dass ich die Kraft meiner Sonne manchmal nur latent spüren kann. In solchen Momenten blockieren mich traurige Gedanken, die wie dunkle Wolken aufziehen und meine Stimmung trüben. Das ist normal, ich weiß. Allerdings habe ich einen Fortschritt gemacht. Ich habe beschlossen, dass ich nicht länger Liebeskummer schieben will. Wozu der Vergangenheit nachtrauern? Mit dieser Haltung versaue ich mir die Gegenwart und stelle die Weichen für die Zukunft falsch! Klingt ziemlich vernünftig, nicht wahr? So vernünftig bin ich eigentlich gar nicht. Ich habe bloß nachgedacht und mich besonnen. Ich will glücklich sein! Stolpere ich und falle hin, bleibe ich nicht liegen, sondern stehe wieder auf und gehe weiter. So ist das Leben! Diese Weisheit habe ich mir bei Nana ausgeliehen und mir zunutze gemacht. Fällt mir nicht immer leicht, aber ich übe an der täglichen Anwendung.

Seit dem Wachwerden verspüre ich einen Impuls, der mich über den Tag begleitet hat. In der Penne habe ich die Ohren auf Durchzug gestellt. Während der Mathestunden und des Deutschunterrichts war nicht mehr als meine körperliche Hülle anwesend; mein Geist hat sich in ganz anderen Gefilde rumgetrieben. Antriebsfeder dafür war jener Impuls. Nun bin ich im Begriff, dem Impuls vollends nachzugeben. Ich bin unterwegs zur Trainingshalle, wo Tyson seine Muckis stählt und an der Realisierung seines Traums vom Kickboxen werkelt.

Als ich Etienne vorab von meinem Vorhaben erzählt habe, hat er gemeint, dass es lediglich die logische Konsequenz sei, dass ich den Kontakt zu Tyson auffrische. Na ja, er hat sich etwas anders ausgedrückt. Genau genommen hat er sich sehr viel anders ausgedrückt. ›Yannick ist Geschichte. Tyson will dich. Krieche zu Kreuze und gib ihm, worauf er geil ist!‹, waren Etiennes exakten Worte.

Ich habe lange nichts mehr von Tyson gehört. Was ist, wenn er nicht gut auf mich zu sprechen ist und mir die kalte Schulter zeigt? Ein Korb ist das Letzte, was ich zurzeit brauche. Für mein Selbstbewusstsein wäre das reines Gift! Es war schon heftig genug, dass Yannick mich ausgerechnet mit Simon betrügt. Er kann eine Rose haben und entscheidet sich für einen Kaktus! Wieso denke ich wieder an Yannick? Ich habe fast die Sporthalle erreicht und sollte mich nicht mit dem aufhalten, was war. Wichtiger und interessanter ist die Vorstellung, was alles sein könnte und sein wird. Um den Weg dafür zu ebnen, gibt es nur eine einzige Option: Goodbye Yannick, hello Tyson … oder wer auch immer der neue Mister Right ist!

Beim Betreten der Sporthalle muss ich an den Kuss im Aufzug denken. Das war wie ein Zauber, ein prickelndes Abrakadabra. Überrascht bestimmt niemanden, wenn ich gestehe, dass ich mir einen zweiten Kuss wünsche. Oder ist jetzt zufälligerweise jemand überrascht? Sag ich doch! Ich weiß nicht mal, ob Tyson da ist. Vielleicht trainiert er heute Abend gar nicht. Ich bin auf gut Glück gekommen. Sehnsucht brennt in meinem Herzen. Ich weiß nicht, wie weit meine Sehnsucht geht und wozu ich bereit bin. Das gilt es herauszufinden!

Ich blicke mich um, suche Tyson. An den Mucki-Geräten schwitzen nicht besonders viele Muskelfreaks.

»Willst du dich anmelden?«, fragt mich plötzlich jemand von hinten.

Ich drehe mich um und stehe vor einem Muskelpaket, das mindestens drei Kerle verschluckt haben muss, um dieses Ausmaß annehmen zu können. Das ist kein Mensch, das ist ein Wolkenkratzer! »Nein. Ich suche Tyson.«

Der Wolkenkratzer nimmt mich in Augenschein, als würde er mich millimetergenau abmessen und in seinem Kopf einen persönlichen Plan für mein Workout erstellen. »Tyson ist im Raum nebenan.« Mit der Hand weist er mir die Richtung.

»Danke.« Garantiert denkt die überdimensionale Muskelmasse, dass ich ruhig auch mal pumpen könnte. Ich habe Muskeln! Sogar am Bauch! Allerdings kleine und feste, schließlich bin ich mehr der drahtige Typ! Zuhause mache ich regelmäßig Workout. Wieso rechtfertige ich mich? Ich sollte froh sein, dass er mich nicht gefressen hat!

Ich bin nicht umsonst gekommen. Tyson ist tatsächlich beim Training. Dass ich mich so stylisch rausgeputzt habe, war demnach keine Zeitverschwendung. Tyson soll gefallen, was er sieht! Ich schlendere zum Raum nebenan und nutze natürlich die Chance, gestählte Bodys anzuschauen. Etienne würde auf der Stelle einen Samenstau erleiden. Hätte ich ein Foto-Handy, würde ich heimlich Aufnahmen machen und sie ihm schicken. Doch um Etienne muss ich mich nicht sorgen. Mittlerweile hat er Quasimodo längst in den Glockenturm geschickt und ist mit seinem Superstecher eifrig beim Matratzensport.

Ich habe den anliegenden Raum fast erreicht. Anspannung breitet sich in mir aus. Was wird mich erwarten? Ablehnung? Freude? Eine gewisse Erwartungshaltung kann ich nicht leugnen. Das lässt tief blicken, oder? Lässt sich nicht abstreiten, dass ich nicht hergekommen bin, um einen Kumpel einfach so wiederzusehen und zu checken, was bei ihm abgeht. Offensichtlich erhoffe ich mir mehr von meinem Aufzugknutscher und bin mir dessen nicht wirklich bewusst. Oder vielleicht doch? Schnell noch mal tief durchatmen, und dann endlich dem Unvermeidlichen begegnen!

Tyson ist allein. Er trainiert mit einem Punchingball. Seine Rechte ist schnell und gnadenlos. Er trägt eine kurze Hose, sein muskulöser Oberkörper ist nackt. Die Proportionen stimmen, sind nicht übertrieben, sondern harmonisch und optimal. Der perfekte Körper! Auf seiner Haut liegt ein Schweißfilm. Tyson ist dermaßen konzentriert, dass er mich nicht kommen sieht. Ich halte ihn im Fokus meiner Augen. Das Spiel seiner Muskeln und Sehnen ist verführerisch. Ob es Tyson etwas ausmacht, wenn ich ihn berühre und meinen Atmen wie eine heiße Brise über seine Haut streichen lasse? Die Vorstellung gefällt mir. Etienne scheint Recht zu haben mit der Behauptung, dass alles sexuell sein kann, vorausgesetzt, es ist der richtige Mann. Ich fürchte, ich tagträume. Meine Fantasie mischt sich mit der Realität und meiner Sehnsucht.

»Hi.« Für den Anfang muss das reichen. Ich muss erst herausfinden, ob Tyson überhaupt noch mit mir redet. Ja, ja, ich weiß, in dieser Minute schlägt nicht unbedingt das Herz eines Löwen in meiner Brust. Aber wie schon gesagt, ein Korb ist das Letzte, was ich zurzeit gebrauchen kann.

Ohne vom Punchingball zu lassen, guckt Tyson zu mir rüber. Es vergehen einige Sekunden. »Hi«, erwidert er schließlich kühl.

Was für eine Begeisterung! Ja, mach's mir ruhig schwer, das habe ich verdient. Vielleicht sollte ich Etiennes Rat befolgen und den Teil vorziehen, bei dem es darum geht zu Kreuze zu kriechen. Während ich dann so munter vor mich krieche, könnte ich Tyson den dezenten Hinweis geben, dass er alles von mir haben kann, worauf er scharf ist. Das lüsterne Stöhnen beim Kriechen nicht vergessen!, würde mir Etienne jetzt ins Gedächtnis rufen. Lustvolles Stöhnen signalisiert Bereitschaft und Willigkeit. Super! Vor Unsicherheit kann ich kaum atmen, wie soll ich da stöhnen? Flittchen müsste man sein!

»Ich war nicht sicher, ob du heute trainierst.« Was rede ich bloß? Nach der Funkstille hätte ich mir einen genialeren Gesprächseinstieg einfallen lassen sollen. Vermutlich wäre es nicht schlecht zu lächeln. Worauf warte ich? Ich lächle Tyson an. Mir gefällt das einrasierte Muster in seiner rechten Augenbraue. Sieht scharf aus, und steht ihm total gut.

»Ich trainiere jeden Tag.« Tyson prügelt auf dem Punchingball ein. Seine Schläge werden härter und aggressiver.

»Wie war Amsterdam? Waren die Fights geil?«

»Ja.«

»Hast du Remy Bonjasky getroffen?« Keine gute Frage, fürchte ich. Aber Tyson macht es mir auch nicht besonders einfach.

»Nein. Remy ist der Champ, schon vergessen?«

»Ich weiß, der Champ nimmt an so popeligen Fights nicht teil.«

»Genau!« Tyson hat genug von den Punches und kickt aus dem Stand los, trifft mit der Fußspitze den Punchingball.

Warum habe ich meinem Impuls nur nachgegeben? Wenn ich das das nächste Mal machen will, muss mich jemand stoppen, okay! Ich muss eine Schraube locker haben, dass ich hier vor Tyson stehe und um seine Aufmerksamkeit winsele. Ich erniedrige mich selbst. Seit wann bin ich Masochist? Tyson hat kein Interesse mehr, und ich kann es ihm nicht verdenken. Alles hat im Leben seine Zeit. Momente, die vergangen sind, lassen sich nicht zurückholen – genau wie Gefühle.

»Ciao!« Ich drehe mich um, will gehen.

»Warte!« Tyson kommt zu mir, packt meinen Arm und hält mich fest. »Wohin willst du?«

»Weiß nicht.«

Mit der Hand wischt sich Tyson den Schweiß von der Stirn, sieht mich an und verzieht keine Miene. »Du bist doch nicht gekommen, um dich nach Remy zu erkundigen.«

»Ich … ich wollte dich wiedersehen. Weiß auch nicht.«

»Was weißt du nicht?«

Ich zucke die Achseln. Ich fühle mich mit dem Rücken an der Wand. Wieso bohrt Tyson nach? Was soll das? Wozu diese Fragerei? Will er, dass ich einen Seelen-Strip veranstalte? Ich will hier weg. Das halte ich nicht aus! Ich will mich nicht vorführen lassen. Wozu dieses Quälen? Das ist nicht gut! In mir steigt eine alte, sehr vertraute Empfindung auf. Ich fühle mich wie eine einzige Welle auf einem trügerisch friedlichen Meer, die die Weite nach einer anderen Welle absucht, um der Einsamkeit zu entfliehen. Zweisamkeit – darin liegt mein persönliches Glück. Womöglich sollte ich eine Leuchtrakete in den Himmel abschießen, um auf mich aufmerksam zu machen. ICH BIN HIER! WO BIST DU?

Plötzlich ändert sich Tysons Blick. In seinen Augen ist etwas Undefinierbares. Ich versteinere.

»Hey«, flüstert Tyson. Er nimmt meine Hand, hält mich.

Ich schaue Tyson an, spiegle mich in seinen Augen. Seltsam. Ich fürchte mich vor dem nächsten Moment, der nicht mehr weit entfernt ist. Ich will nicht unsicher sein. Auch wenn es keiner so recht glauben will, aber ich bin schüchtern – immer dann, wenn es um Männer geht. Der Anfang fällt mir schwer, bis ich weiß, dass ich begehrt werde. Das liegt daran, weil ich manchmal Zweifel habe, was mich betrifft. Etienne und Holly sagen mir, dass ich hübsch aussehe, und ich frage sie nicht mal danach. Yannick hat das immer zu mir gesagt! Mein Selbstbewusstsein ist oftmals nicht das beste. Verdammt! Ich will ich sein! Ich will frei sein – in mir und mit mir.

Tyson kommt näher zu mir. Seine vollen Lippen sind mir vertraut und nun so befremdlich wie die Verlockung eines Unbekannten. Ich glaube, ich verliere den Boden unter den Füßen. Tyson küsst mich. Ich schließe die Augen, nehme ihn in den Arm und erwidere den Kuss. Meine Anspannung ist vorbei. Alles fällt von mir ab. Es gibt nur noch Nähe und Vertrautheit. Ich drücke Tyson fest an mich. Halte ich ihn, oder klammere ich mich an ihn? Vermutlich beides.

»Bist du deswegen gekommen?«, fragt Tyson nach dem Kuss. Er misstraut mir. Möglicherweise will er mich provozieren und mir meine wahren Beweggründe entlocken. »Ich hab noch sehr viel mehr für dich!«

»Beweis es mir!« Hab ich das wirklich gesagt? Erstaunlich. Scheint so, als würde Tyson etwas in mir erwecken, das bisher nicht an die Oberfläche gekommen ist. Mit ein bisschen Glück zeigt er mir einen Aspekt meiner Persönlichkeit, der mir bislang verborgen gewesen ist. Gut möglich auch, dass es sich bloß um Selbstentfaltung oder Entwicklung handelt. Was es auch sein mag, es gefällt mir!

»Du willst Beweise?«, grinst Tyson.

Ich streichle über das Muster in seiner Augenbraue, ergreife die Initiative und knutsch ihn ab. Das ist die allerbeste Antwort auf seine Frage. Hätte nicht gedacht, dass mir solche Spielchen so leicht von der Hand gehen. Ich muss gestehen, dass Etienne in mancherlei Hinsicht gar nicht falsch liegt. Unbeschwert zu sein bedeutet noch lange nicht, lediglich an der Oberfläche zu kratzen. Aber wozu stets tiefgründig sein? Himmel! Tyson scheint mich regelrecht zu beflügeln. In dieser Sekunde macht sich ein weiterer Impuls in mir bemerkbar. Ich bin jung! Ich will lieben und leben! Ich will mich gehen lassen! Ich will nicht länger vernünftig sein. Ich wünsche mir einen Stern, der in meine Arme fällt. Vielleicht ist es gar kein schlechtes Zeichen, dass ich Tyson in den Armen halte.

»Lass uns hier verschwinden.« Tyson ist fest entschlossen, mir die gewünschten Beweise zu erbringen. »Ich zieh mich um, und wir machen die Düse. Bin total verschwitzt. Zuhause muss ich erst mal duschen, damit du mir nicht wegläufst.«

»Das können wir gemeinsam machen.«

Tyson lächelt. »Du gefällst mir! Ich zieh mich schnell um.«

»Okay. Ich warte hier.«

Tyson sprintet zum Spind, wo er seine Klamotten deponiert hat. Offensichtlich hat er es eilig und will so schnell wie möglich wieder bei mir sein. Cool! Ausgerechnet jetzt geistert Yannick durch meine Gedankenwelt. Yannick, wir hatten eine geile Zeit, aber es ist vorbei. Geh! Ich werde heute Abend mit Tyson zusammen sein, ohne dass ich an dich denken werde. Du kannst mir kein schlechtes

Gewissen mehr machen. Und irgendwann wird es auch nicht mehr wehtun, wenn ich dich sehe!

Kurzmitteilung verfassen
Rate mal! Kommst du eh nie drauf.
Knusperzeit mit Tyson!!! Hoffentlich
wird es schön werden.
Senden

1 Kurzmitteilung Etienne
Geilo! Macht ihr es im Fahrstuhl?
Hihihi. Bin total zugedröhnt und gamsig.
Chill ein bisschen, danach wird weiter
genagelt. Der Typ hat es drauf und voll
die Mördergurke. Prollig, aber geil!

Das Appartement von Tyson ist ein größerer Schuhkarton. Prunk-stück ist sein selbstgebautes Bett auf einer künstlichen Bodenerhö-hung, ein richtiger Tempel mit vier Säulen. Davor steht ein Groß-bild-Fernseher samt DVD-Player und Playstation. Ansonsten ist alles spartanisch eingerichtet. Die Kochecke ist blitzblank geputzt. Überhaupt ist alles sehr ordentlich. In einer Zimmerecke hängt ein Boxsack an der Decke. Tyson stellt die Discokugel an, die von der Zimmerdecke hängt. Aus den Lautsprechern ertönt gefühlvolle Musik, Französisch. Tyson steckt voller Überraschungen. Aus dem Fenster kann man auf die Stadt sehen. Tyson wohnt im 9. Stock.

»Hast du Durst?«, fragt er.

Ich schüttle den Kopf. Tyson geht an den Kühlschrank, nimmt sich eine Flasche Bier. Er öffnet sie, trinkt einen Schluck und schielt zu mir rüber. Ich stehe im Halbschatten am Fenster, starre auf Tyson. Bin ich wirklich hier? Ist das alles wahr? Etwas in mir ist anders. Ich weiß nicht, was. Fakt ist, dass ich nicht der bin, der damals bei Yannick war. Kann es wirklich sein, dass ich ein Anderer bin? Bilde ich mir das ein? Ist es möglicherweise Wunschdenken? Tyson stellt die Flasche weg und kommt auf mich zu. Mein Herz schlägt weniger aufgeregt, als ich es erwartet habe. Tyson legt die Arme um mich. Wir küssen uns.

»Ich muss noch duschen«, sagt Tyson.

»Nein!«

Tyson sieht mir in die Augen. »Nein? Törn ich dich so an?«

»Ich will nicht, dass du jetzt irgendwohin verschwindest, nicht mal in die Dusche.«

»Dann komm mit, wolltest du doch sowieso.«

Ich halte Tyson. »Mach den Moment nicht kaputt. Bitte!«

Tyson streichelt mich. Ich fühle seine Erregung. Ich will, dass er mich noch einmal küsst. Am besten hört er gar nicht mehr auf damit! Tyson durchschaut mich. Meine Signale müssen unmissverständlich sein. Wir knutschen, nass und mit Zunge. Tyson drückt seinen Körper gegen meinen. Soll er ruhig! Ich werde nicht weichen.

»In der Sporthalle waren wir nicht allein, trotzdem hast du mich geküsst. Und wenn uns jemand beobachtet hat? Die werden dich durch die Mangel drehen.«

»Sollen sie's versuchen! Ich tausch Zärtlichkeiten aus, wann und wo und mit wem ich will!« Tyson gibt sich auch in Privatangelegenheiten kämpferisch. »Und jetzt runter mit den Klamotten. Ich will dich endlich haben!«

Ich vergesse die Welt um mich herum. Von mir aus kann sie auseinander brechen. Tyson ist stürmisch. Seine Hände scheinen überall gleichzeitig zu sein, genau wie seine Lippen. Er weiß, was er will. Das gefällt mir. Ich überlass es ihm, was zwischen uns geschieht. Ich will keine Kontrolle, keine Übersicht und nichts von dem, was mich daran erinnert, wer ich bin. Alles geschieht fließend. Die Erregung treibt uns zum Bett. Mittlerweile sind wir nackt. Die Proportionen von Tyson stimmen einfach überall! Er drückt mich aufs Bett. Er liegt über mir, bäumt sich auf, grinst mich an und hat einen geilen Blick drauf. Diesmal wird es anders sein, das fühle ich schon jetzt.

»Zuerst werde ich dich lieben«, sagt Tyson zärtlich im gedämpften Tonfall und sorgt in all der sexuellen Erregtheit für Romantik.

»Und dann?«

»Dann werd ich zum Tier!«

»Grrrrr!«, knurre ich.

»Ja, genau. Grrrrr!«

Sinnlichkeit umgibt Tyson und mich. Zwischen uns wächst eine Nähe, die voller Lust und Verlangen ist. Wir lassen uns fallen, übereinander, ineinander. Tyson nimmt mich, schüttelt mich durch, legt sich mich zurecht. Er ist wie ein sinnliches Feuer, das mich berührt, in Flammen setzt, aber nicht verbrennt. Tyson ist voller Stärke, die er wohl zu dosieren weiß. Zärtlich steigert er die Dosis. Ich keuche, weiß nicht, wo er überall ist. Auf mir. Unter mir. In mir. Umgeben von mir. Wir schweben in der Horizontalen. Das ist ein Flug zu den Sternen! Seine Hände fassen meinen Leib, das Fleisch. Tyson hält mich fest, lässt mich nicht entkommen. Ich sage Dinge, die ich niemanden zuvor gesagt habe. Alles wegen Tyson. Er kitzelt es aus mir raus. Das ist so heftig! Jede Bewegung scheint den Planeten ein kleines bisschen mehr aus der Umlaufbahn zu kippen. Was für ein geiler Schwindel! Eine Flut aus Berauschtheit und Ekstase trägt uns davon. Ich fühle meinen Körper anders als zuvor. Tyson hat etwas in mir erweckt. So geilen Sex hatte ich noch nie!

Ich wünsche mir, dass die Berauschtheit kein zu schnelles Ende findet und die lustvolle Erschöpfung unsere Vereinigung heimsucht. Vor Ekstase will ich keinen klaren Gedanken fassen können. Ich will den Taumel der Erregung, wenn das Blut pulsiert und all die Ströme der Begierde aus dem tiefsten Inneren an die Oberfläche kommen, einem Vulkan gleich, der heiße Lava in die Höhe spuckt. Tyson bringt mich zum Erbeben. Ich bin ihm ausgeliefert, fühle mich auf angenehme Weise in ihm verloren. In mir ist ein weiter Himmel, ein unbekannter Horizont, ein fernes Land, das ich hier und jetzt entdecke. Ich versinke in dem mir Unbekannten, fühle mich nicht von dieser Welt. Mein Körper soll nie wieder schlafen. Ich will spüren, was ich in diesem Moment spüre. Für immer.

♥ ♥ ♥

Die vergangenen zwei Stunden haben für mich eine Veränderung gebracht. Die Veränderung ist nicht sichtbar, weil sie sich in mir vollzogen hat. Ist es wirklich möglich, dass ein Mann dich ein Stückchen näher zu dir selbst bringt, indem er dich dazu verleitet, Freiheit zu leben und nicht daran zu denken, was irgendjemand denken könnte? Ja, ich glaube, das ist möglich. Nein, ich weiß gewiss, das es möglich ist. Tyson ist unbeschreiblich gewesen. Seine unverklemmte Art hat es mir angenehm leicht gemacht, ich selbst zu sein. Das mit ihm war sexuelle Anarchie. Uneingeschränkte Freiheit des Individuums im Schlafzimmer. Ich hatte keinerlei Hemmungen bei Tyson. Er war so was wie der Wind unter meinen Flügeln, der mich getragen und in unbekannte Höhen gebracht hat. Für Tyson ist alles natürlich, die festgelegte Ordnung aller Dinge existiert für ihn nicht. Ich glaube, ich würde rot werden, wenn ich Einzelheiten von Tyson und mir erzählte.

Bei Yannick habe ich immer einen Teil von mir unterdrückt, weil ich mich geschämt habe. Ich meine, Yannick ist ein sanfter Liebhaber. Yannick liebt mit dem Herzen, nicht mit dem Schwanz. Bei Tyson bin ich in gewisser Weise das Spiegelbild von Etienne gewesen. Verliebt? Nein, verliebt bin ich nicht, glaube ich. Aber ich fühle mich zu Tyson hingezogen. Das ist alles verwirrend und aufregend zugleich. Muss wohl so sein, wenn man Erfahrungen sammelt.

»Ich muss gehen.« Sanft schubse ich Tyson an, der dösend neben mir liegt.

»Bleib über Nacht«, schlägt er murmelnd vor.

»Geht nicht.«

»Wieso nicht?«

»Meine Eltern!«

»Schade.«

»Ja.«

Tyson greift zur Fernbedienung, stellt den Fernseher an. MTV.

»War bestimmt sauteuer.«

»Ja, aber ich hatte Glück. Ich konnte den Preis drücken, war das Ausstellungsstück und der Händler wollte die geile Glotze loswerden. Ich denke, ich hab meine Steuerrückzahlung samt Notgroschen gut investiert, findest du nicht?«

»Absolut!« Steuernachzahlung? Ich weiß nicht mal, womit Tyson Geld verdient. Ich bin neugierig. Was für einen Job könnte jemand wie er haben? Bevor ich lange rate, frage ich ihn einfach. »Was machst du eigentlich beruflich?«

»Personal Fitnesstrainer.«

»Klingt interessant.«

»Kommt drauf an. Zumindest habe ich mein Hobby zum Beruf gemacht. Profi-Kickboxer, das wär's! Vielleicht schaff ich es ja.«

Wenn Tyson mit derselben Ausdauer, die er beim Sex am Tag legt, seine Ziele angeht, sehe ich kein Problem! »Ich glaub an dich!«, sage ich, ohne dass es als Floskel gemeint ist.

»Ach ja?« Tyson grinst.

»Ja. Du hast es drauf. Ich hab dich beim Training gesehen. Und … ich hab dich eben erlebt. Du bist top!«

»Willst du wirklich nicht bleiben?«

»Ich kann nicht, ehrlich, Mann.«

Zum Glück stresst Tyson nicht. Ebenso bin ich froh, dass er nicht die vergangenen Stunden mit mir analysieren will. Unsere Körpersprache hatte ohnehin alles gesagt. Wir beide setzen ganz bewusst einen Punkt. Ich ziehe mich an. Tyson zappt durch die Programme, springt schließlich zwischen MTV und DSF hin und her. Fertig angezogen gehe ich zum Bett rüber, küsse Tyson und will aufbrechen.

»Rufst du mich an?«, fragt Tyson und hält meine Hand.

»Ja.«

»Ich penn immer erst spät. Kannst also ruhig nach Mitternacht anrufen, das ist okay. Okay?«

»In Ordnung, geile Sexmaschine.« Ich zwinkere Tyson lächelnd zu und verlasse ihn. Heute Nacht wird er mir ganz sicher nicht aus den Kopf gehen. Das war ein schöner Tag. Tyson und ich haben Gutes getan.

Ich bin unterwegs nach Hause. Von der U-Bahnstation muss ich noch etwa zehn Minuten laufen. Eilig habe ich es nicht, deswegen schlendere ich vor mich hin. Tyson begleitet mich in meinen Gedanken. Ich kann nicht länger warten. Ich muss mit jemandem reden, bevor ich platze. Ich nehme mein Handy. Etiennes Nummer ist abgespeichert. Die Verbindung baut sich rasch auf. Freizeichen. Hoffentlich geht Etienne ran. Vielleicht ist er gar nicht mehr ansprechbar, Hasch mich!, oder noch immer mit seinem Stecher zugange. Etienne behauptet von sich, er sei ein natürliches Viagra. Adrian muss dagegen immun sein. Geh ran! Ich will mit dir sprechen. Bestimmt springt gleich die blöde Mailbox an. Etienne! Du musst Batterien im Hintern haben. Noch so ein nerviges Freizeichen! Entweder springt jetzt gleich die Mailbox an oder es kommt die Ansage: Der gewünschte Teilnehmer ist zurzeit nicht erreichbar, versuchen Sie es später noch einmal. Ah! Endlich.

Etienne: Boah, bin ich alle! Ich hoffe, es ist wichtig!

Ich: Wenn du so aussiehst, wie du klingst – *Hola hombre!*

Etienne: Bekifft seh ich geil aus! Ich seh immer geil aus, weißt du doch! Ey, mein Arsch brennt wie Feuer. Ron hat 'ne hammerharte Stellung drauf. War wie Karussell fahren mit 1000 Umdrehungen in der Minute. Bin voll auf dem Fresstrip. Ich mampf Chips mit Nutella. Schmeckt orgasmisch! Ich hab krasses Zeug geharzt, irre. Ich krieg 'nen Laberflash!

Ich: Stop mal. Ich muss dir was erzählen!

Etienne: Ich warn dich! Ich bin high. Von deiner besessenen Fixierung auf Mister Right und einer Beziehung will ich nix wissen.

Ich: Du Arsch! Es geht um Tyson.

Etienne *(schreit euphorisch auf)*: Hab ich glatt vergessen! Du warst ja bei deinem Aufzugknutscher. Und? Habt ihr es miteinander getrieben?

Ich: Ja!

Etienne: Ist er gut? Hat er einen großen Schwanz? Wie oft habt ihr abgespritzt? Zweimal? Dreimal? Oder ist er eine Niete im Bett?

Ich: Krieg dich wieder ein! Du bist kurz vorm Hyperventilieren. Wenn du nicht aufpasst, schwebst du mit fickriger Fratze einen Meter überm Bett, und dein Stecher muss einen Exorzisten rufen.

Etienne: Los, sag's mir!

Ich: Es war … animalisch! So was hab ich noch nie erlebt. Ich glaub, ich hab zum ersten Mal richtigen Sex gehabt.

Etienne *(lacht dreckig)*: Der Aufzugknutscher hat dich genagelt, bis die Funken flogen! Ha! Jetzt bist du versaut. Willkommen im Club, Baby!

Ich: Ich fühl mich irgendwie anders.

Etienne: Mach bloß nicht auf verliebt, das haut nicht hin.

Ich: Was meinst du?

Etienne: Der Aufzugknutscher ist ein Prachthengst fürs Bett. Mit so einem gibt's keine Liebesbeziehung, niemals! Das ist rein körperlich. Die pure Geilheit.

Ich: Nee, das war nicht bloß körperlich.

Etienne *(entsetzt)*: Bist du verschossen? Du musst nicht verknallt sein, wenn du Sex haben willst. Stell das ab! Kapier das endlich.

Ich: Weiß nicht, ob ich verliebt bin. Irgendwie Ja und Nein.

Etienne: Ein Jein! Hey, wach werden. Wenn du so weiter-machst, meinst du irgendwann auch, du musst jeden Macker heiraten, bevor du ihn ranlässt. Hast du 'ne Macke?

Ich: Quatsch!

Etienne: Ich muss Schluss machen. Rod kann wieder! Ich meld mich morgen.

Ich: Wieso nicht nachher, bevor du knacken gehst?

Etienne: Ich übernachte bei Rod.

Ich: Dann sehen wir uns in der Penne?

Etienne: Du muss Wahnvorstellungen haben! Ich mach morgen blau!

Ich: Bis später. Ciao!

Etienne: Bye!

Mit einem Lächeln stecke ich das Handy in die Jackentasche. Ich bin froh, einen Freund wie Etienne zu haben. Etienne ist wie die Happy Hour. Ob wir auch noch in zwanzig Jahren dicke Freunde sein werden? Ich wünsche es mir.

Ich biege in die Straße ein, in der ich wohne, bin fast zuhause. Was ist denn das? Am Gartentor steht jemand, wartet. Es ist zu dunkel und ich bin noch zu weit weg, um zu erkennen, wer es ist. Mit jedem weiteren Schritt überkommt mich eine Ahnung, die mich nicht sonderlich erfreut. Ich drossle mein Tempo. Oh nein! Das hat mir gefehlt. Ich erkenne Rasta-Zöpfe und ein Gesicht, das mir sehr vertraut ist. Am liebsten würde ich mich umdrehen und weglaufen. Dafür ist es zu spät. Yannick hat mich ebenfalls gesehen. Dem Unausweichlichen kann ich nicht entkommen. Da muss ich nun durch! Mein Herz krampft sich zusammen. Mein Puls rast, setzt aus, rast noch schneller. Hab ich überhaupt noch einen Puls? Ein schöner Tag kann unschön enden, daran habe ich nicht gedacht, als ich von Tyson los bin.

Ich stehe vor Yannick. Sein Gesicht sieht verfroren, müde und gestresst aus. Er hat Augenringe. Er lächelt mich an. In seinem Blick ist etwas Gequältes. Es tut weh, Yannick so zu sehen. Ich kämpfe mit mir, nicht zu heulen. Vor dieser Begegnung hatte ich verdammt Schiss.

»Ich hab gedacht, du würdest nie nach Hause kommen«, sagt Yannick.

»Wie lange stehst du schon hier?«

»Zwei Stunden. Ich hab mit deiner Mutter gesprochen. Ich hab ihr meinen Namen gesagt, und sie hat mich seltsam angeguckt. Ich glaub, sie mag mich nicht.«

Wüsste Yannick, was ich meiner Mom über ihn erzählt habe, wäre er nicht verwundert. Aber das behalt ich besser für mich. Sollte meine Mom hinter der Gardine stehen und uns beobachten, ist es gut möglich, dass sie sich mit dem Nudelholz bewaffnet rausgeschossen kommt, um mich zu retten. Nein, das würde sie nicht machen. Ein Nudelholz ist nicht ihr Stil – sie würde zum Wok greifen!

»Wo ist dein Auto?«

»Hab in einer Seitenstraße geparkt. Hätte ich vor eurem Haus geparkt, hättest du, wie ich dich kenne, einen Schleichweg gesucht. Sag mal, weshalb bist du mir aus dem Weg gegangen? Nicht mal am Telefon wolltest du mit mir reden. Warum? Ich verstehe nicht, was passiert ist.« Yannick beginnt zu weinen, nimmt meine Hand. »Wieso hast du Schluss gemacht? Und dann auch noch mit einer SMS.

Warum bist du so gemein zu mir? Du hast mein Herz gebrochen. Immo, ich liebe dich!« Yannick weint immer mehr und schluchzt.

Sollte meine Mom die Szene beobachten, dann muss ich mir die verlogenste Erklärung einfallen lassen. Schlimmer noch. Was ist, wenn mein Vater hinterm Fenster steht? Jeder weinende Mann ist für den eine Memme, die zu lange die Brust bekommen hat. Halt. Stop. Yannick ist am Boden, und ich denke an einem möglichen familiären Crash.

»Lass uns zum Mazda gehen, um weiterzureden. Okay?«

Yannick nickt. Wir gehen zum Auto. Yannick weint jeden verdammten Meter. Ich bin ein Idiot! Weshalb geht mir das so nah? Er hat mich mit der Versace-Schlampe betrogen! Soll er doch heulen, das ist das Mindeste! Das hat er verdient! Fühlt er eben den Schmerz, der mich viel zu lange fertig gemacht hat. Herzen sind zerbrechlich, das hat Yannick davon.

Wir sitzen im Mazda. Yannick nimmt ein Tempo, wischt sich die Tränen fort.

»Wieso bist du gekommen?«, frage ich und versuche angestrengt sachlich zu bleiben. Ich muss mich kontrollieren. Ob ich nach Tyson rieche? Vielleicht haben seine Küsse Spuren auf meiner Haut hinterlassen. Kuss-Tattoos, gestochen mit vollen Lippen! Unauffällig atme ich tief ein. Tyson liegt auf meiner Haut. Ich bin voll von Tyson. Das muss Yannick doch riechen. Seine Nase läuft. Vielleicht kann er es deswegen nicht riechen. Mein Glück. Vielleicht auch mein Pech. Ich bin mir nicht sicher.

»Du schuldest mir eine Erklärung«, seufzt Yannick. »Das habe ich verdient. Du kannst doch nicht einfach verschwinden, ohne ein Wort zu sagen. Wie konntest du mir das antun? Ich schlaf nicht mehr. Ich denk dauernd an dich. Meinen Laden habe ich ohne dich eröffnen müssen. Du bist nicht da gewesen. Du bist abgehauen, hast mich sitzen lassen. Wieso denn?« Yannick sieht mich fragend an und hat eine Unschuldsmiene wie ein Heiliger.

»Was hast du erwartet?«

»Ich hab geglaubt, du würdest mich lieben.«

»Das habe ich auch von dir gedacht.«

»Ich verstehe dich nicht, Immo.«

Mir reicht's! Zum Teufel mit der Selbstkontrolle und scheiß aufs Sachlichsein. »Aber ich soll dich verstehen, wie? Wieso hast du mit Simon gepoppt? Du hast mich angelogen! Damals bin ich zu dir gekommen, weil ich dich nicht verlieren wollte. Du hast mir Bullshit erzählt. Bullshit! Alles nur Lügen!«

»Stimmt nicht!«

»Lügner!« Ich kann nicht länger. Tränen schießen mir in die Augen. Ich heule. Ich bin traurig. Ich bin wütend. Ich möchte um mich schlagen. Alles bricht aus mir heraus. »Wie konntest du mich vergessen? Ich lieb dich, hast du mir gesagt. Ich lieb dich. Scheiße! Du elender Betrüger! Du hast die verfickte, in Geld schwimmende Versace-Arschkuh gefickt! Den verdammten Schwanz hast du ihr hingehalten! Unsere Liebe hast du verraten und verkauft, weil du deinen Laden wolltest. Herzlichen Glückwunsch! Du hast, was du wolltest. Bist du jetzt glücklich?«

»Immo, hör mir zu. Ich hab mit Simon nicht gefickt.«

»Sag den verdreckten Namen nicht in meiner Gegenwart. Ich kotze dir gegen die Scheibe!«

»Immo, bitte.« Yannick nimmt meine Hände in seine. »Hör mir zu. Zwischen ihm und mir läuft absolut nichts, ehrlich. Ich schwöre es dir!«

»Und wieso hat die Trutsche ihr Duftwässerchen samt Zahnbürste in den Spiegelschrank im Badezimmer gestellt? Erklär mir das!« Ich ziehe meine Hände weg. Ich will nicht, dass Yannick mich berührt. Das ertrage ich nicht.

»Das Aftershave hat er mir geschenkt. Die Zahnbürste war für dich. Ich wollte, dass deine Sachen immer bei mir sind und du nicht ständig alles mitschleppen musst, wenn du bei mir übernachtest.

Hast du nicht das Haargel gesehen? Ich hab dein Lieblingshaargel für dich gekauft, steht auch im Schrank.« Yannick heult wie ein Schlosshund.

Oh Gott! Was habe ich nur angestellt? Ich Vollidiot! Ich habe alles kaputt gemacht! Unterwegs zur Sporthalle, wo Tyson trainiert, habe ich noch die Sonne meines Lebens hochleben lassen. Wer hätte es für möglich gehalten, dass ich einige Stunden später eine innere Sonnenfinsternis ertragen muss.

»Du sagst die Wahrheit, oder?« Wieso frage ich überhaupt? Ich weiß es doch längst.

»Ich schwöre es bei allem, was mir heilig ist, Immo.«

Ich sterbe! Ganz sicher wird es in der nächsten Sekunde einen lauten Knall geben, Schwefelfahnen werden aufsteigen und die Hölle tut sich auf. Ich werde zusammensacken wie eine Gummipuppe, der die Luft rausgelassen wird. Zisch! Mir ist richtig schlecht. Ich lehne mich zurück, weine und bin fassungslos. Yannick nimmt erneut meine Hände. Wüsste er, wen ich damit berührt habe und was ich damit gemacht habe, würde er mich von sich wegstoßen. Was habe ich Yannick nur angetan! Ich hab ihm das Herz gebrochen. Ich hab ihm Kummer bereitet. Ich hab unsere Beziehung gekillt, weil ich mich wie ein Idiot benommen habe. Als wäre das nicht genug, muss ich noch eins draufsetzen und Yannick ein zweites Mal das Herz brechen. Er muss die Wahrheit erfahren. Das schulde ich ihm!

»Nicht weinen«, tröstet Yannick mich. Er streichelt mein Gesicht. In seinen Augen wächst Hoffnung. »Alles wird wieder gut.«

Nein, das wird es nicht. Es wird nie wieder, wie es war. Mit meinem Geständnis werde ich Yannicks Hoffnung fortwehen wie ein Orkan die letzten Blätter von einem Baum an einem Herbsttag.

»Ich habe mit Tyson geschlafen.« Nun ist es raus. Ehrlich zu sein fühlt sich nicht immer gut an, ist aber notwendig. Warum tut

Wahrheit oft so weh? Was für eine Ironie! Ich bin der Schöpfer meiner Wahrheit, die mich hier und jetzt ans Kreuz schlägt.

Yannick ist wie vorn Kopf gestoßen. »Was?« Er sieht mich an. Sein Gesicht verfinstert sich. Er wendet sich ab, sieht auf die Straße. »Wann?«

Bitte nicht! Weshalb noch Nägel in Form von Fragen durch mein Fleisch schlagen? Ich blute doch schon! Unser Schicksal ist besiegelt. Ich atme tief durch, bleibe still.

»Wann?«, wiederholt Yannick.

»Vorhin.«

Yannick versteinert, wirkt wie ein Fossil. Das Schweigen ist schwer auszuhalten. Der Moment erdrückt mich, dennoch rühre ich mich nicht. Zweifellos sind das die letzten gemeinsamen Schritte unseres Weges. Obwohl wir im Auto sitzen, stehen wir an einem Kreuzweg. Abschied umgibt uns. Vielleicht ein Lebewohl. Vielleicht ein Auf-Wiedersehen.

Yannick lässt den Motor an. »Ich muss früh raus«, sagt er, ohne mich anzugucken.

Ich schätze, es ist alles gesagt. Der Orkan hat das letzte Blatt vom Baum geweht. Ich steige aus, schlage die Autotür zu, bleibe stehen. Yannick fährt los. Ich schaue zu, wie die Rücklichter im Dunkeln verschwinden.

Leb wohl, Yannick!

REQUIEM
... WER EIN HERZ HAT ZU LIEBEN, DER LIEBE!

Lieber Immo,

ich habe lange überlegt, ob ich diesen Brief schreiben soll. Bin mir nicht mal sicher, ob ich ihn abschicken werde. Früher habe ich einfach angerufen, wenn ich deine Stimme hören wollte. Weißt du noch, manchmal haben wir uns eben schnell mal die drei kleinen Worte zugeflüstert. Das alles ist vorbei. Zurzeit möchte ich auch nicht deine Stimme hören. Am liebsten würde ich dich vergessen, kann ich aber nicht.

Als wir im Mazda nebeneinander saßen und dir mir gesteckt hast, dass du mit Tyson zusammen gewesen bist, das war heftig für mich, tat verdammt weh. Ich habe dich so geliebt. Ich habe an uns geglaubt. Du und ich – wer sonst?! Du und ich gibt es nicht mehr. Irgendwie ist etwas in mir gestorben, klingt blöd, nicht wahr? Doch ich empfinde so. Ich hatte einen schönen Traum, einen Traum von dir und mir und einer Zukunft. Bin zu früh aufgewacht, und jetzt ist es vorbei. Manche Träume träumt man mehrere Male, aber das erste Mal ist am besten!

Immer wieder denke ich daran, dass Tyson dich hatte. Das macht mich wahnsinnig. Ich frage mich, was er mit dir angestellt hat und ob es für dich schön war. Sex. War es nur Sex? War es mehr? Was ist es gewesen? Die Tatsache, dass ich weiß, wie er aussieht, macht es für mich noch komplizierter. Damit komm ich nicht klar. Du bist für mich was Besonderes gewesen. Ich kann nicht sagen, was du nun für mich bist. Ich schnall das nicht. Ich starr dein Foto an und fühle, wie mein Körper kalt wird. Ist so, als hätte mir jemand eine Kugel verpasst, die mitten im Herzen stecken geblieben ist. Ist ein mieses Gefühl. Weißt du was? Eine zweite Kugel hat meine Seele zerrissen. Ich kann nicht mal sagen, wer abgedrückt hat. Ich? Du? Tyson? Hey, normalerweise heule ich nicht. Das spricht für dich! Du bist jede einzelne verdammte Träne wert. Ich hab dich so geliebt, Immo.

Weißt du noch, wie wir uns auf dem Casting kennen gelernt haben? Das war Liebe auf den ersten Blick! Du warst so niedlich, als du mich schüchtern angelächelt hast. Ich hätte dich fast darum gebeten, mich zu heiraten. Etienne hat alle an die Wand gespielt, und wir haben uns gefunden. Ich will dich nicht ganz verlieren, Immo. Ich bin mir nicht sicher, ob es zwischen uns möglich ist, aber lass uns versuchen Freunde zu bleiben. Was sagst du dazu? Dich nie wieder zu sehen, ist schlimmer als dich ganz zu verlieren. Allerdings brauche ich etwas Zeit. Das verstehst du hoffentlich.

Wir begraben unsere Beziehung und finden uns als Freunde. Das ist ganz bestimmt nicht, was ich mir gewünscht habe. Wie gesagt, möglicherweise funktioniert das nicht. Die Monate mit dir waren einfach geil!

Ich werde immer für dich da sein. In meinem Herzen ist eine Ecke, die nur dir gehört und das wird immer so bleiben.

Yannick

GENERATION @, PT. 2
E-MAIL FÜR DICH!

Von: Immo
An: Gothic Queen
Betreff: Optimistique-moi!

Hi Patty!
Über Yannick und mich habe ich dir ja schon alles berichtet.
Romeo ist tot. Es lebe Romeo! Klingt nach Zweckoptimismus,
wie? Chérie, optimistique-moi!!! Haha. Nee, so schlimm ist es
nicht. Ist nur alles irgendwie komisch. Weißt du, ich treff mich
regelmäßig mit Tyson. Null Ahnung, was ich für ihn fühle. Wir
treiben es wirklich wild. Ist das 'ne Affäre? Etienne meint, ich
würde mich mit Tyson trösten. Mann, kann Trost geil sein ;-))
Bin froh, dass Tyson für mich da ist. Allein würde ich es nicht
aushalten. Ich lerne 'ne Seite an mir kennen, die schön ist.
Aber irgendwie fehlt das Herz. Trotz der Gefühle scheint das
Herz nicht wirklich involviert zu sein. Ist das nur Sex? Sag mir,
dass das Seelenverwandtschaft ist. Bitte!!!
Hollys Versteigerung bei eBay war ein totaler Erfolg. Die Typen
haben ihr die Slips geradezu aus der Hand gerissen. Hätte ich
nie für möglich gehalten! Holly ist total aus dem Häuschen.
Rate mal! Sie hat ihren Termin für die Brust-OP. Seit Tagen

195

redet sie nur noch von ihrem Busen. Holly sagt, dass sie den Prachtstücken Namen geben wird und sie nie wieder hergibt. Die Hochzeit ist für Anfang April geplant, der erste Freitag. Weißes Brautkleid inklusive. Dimitri muss Smoking tragen, das will Holly so. Dimitri ist absolut cool. In den letzten Tagen habe ich ihn nicht oft gesehen. Er war beruflich viel unterwegs. Übrigens hat Holly ihr Bühnenprogramm erarbeitet. **ONE NIGHT IN HOLLYWOOD** sollte es heißen – in Ahnlehnung an den Porno von der Hilton Tussie. Du weißt schon, One Night in Paris. Zum Glück hat Holly den Titel geändert.

Was gibt es Neues in Paris? Könnte ich doch nur kommen. Paris ist die Stadt der Liebe. Vielleicht find ich da meinen Romeo. Bin mir nicht sicher, ob ich in den Ferien einen Kurztrip von meinem Dad genehmigt bekomme. Der Stress mit Yannick hat meine Noten gedrückt. Hab volle Kanne zwei wichtige Prüfungen verkackt. Mein Dad wird mich garantiert zum Pauken verdonnern. Kennst ihn ja! Am Ende muss ich noch seine Kfz-Werkstat übernehmen. ;-((Waaah! Lieber brenn ich mit einem vom Zirkus durch!

Und nun das absolut Geilste! Gestern haben wir Etienne in der Glotze in dieser Gerichtsshow (erinnere dich, hab dir davon erzählt, Stichwort Casting!) bewundern können. Etienne war megageil! Er war einfach er selbst. Du weißt schon, großes Maul, selbstverliebt und absolut kein Peinlichkeitsgefühl. Ich mach ne Kopie und schick dir die Kassette zu. Wir haben uns die Aufnahme 100-mal angesehen. Cool! Patty, warum haben die mich nicht auch genommen? Ich will unbedingt Schauspieler werden. Ich will!!!!

Du fehlst mir!

Salut!

Von: Gothic Queen
An: Immo
Betreff: Romeo ... verzweifelt gesucht!

Hallo Immo,
hab wenig Zeit und bin total genervt. Mein Leben als Nanny
bringt mich an die Nadel! Die zwei Terrorkrümel müssen direkt
aus der Hölle kommen! Ich will nie eigene Kinder haben!
Wäre ich du, dann würde ich sagen: Tyson ist mein Knecht!
Oh la la! So kenn ich dich ja gar nicht. Etienne ist bestimmt
entzückt (oder wittert er Konkurrenz?). Der könnte sich ruhig
öfter melden! Sag ihm das mal!
Henry (du weißt schon, der Fotograf) hat geile Fotos von mir
gemacht. Natürlich wollte er mich rumkriegen. Ohne mich! Ich
penn doch nicht mit so einem!
Ich hab eine tolle Freundin gefunden. Vicki macht Mode (sie
versucht es) und ist Body-Painterin. Hier in Paris lernt man
total viele interessante Menschen kennen. Denke oft an dich.
Wir hätten hier jede Menge Spaß!
Mit Michel läuft es nicht mehr ganz so gut. Der nervt mich.
Der macht alles, was ich will. Ist doch langweilig! Im Bett ist
er genauso abgeschlafft. Ich führ Regie und hab die absolute
Kontrolle. Ich wusste gar nicht, dass eine gnadenlose Sex-
Diktatorin in mir steckt! Aber das törnt mich ab! Sex ist der
gegenseitige Kampf um Unterwerfung und Macht! Ich will die
Schreie in der Seele hören, die Verzweiflung und Begierde se-
hen. Ich will die schonungslose Offenbarung! Sex ist viel mehr
als das Körperliche. Vermutlich bringt dir das zurzeit dieser
Tyson bei. Mail mir ein pic!
Letzten Samstag habe ich in einer Disco (voll abgefahrener
Zappelbunker!) Cedric kennen gelernt. Cedric ist der totale
Bauchnabelküsser! Ich bin anderthalb Köpfe größer als er.

Aber er ist sooooo süß! Le petit prince! Und knutschen kann er. Mmmmmhhhh!

Schnuckelchen, wir werden unsere Romeos ganz bestimmt finden. Meiner könnte Cedric heißen.

Will Holly sich allen Ernstes chirurgisch einen Vorbau wie eine synthetisch hergestellte Porno-Alte verpassen lassen? Die ist hoffentlich nicht so bescheuert! Die künstlichen Titten sehen scheiße aus! Besser klein und schön als zwei Melonen, die wie Ersatzteile aus dem Reifenlager aussehen. Aber die Kerle stehen ja bekanntlich auch darauf, Hauptsache, die haben was zum Fummeln!

Bin stolz auf dich! Lass dich nicht unterkriegen. Du wirst über Yannick hinwegkommen. Die Liebe findet den Weg zur dir. Du bist der romantischste Junge, den ich kenne.

Etienne im Fernsehen??? Unglaublich! Der schwebt jetzt garantiert in anderen Sphären. Nicht die Kassette vergessen! Du wirst auch noch entdeckt. Ich glaub ganz fest an dich!!!

Du fehlst mir auch!

Deine ...La Veuve Noire...

BITTERSÜSS

1 Kurzmitteilung Holly
Herzchen, deine gute Fee will dir das
absolute Weltwunder zeigen. Die UNESCO
wird mich zum Weltkulturerbe ernennen.
Her mit dir! Trab an. Husch! Husch!
Husch!

Hat Holly was mit den Ohren? Will sie, dass ich vor ihrer Wohnungstür Wurzeln schlage? Mach auf! Ich hämmere gegen die Tür. Wozu stresst sie mich, wenn sie nun das Temperament einer Schnecke an den Tag legt? Haben Schnecken eigentlich so was wie Temperament? Zumindest sind sie nicht die Schnellsten! Und ich verliere die Geduld, ist sowieso nicht meine Stärke! Zu meinem Erstaunen öffnet Etienne die Tür. Er hat eine Kippe im Mundwinkel und hält ein Stück Kuchen in der Hand.

»Bist du auch schon da? Ging ja expressmäßig!« Trotz der Zigarette hat Etienne keine Mühe mit dem Sprechen. Tja, er ist eben gewöhnt daran, etwas im Mund zu haben! »Du gibst Speed wie das Krampfadergeschwader, wie?«

»Gut gelaunt wie immer«, stelle ich ironisch fest.

»Vorsicht! Ich habe zwei Tage keinen Sex gehabt. Ein falsches Wort und ich werde ausfallend.«

Wir drücken uns und gehen ins Wohnzimmer.

»Wo ist Holly?«, will ich wissen.

»Im Schlafzimmer. Mit ein bisschen Glück bleibt ihr das Hähnchenbein im Hals stecken und wir müssen uns nicht den Schrott anhören, mit dem die Wuchtbrumme uns zutextet. Haben wir Pech, müssen wir sie weiter ertragen.«

»Ist Dimitri auch im Schlafzimmer?«

»Nee. Wieso sollte er?«

»Was macht Holly dann mit einem Hähnchenbein im Schlafzimmer?«

Etienne sieht mich an, überlegt und sagt: »Sie frisst das Fleisch und hat anschließend Spaß mit dem Knochen!«

»Du tickst nicht sauber! Wo ist Dimitri?«

»Unterwegs mit seinem Boss. Wenn du mich fragst, braucht der 'ne Pause von Holly. Mal ehrlich, hält doch keiner aus mit der.«

»Giftnudel!«

»Ich brauch einen Kerl! Bei Sexentzug reagiere ich echt gemein.« Etienne drückt die Zigarette im Aschenbecher aus und isst den Kuchen. »Backen kann Holly, das muss ich ihr lassen.«

»Was macht sie so lange im Schlafzimmer?«

»Schon vergessen: Die hat einen Kühlschrank im Schlafzimmer. Die kommt erst wieder raus, wenn sie alles weggefressen hat. Holly ist ein Lebensmittel-Staubsauger auf zwei Beinen.«

»Holly hat mir gesimst. Sie will mir ein Weltwunder zeigen. Weißt du, worum es geht?«

»Fehlanzeige! Mir hat sie auch gesimst. Als sie mir die Tür aufgemacht hat, hat sie mir den Fresskopf entgegengestreckt und gesagt, ich soll eine Minute warten und dann reinkommen. Danach ist die wie 'ne Irre ins Schlafzimmer galoppiert. Seitdem hab ich sie nicht mehr gesehen.«

»Und woher weißt du, dass sie ein Hähnchenbein isst?«

»Ich musste es ihr aus der Küche holen und durch einen Türspalt ins Schlafzimmer reichen. Ihr Magen hat geknurrt wie ein hungriger Löwe. Um ein Haar hätte sie mir in die Hand gebissen! Unter keinen Umständen dürfen wir mit der Urlaub in den Bergen machen. Geht uns der Proviant aus, sind wir geliefert. Die frisst uns!«

»Du erfindest wieder Geschichten!« Ich setzte mich zu Etienne auf die Couch. »Ist noch Kuchen da?«

»Ich glaub schon.« Etienne springt auf. »Ich hol dir ein Stück. Hoffentlich hat sich die Speckmöse nicht heimlich in die Küche geschlichen und am Kuchen vergangen.«

»Du Schandmaul!«

»Ich brauch Sex! Ungefickt bin ich unausgeglichen, abgepsycht und neben der Spur.« Etienne geht in die Küche.

Dass ich das noch erlebe! Etienne holt mir ein Stück Kuchen und macht auf Serviererin. Augenblick. Da stimmt was nicht! Entweder will er etwas von mir oder ... hm, oder was? Auf jeden Fall ist es was Wichtiges. Für eine Nichtigkeit bewegt er sich keinen Millimeter. Was kann der Grund sein? Ich bin gespannt. Etienne kommt zurück. Das Stückchen Kuchen hat er sogar auf einen Teller gelegt. Meine Alarmsirene schrillt auf. »Was ist mir dir?«, frage ich und nehme den Teller an. »Bist du jetzt die Schwester der Barmherzigkeit?«

Etienne setzt sich neben mich. »Du bist mein bester Freund. Die Kerle kommen und gehen – du bleibst!«

Mein Argwohn wächst. Ich beiß in den Kuchen, kaue. »Du hast die Kuchengabel vergessen!« Ich teste Etiennes Reaktion.

»Wer bist du? Die Königin? Mei, sind wir heute wieder etepetete. Dann hol ich dir eben die verflixte Kuchengabel!«

Ich halte Etienne zurück. »Sag's mir!«

»Was meinst du?« Etienne stibitzt einen Bissen von meinem Teller.

»Los!« Auf sein Ich-weiß-nicht-wovon-du-sprichst lass ich mich gar nicht erst ein.

»Du wirst einen Kotzanfall kriegen!« Etienne warnt mich nicht nur vor, er lächelt auch noch liebevoll.

Die Zeichen sprechen für sich! Ich glaube, ich stelle besser den Teller auf dem Tisch ab. Etienne gibt sich feinfühlig und rücksichtsvoll – er wird mir die Hölle verkünden! »Ich bin bereit«, erkläre ich und sehe ihn an.

»Okay. Du bist bereit. Du sitzt. Ausgezeichnet! Vielleicht sollte ich dir schnell noch ein Glas Wasser holen. Besser wäre ein Eimer! Einen großen Eimer frisches, kühles Leitungswasser, das ich dir ins Gesicht schütten kann, nachdem du in Ohnmacht gefallen bist.«

»Etienne!«

»Ja! Also … hab ich eigentlich heute schon erwähnt, dass du ausgesprochen hübsch aussiehst?«

Meine letzte Stunde muss geschlagen haben! Das ist nicht Etienne neben mir, sondern Joe Black. Brad Pitt hat Joe Black, den personifizierten Tod, im Film dargestellt. Warum habe ich Trottel heute Morgen nicht noch schnell bei Nana angerufen, wie ich es ursprünglich vorhatte? Macht nichts! Nehme ich eben als Geist mit ihr Kontakt auf. Nana ist spirituell, das schockt sie nicht! »Danke fürs Kompliment! Und jetzt kill mich!«, fordere ich Etienne auf.

»Freut mich, dass du es so gelassen aufnimmst.«

»Wird's bald!«

»Okay. Ich hab einen Termin zum Vorsprechen. Gestern hat mich ein Dödel vom Fernsehen angerufen. Er hat nicht viel gesagt, nur dass die Probeaufnahmen mit mir machen wollen. Ich weiß nicht mal, worum es geht. War alles sehr geheimnisvoll.«

»Probeaufnahmen?«

»Ja.«

»Du meinst, jemand will dir möglicherweise eine richtige Rolle anbieten?«

Etienne nickt, lächelt beschwichtigend. »In zwei Wochen muss ich nach Berlin. Die bezahlen mir sogar das Ticket.«

»Und du hast nicht mal einen Schwanz lutschen müssen, um eine Chance zu kriegen!«, entfährt es mir spontan. »Du bist ein Glückskind! Herzlichen Glückwunsch!« Ich umarme Etienne, drück ihn ganz fest.

»Dann bist du nicht sauer, Immo?«

»Wieso sollte ich?«

»Zuerst bestehe ich das Casting, bekomme eine kleine Rolle in einer gefakten Gerichtsshow, jetzt die Probeaufnahmen. Und das alles, obwohl ich gar nicht Schauspieler werden wollte. Das ist doch dein Traum!« Etienne meint es ernst, heuchelt nicht.

»Du bist mein bester Freund! Wenn ich mich nicht für dich freuen kann, für wen dann?« Was ich sage, meine ich genau so aufrichtig. »Klar, bin ich enttäuscht. Ehrlich gesagt, frustriert mich das. Ich hab mir das so sehr gewünscht. Vielleicht ist es nicht mein Ding, die Schauspielerei.«

»Blödsinn!« Liebevoll drückt Etienne seine Faust in meine Seite. »Tut mir echt Leid. Hör zu, Immo, du bist mein bester Freund, das weißt du. Ich sag das wahrscheinlich nie wieder«, grinst er. »Ich will nicht, dass irgendetwas zwischen uns kommt. Ich weiß, ich bin geil auf Männer, egoistisch und ignoriere alles, was mich nicht wirklich persönlich betrifft. Wir sind Homies fürs Leben! Und mal ehrlich, könntest du dir einen hübscheren Freund vorstellen als mich? Ich bin sexy, Kerle fahren auf mich ab, bin kess und … unwiderstehlich.«

»Und bescheiden«, ergänze ich Etiennes Aufzählung.

»Eine Schwäche muss ich schließlich auch haben«, lächelt Etienne keck.

»Warum klappt bei mir nichts? Ist voll frustend! Scheint nicht meine Zeit zu sein.« Ich seufze. Etienne beweist mir, dass viele Dinge möglich sind. Sogar Träume, die man nicht mal träumt, können wahr werden. Meine Träume scheinen jenseits von jeglicher Realität zu sein. Wo ist mein Weg? Irgendwo muss das Glück für mich sein. *Bevor der Schatten meine Sonne vollends bedeckt und ich erfriere, rufe ich die Winde, um den Schatten zu vertreiben* – das habe ich gestern in mein Tagebuch geschrieben, als mich tiefste Traurigkeit überkam und mein romantisches Ich den ganzen Schmerz der Welt zu fühlen glaubte. Ich will raus aus diesem Schatten!

»Alles in Ordnung?« Meine gedankliche Abwesenheit bleibt Etienne nicht verborgen.

»Ja, geht schon.«

»Ich muss dir noch was erzählen.«

»Dass du nächstes Jahr einen Oscar gewinnst? Würd mich nicht wundern!«

»Wer weiß, kann schon sein!« Etienne züngelt fröhlich vor sich hin, fängt sich schließlich wieder. »Ich hab Adrian abgeschossen.«

Damit habe ich nicht gerechnet. »Sieht aus, als hättest du deine Zwangsneurose überwunden. Wie hat er reagiert?«

»Er war geschockt. Läuft doch alles super mit uns!, hat er gemeint. Du solltest dein Gehirn mal modifizieren!, habe ich ihm an den Kopf geschmissen. Ich dachte, wenn ich sein Lieblingswort benutzte, trifft's ihn nicht so hart.« Etienne lacht spöttisch. »Ich hatte keinen Bock mehr auf das impotente Arschloch. Was soll ich mit 'nem Macker, der an Sex kein Interesse hat? Keine Ahnung, weshalb ich Adrian unbedingt wollte. Außerdem hat er Schweißfüße!« Etienne verzieht angewidert sein Gesicht. »Schweißfüße! Nebenbei ruft er dreimal täglich seine Mutter an.«

»Und weshalb hast du wirklich Schluss mit ihm gemacht?«

Etienne sieht mich kritisch an. »Dir kann man nichts vormachen, wie? Ich hab gehofft, er würde mir irgendwie helfen. Als Drehbuchautor hat er Connections. Pusteblume! Er hat mir keine interessanten Männern vorgestellt, Türen hat er auch nicht geöffnet.

Was soll ich mit so einem? Außerdem hat er einen kleinen Schwanz. Ach ja, er ist 'ne Dose!«

»Woher weißt du das? Du hat doch nie Sex mit ihm gehabt.«

»Ich hab bei ihm rumgeschnüffelt. Der archiviert alles. Ist sein Fimmel. Schöner Fimmel! Hab Briefe von seinem Ex gefunden aus denen hervorging, dass er 'ne passive Alte ist. Ein richtiges Bückstück! Aber der macht immer erst auf Vertrauen aufbauen und so'n Scheiß, weil er kein Bock auf Kondome hat. Ich bin echt froh, die Schnarchnase los zu sein!«

»Sieh uns an! Ist alles anders gekommen, als wir es uns erhofft haben. Die erste große Liebe mit Yannick ist Geschichte. Ich bin genau da, wo ich nicht sein wollte. *Fuck!* Du hast deine Zeit mit dem Modifizierer verschwendet und deine Neurose gepflegt. Immerhin hast du ein Vorsprechen! Ich hab nix.« Mann, bin ich down. Wer hat sich das im Leben bloß ausgedacht? Ich fühl mich abgestürzt. Am liebsten würde ich schreien. Ätzend!

Als hätte sie sich aus dem Nichts manifestiert und Gestalt angenommen, steht Holly plötzlich im Wohnzimmer und hält die Arme verschränkt ineinander. »Gott! Bin ich glücklich«, brüllt sie und ist wie immer aufgestylt bis ins kleinste Detail.

»Du unsensibler Trampel! Immo ist nicht gut drauf«, mault Etienne. »Dein Timing ist so was von mies. Behalt dein Glücklichsein für dich! Sieh sie dir an!« Etienne schubst mich an. »Die frisst ein Hähnchenbein und strahlt über beide Backen, als hätte die 'ne Ecstasy geschmissen. Ihr durchgeknallter Organismus ist genauso irre wie ihr Gehirn. Die wird vom Fressen high!«

»Etienne hat seit zwei Tagen keinen Sex gehabt«, erkläre ich Holly, weshalb er so ein Griesgram ist.

»Is' klar«, erwidert Holly gespielt mitfühlend und strahlt wieder übers ganze Gesicht. »Heute ist der Tag aller Tage. Wenn ihr zufällig einen Fotoapparat dabei habt, dann ist jetzt der richtige Moment dafür!« Mit einem Voilá reißt sie ihre Bluse auf. »Bin ich happy!«

Wow! Holly hat Brüste. Ohne uns ein Wort zu sagen, hat sie die OP hinter sich gebracht. Sie hat sich ordentlich mit Silikon aufrüsten lassen. Was für eine Venus!

»Mach die Bluse zu, sonst erkältest du dir die Brust!, würde Adrian jetzt sagen«, bemerkt Etienne und gibt in adaptierter Form eine kleine Anekdote zum Besten.

»Und?« Holly will unsere Meinung wissen.

»Herzlichen Glückwunsch!«, gratuliere ich Holly.

»Hey!«, raunt Etienne mich an. »Sie hat sich Titten machen lassen und nicht ihren Schulabschluss nachgeholt.«

»Ich hab einen Schulabschluss!«, protestiert Holly. »Was sagt ihr? Sieht mein Busen nicht geil aus?«

»Perfekt!« Ich stehe von der Couch auf, gehe auf Holly zu und schau mir das Kunstwerk an.

»Fass mal an!«, fordert sie mich auf.

Fühlt sich gar nicht schlecht an. »Hast du noch Schmerzen?«

»Nein. Narben habe ich auch nicht. Die haben mir die Silikonkissen durch die Achseln eingesetzt«, erzählt Holly begeistert. »Mit Hormonen hätte ich diese Größe nie hingekriegt. Das Geld ist gut investiert!«

Etienne will auch fühlen. »Mit den Dingern kriegst du jede Menge Kerle! Große Möpse kommen bei den Stechern an, die 'ne geile Tussi für 'ne Nacht suchen und wie im Porno rammeln wollen.«

»Ich bin keine Tussi! Ich bin eine Frau!«

»Und was baumelt bei dir in der Hose, Schätzchen? Ein verirrtes Schwänzchen?«

»Alte Pottsau!«

»Titten-Monster!«

»Ich hau dir auf die Fresse!«

»Dann stech ich mit einer Nadel in deine Silikonkissen!«

»Holly, du bist eine Femme fatal!«, gehe ich wie so oft dazwischen.

206

»Danke, Herzchen.« Holly knöpft ihre Bluse zu. »Ich werde dich noch adoptieren. Dimon mag dich auch, der ist damit einverstanden.«

»Was sagt Dimitri zu deinem Busen?«

»Dimon ist begeistert! Wir haben meine Prachtstücke mit der spanischen Variante willkommen geheißen.«

»Spanische Variante?«

»Tittenfick!« Holly legt die Hand aufs Brustbein, macht ein besinnliches Gesicht. »Das Hähnchen kommt mir hoch. Es war köstlich! Warum bist du traurig?« Holly nimmt mich und Etienne an die Hand, geht mit uns zur Couch rüber. Wie auf Kommando lassen wir uns zu dritt runterplumpsen.

»Ist nicht meine Zeit«, beklage ich mich.

»Wird schon werden, Herzchen. Deine gute Fee lässt dich nicht allein.«

»Ich auch nicht«, beteuert Etienne seine freundschaftliche Loyalität.

Ach ja!, hauchen wir wie ein eingespieltes Trio.

»Keine Depression! Ich bin in Hochstimmung!« Hollys Euphorie lässt Trübsal nicht zu. Sie schüttelt die Schultern und sieht auf ihre Brüste. »Meine Mädels sind der Stoff, aus dem die Träume sind! Schaut euch das an! Die sind fest und formschön. Ich hab ihnen sogar Namen gegeben!«

»Du hast was?« Etienne zeigt Holly einen Vogel.

»Ja, ja, wenn Männer ihrem Schwanz einen Namen verpassen oder in der dritten Form von ihm sprechen, ist das okay. Ist das die letzte Bastion der Männlichkeit? Ich lach mich tot! Ich hab lange überlegt und mich dann entschieden.«

»Hast du sie auch schon getauft? Mit Prosessco?«

»Du hirntote Nymphomanin!«

»Und, wie heißen die zwei heißen Feger?«

»Die linke Frida, die rechte Agnetha.«

»Frida und Agnetha?« Etienne beugt sich nach vorn, sieht an Holly, die in unserer Mitte sitzt, vorbei und guckt mich an. »Die hat einen an der Klatsche!«

Holly schubst Etienne von sich weg. »ABBA ist Kult! Mein Busen ist Kult! Meine Brüste sind ein Kunstwerk. Das passt! Meine Brüste werden noch lange sein, wenn wir schon längst gegangen sind! Das ist nicht HipHop, House oder Dancefloor. Das ist kein Trend oder Zeitgeist. Das ist ein Monument. Ich bin Kunst!« Holly schmunzelt und macht ein Schleckermäulchen. »Frida ist die Ausgeflipptere von beiden. Beim Gehen springt sie manchmal richtig hoch, pure Lebensfreude! Agnetha ist ein bisschen launisch. Gelegentlich rutscht sie zur Seite, na ja, nicht wirklich. Sie ist menschenscheu und introvertiert. Bei meinen bevorstehenden Auftritten werde ich ihr gut zusprechen müssen.«

»Du verträgst das Silikon nicht!«, ruft Etienne. »Normale Körper stoßen es ab, und bei dir verursacht es eine Hirnzuckung nach der anderen. Lass dich einweisen, und zwar schnell!«

Holly lächelt. »Gib zu, Fräuleinchen, du bist neidisch. Es treibt dich in den Wahnsinn, dass mir Männer aufs Dekolleté starren und ich sie sexuell reize. Und du bist so flach wie eine olle Flunder. Ha! Haha!«

»Ja, bestimmt! Mich aufzutransen war schon immer mein geheimer Wunsch. 2008 will ich unbedingt Miss Transe International werden.« Angedeutet spuckt Etienne auf dem Boden. »Ich werde die Botschafterin der übergroßen Pumps sein und mich für alle Queens dieser Welt einsetzen. An jedem ersten Freitag im Monat werde ich die Lippenstift-Parade anführen und meine Krone aus Silikon-Titten aufsetzen. Und weil's so schön ist, werde ich mich nicht mehr Etienne nennen, sondern nur noch E.T.«

»Mach, was du willst!« Holly erhebt sich, streichelt über Frida und Agnetha und ist sichtlich glücklich. »Ich hab Pudding gekocht. Vanille. Habt ihr zwei Hübschen Lust?« Holly zieht Etienne und mich von der Couch hoch. »Erinnert mich daran, dass ich Anuradha und Marisa anrufe und zusammenstauche. Die zwei Meschuggenen sind vielleicht schöne Background-Sängerinnen. Die versoffenen Hühner können sich keinen Text merken. Ich bin zu sozial! Ich sollte die zwei Versagerinnen ihrem Schicksal überlassen. Was soll aus denen werden? Selbst für den Straßenstrich sind die zu hässlich! Die könnten als Vogelscheuchen arbeiten. Die armen Vögelchen! Bei dem Anblick der zwei schlecht geschminkten und frisierten Fregatten fallen die tot um.«

In der Küche setzen wir uns auf unsere Stammplätze, und Holly serviert den selbst gekochten Pudding. Ihr fällt ein, dass sie noch frische Schlagsahne im Kühlschrank hat. Für die Sahne ist Etienne zuständig! Holly drückt ihm einen Mixer in die Hand. Während Etienne die Sahne steif schlägt, schiebt Holly eine CD in den CD-Player. Ein russischer Chor erklingt, was sich sehr schön anhört. Holly zündet die Kerzen auf dem Küchentisch an und fragt uns, ob wir das schreckliche Ende der Zarenfamilie und die Legende um die jüngste Zarentochter Anastasia kennen. Sie wartet erst gar nicht unsere Antwort ab und widmet sich ganz den Romanows. Selbstverständlich zieht sie Parallelen zu sich und Dimitri. Hollys Logik ist unterhaltend und verblüffend, genau wie ihre Selbstprojektionen. Hin und wieder unterbricht sie ihren Redeschwall und erwähnt Frida und Agnetha, schüttelt sie vor Freude tüchtig durch und sagt, dass Dimitri eine heiße Liebesnacht erwarten kann, wenn er am Abend nach Hause kommt. Etienne will davon nichts hören, weil ihm sonst vor Ekel der Pudding aus allen Löchern gleichzeitig rauskommt, wie er behauptet.

Das wird ein amüsanter Nachmittag werden!

♥ ♥ ♥

Es ist früher Abend. Ich habe mich von Holly und Etienne abgeseilt. Ehrlich gesagt, bin ich mit meiner Stimmung ganz schön unten, was ich allerdings für mich behalten habe. Ich wollte Etienne und Holly den Nachmittag nicht versauen. Beide sind in Hochform. Etienne wegen dem Vorsprechen, Holly wegen ihrer Brüste. Ich freue mich aufrichtig für beide, will jedoch nicht verschweigen, dass ich mich sehr leer fühle. Ich fühle mich einsam. Seltsam, oder? Die Einsamkeit überkam mich einfach so. Lautlos. Ohne Vorwarnung. Übermächtig.

Eigentlich wollte ich Nana besuchen gehen. Wie fremdgesteuert habe ich die Richtung geändert und einen ganz anderen Weg eingeschlagen. Ich kann es selber noch nicht richtig glauben, aber ich stehe vor Yannicks Geschäft! Soll ich reingehen? Ich bin mir nicht sicher. Einerseits möchte ich Yannick wiedersehen, andererseits fürchte ich mich davor. Die Worte aus seinem Brief sind wie ein Echo in meinen Gedanken. *Ich werde immer für dich da sein. In meinem Herzen ist eine Ecke, die nur dir gehört und das wird immer so bleiben.* Bin ich egoistisch, weil ich hergekommen bin? Brauche ich die Ecke in Yannicks Herzen? Wahrscheinlich ist es meine Einsamkeit, die mich daran erinnert, wie sehr ich mich bei Yannick geborgen gefühlt habe. Das vermisse ich augenblicklich. Ich fühle mich innerlich zerrissen.

Ich glaube, es ist besser, wenn ich nicht ins Geschäft gehe. War keine gute Idee mit dem Herkommen. Oh Gott! Irgendwas schreit in mir. Irgendwas weint in mir. Ich will mich nicht so verloren fühlen. Ich tu's aber! Alles hätte so schön sein können, alles. Ist es nicht. Ich wünsche mir einen Engel, der zu mir kommt und mich rettet, mich glücklich macht. Ich wünsche mir einen Engel … einen, der mich liebt und mich zum Lachen bringt, mir das Gefühl gibt, angekommen zu sein und ein Ziel erreicht zu haben. Ich will nicht mehr dieses Weinen und Schreien in mir. Ich will die Hochzeit der zwei Herzen, die sich finden und alles hinter sich lassen, was dem großen Glück im Weg steht. Du bist doch noch so jung!, sagt Nana mir jedes Mal, wenn sie merkt, dass es mir nicht gut geht. Nana hakt nie nach. Sie ist einfach klasse! Wenn ich näher drauf eingehe, gut, wenn nicht, ist es ebenfalls gut. Aber sie hat stets Worte des Trostes für mich. Nana ist klug und weise und alles andere als eine stille Großmutter. Sie ist voller Leben. Holly wird Nana lieben, sollte sie Nana jemals kennen lernen.

Ich sehe durchs Schaufenster, entdecke Yannick. Er ist im Kundengespräch mit einem Skaterboy, der sich für ein Skateboard interessiert. Ich beobachte Yannick. In seinem Gesicht ist etwas sehr Liebenswertes. Yannick ist voll und ganz bei der Sache. Ich kann mich nicht vom Schaufenster loseisen, halte den Blick auf Yannick gerichtet. In mir sind ambivalente Empfindungen. Ein Teil von mir möchte ins Geschäft stürmen, Yannick umarmen und ihm sagen, dass er ein toller Mann und Mensch ist. Ein anderer Teil von mir rät mir zu gehen.

Der Skater kauft das Board. Yannicks Freude ist ihm anzusehen. Er quatscht noch kurz mit dem Skater, lacht mit ihm. Bevor der Skaterboy das Geschäft verlässt, drehe ich mich um und gehe langsamen Schrittes weg. Meine Gemütslage ist heute total instabil, merke ich.

»Immo!«

Jemand ruft mir nach. Die Stimme kenne ich gut. Ich drehe mich um und blicke in Yannicks Gesicht. Wir lächeln uns an. Das Lächeln währt einige Sekunden. Ich gehe auf ihn zu. Wir umarmen uns, geben uns einen Kuss auf die Lippen.

»Schön, dich zu sehen. Warum bist du nicht in den Laden gekommen?«

»War mir nicht sicher.«

»Ich hab dich am Schaufenster stehen gesehen.«

»Hab ich gar nicht gemerkt.«

»Komm, ich zeig dir das Geschäft.«

Man könnte glauben, zwischen Yannick und mir sei alles bestens. Er führt mich im Laden rum, zeigt mir alles, erzählt, dass die

Geschäfte ganz gut laufen. Theo ist nicht im Laden, weil er auf eine Messe ist, um Geschäftskontakte zu knüpfen und sich einen Überblick über Neuheiten zu verschaffen. Yannick sagt, dass er zur nächsten Messe fahren wird. Er wechselt sich mit Theo ab, weil einer von beiden im Geschäft sein muss. Aufmerksam höre ich Yannick zu und, wer hätte es gedacht, fühle mich wohl bei ihm. Zwischen uns existiert nach wie vor Vertrautheit. Auch in meinem Herzen gibt es eine Ecke, die für immer Yannick gehört. Bittersüße Liebe!

»Was hast du?«, fragt Yannick mich. Er kennt mich gut, weiß, dass mich etwas betrübt.

»Ich fühl mich wie der absolute Loser.«

»Wieso denn?«

Ich erzähle Yannick von Etienne und dem Vorsprechen in Berlin. Ohne um den heißen Brei herum zu reden, bekenne ich, dass ich mir das auch für mich wünsche, mich aber wirklich für Etienne freue. Yannick kann mich verstehen, dessen bin ich mir hundertprozentig sicher.

»Etienne«, lacht Yannick. »Wenn er es drauf anlegt, wird er noch Präsident. Sag ihm oft genug, dass er dann viele, viele Männer kennen lernen kann, und er macht das Unmögliche möglich.« Yannick legt den Arm um mich. »Nicht traurig sein, Immo, du packst das!«

»Das sagst du doch nur so, um mich aufzumuntern.«

»Nein, Ich glaub an dich!«

Ich lächele Yannick an. »Danke.«

»Wofür?«

»Dass du für mich da bist.«

Die Ladentür springt auf. Der leichte Moment mit einer samtigen Berührung wird jäh beendet. Kälte überkommt mich wie eine Verheißung des Bösen, das sich lautlos angeschlichen hat und nun mit gespaltener Zunge Niedertracht bringt. Ein süßliches Parfüm strömt mir entgegen. Ich kenne den Duft. Versace! Das Böse zeigt sich in voller Pracht und mit einem falschen Lächeln. Ist es Zufall? Soll mir die erneute Begegnung mit Simon etwas sagen? Wie auch immer. Am liebsten würde ich den nächstbesten Gegenstand, den ich greifen kann, in die Hand nehmen und der Schlampe auf den Schädel schlagen.

»Hallo«, begrüßt Simon Yannick. »Stör ich?«

»Nein«, antwortet Yannick. Er umarmt Simon.

Simon schielt mich an, ohne dass Yannick etwas davon mitbekommt. Er lacht, zeigt mir die Zähne. ICH HABE DICH AUSGE-STOCHEN!, kann ich in seinen Augen lesen. Ich möchte ihn killen. Jetzt sofort! Du Dreckstück! Du abgefuckte Mistsau! Du elende Nachgeburt einer läufigen Hündin! Mir fallen nicht genügend Schimpfworte ein. Eines Tages werde ich es diesem Arsch heimzahlen, das schwöre ich!

»In einer Stunde sollen wir bei meinem Vater sein«, sagt Simon schön laut, damit ich auch bloß jedes Wort verstehe. »Den Lieferwagen gibt er dir, das habe ich gemanagt. Du kennst ja mein diplomatisches Geschick.«

»Geil!« Yannick ist euphorisch. »Mein Geschäften wird boomen! Yeah!«

»Hattest du etwa Zweifel?« Simon steht an Yannicks Seite – wie sein Boyfriend.

»Ich muss los«, sage ich zu Yannick.

»Ich ruf dich an!«

»Ich freu mich!« Wir werden sehen. Vielleicht frisst dich auch dein Ex mit Haut und Haaren auf und du wirst nie wieder gesehen.

Simon verwickelt Yannick in ein Gespräch, um dessen Aufmerksamkeit für sich allein zu haben. Elende Schlampe! Was ich davon halten soll, weiß ich nicht. Im Grunde geht es mich ja auch nichts mehr an. Ich verlass den Laden. Draußen auf der Straße hole ich erst mal frische Luft. Gut möglich, dass die Hexe was in ihr Parfüm mischt und damit Yannicks Denkvermögen lahm legt.

Wieso kann mein fiktiver Held Clark Hero nicht lebendig werden? Dann könnte ich ihn anrufen und ihm sagen, dass er mich vor der Melancholie retten muss. Auf Clark Hero muss ich verzichten. Aber es gibt jemanden, der sich bestimmt freuen wird, wenn er mich sieht. Ich werde Tyson besuchen gehen. Tyson will mich. Und ich will schöne Gefühle haben, keine Leere!

Bittersüße Liebe. Bittersüßes Leben. Bittersüße Leidenschaft. Für die Sinnlichkeit einer kleinen Ewigkeit würde ich jederzeit alles geben ...

EXTRAVAGANZA

Aus Hollys Bühnenprogramm.

Trommelwirbel!
Ladies and Gentlemen:
Die einzigartige, oft kopierte und niemals erreichte –
MISSHOLLYWOOD!
Spotlight. Wehender Vorhang, der sich langsam erhebt.
Applaus. Große Showtreppe. *Let her entertain you*!
Gesungene Offenbarung. *Les chansons commencent*:
Die Lieder beginnen. *The one and only* Miss Wood;
Eine Frau wie keine andere.

Ich bin 'ne Queen aus dem Westen,
hab Gene nur vom Besten.
Verzauberte Venus,
Traum und Illusion –
niemand bleibt von der Realität verschont.
Ein bisschen Fummel, ein bisschen Poesie.
Ich bin Extravaganza,
so eine gab's noch nie!
Titelcover, Vogue, Elle – sensationell!

Ich pose,
vor Schiss pinkel ich mir dabei in die Hose.
Alles ist Show!
Alles ist Schein!
Ich verzaubere und bringe Glamour,
wackle mit den Hüften und betöre die Männer.
Ich bin eine, die verführt,
wenn sie mit sanftem Blick die Herzen berührt.
Ich bin Muse und Amme der Fantasie.
Ich bin Extravaganza,
eine wie mich gab's noch nie!

Wenn ich mich kurz vorstellen darf: Miss Wood. Miss Holly Wood. Männer umschwärmen mich. Frauen wollen meine Freundinnen sein. Mich liebt einfach jeder! Ich bin wie das sprichwörtliche Licht, dem die Motten nicht widerstehen können. Manche behaupten auch, ich sei ein Fliegenfänger und an mir bleibe einfach alles und jeder kleben. Von wegen. Ich bin Extravaganza!

Meine Schönheit ist außerirdisch. Cher und ich könnten Schwestern sein, denn eines trifft auf uns nicht zu: Schönheit ist, als wäre man reich geboren und würde immer ärmer werden. Habt ihr meine Background-Sängerinnen gesehen? Gelegentlich modeln die zwei für die Hackfressen-Innung. Wenn die ein streunender Köter sieht, wechselt der aus Furcht die Straßenseite. Für mich ist das praktisch – bessere Bodyguards gibt es nicht! Bei den Visagen hat doch keiner die Traute, mich anzuquatschen. Die eine sieht aus wie die Medusa, nur dass bei der die Schlangen aus dem Mordszinken kommen. Die Nase flösst Respekt ein! Besonders intelligent ist sie auch nicht. Gestern waren wir unterwegs. Mit einem Mal wurde sie leicht panisch, weil sie eine Bananenschale vor sich auf dem Bürgersteig erblickt hatte. »Was ist los?«, habe ich sie gefragt. »Hilfe! Gleich rutsch ich aus!«, hat die Doofe geantwortet. Mit ihren zwei Gehirnzellen ist die Humorautistin voll zufrieden. Eine Gehirnzelle mehr und die hätte ohne Ende Kopfschmerzen. Macht ja nix. Dafür hat sie ein gutes Herz, leider nicht aus Schokolade!

Meine Damen und Herren: The Lady is a Vamp! Aber eigentlich wollte sie Tänzerin werden …

Hoch die Beene!
Dann zeigste deine Zähne,
dann streckste raus den Po.
Die Männer und Frauen,
die kieken sowieso.
Tänzer wolltest du werden.
Deine Mutter lamentiert:
»Wat, und ick hab jeglobt, unser Heiner studiert!«
Und du, du bist zerbrochen,
hast dich in eine Traumwelt verkrochen.
Wie im Märchen kam ein Prinz,
küsste dich wach.
Nach dem Kuss legte er dich erst mal flach.
Heute bist du abgetakelt,
trägst Perücke und Kleider,
nennst dich nur noch Madame Leila.
Deine Shows sind ausverkauft.
Wenn du tanzt,
dann stets vor vollem Haus.
Der Macker am Klavier spielt nicht nur deine Lieder,
er schläft auch mit dir – hin und wieder.
Hast du mal Fieber,
kocht er dir nen Tee.
So geht das schon das fünfzehnte Jahr.
Du fragst: »Wo soll dit bloß enden, Kleene?«

Aber die Antwort ist schon klar:
Hoch die Beene!

Männer. Das ist mein Lieblingsthema. Ich könnte eine Enzyklopädie darüber schreiben. Zwischen Männern und Frauen gibt es einen großen Unterschied. Frauen, gute Schwestern natürlich ebenso, können einen Orgasmus vortäuschen – Männer sogar eine ganze Beziehung! Apropos Orgasmus. Bei einer Erektion denke ich immer an Regale von Ikea: Hoffentlich hält's drei Minuten! Frauen brauchen einen Grund für Sex. Männer nur Platz. Suspekt sind mir die Kerle, die ihren Schwanz »Er« nennen. Früher habe ich ernsthaft geglaubt, es würde sich um multiple Persönlichkeiten handeln. Irgendwann habe ich rausgefunden, dass der Mann ein Körperwirt für den Schwanz ist. Krasse Symbiose, hätten die sich bei *Star Trek* auch nicht besser ausdenken könne …

Ich bin so ein naives Ding. Ehrlich! Als Mädel bin ich mal bei meinen Eltern reingeplatzt. Was für eine Überraschung! Ich hab gedacht, meine Eltern machen Bockspringen und mein Vater wäre bei meiner Mutter hängen geblieben. Na ja, ist er ja auch – aber anders!

Irgendwann wollte ich unbedingt eine Erfahrung mit einem reifen Herrn machen. Ich hab gedacht: Sei selbstlos und tu ihm was Gutes. Ich ran und hab ihm ein ordentliches Flötenkonzert gegeben. Anschließend hat er sich prima gefühlt, und ich hatte eine Salmonellenvergiftung. Alte Eier! Daraus habe ich gelernt und mich meiner Künstlerkarriere gewidmet. Powerfrau wollte ich nicht werden, weil dazu hätte ich mich scheiden lassen müssen und einen Tangokurs belegen.

Ich bin mit Leib und Seele Künstlerin! Ich bin so was wie die Gegen-Ikone zum Aufgesetzten – und das bei dem Make-up! Als Frau habe ich schnell erkannt, dass ich alles habe, um Karriere zu machen. Das Geheimnis meines Erfolg? Titten! Meine zwei Mädels sind die besten Argumente, die ich vorbringen kann. Und weil Männer besser sehen als denken können, lass ich meine Brust für mich sprechen. Jeden Morgen und jeden Abend schau ich mir aufs Dekolleté und beschwöre meine Mädels: Möge die Macht mit euch sein!

Das gesellschaftliche Korsett drückt seelisch, schnürt die Lebensfreude ab. Auf gesellschaftliche Norm geeicht. Was für'n Scheiß! Sei du selbst, wer immer du auch bist. Ich sage immer wieder:

Ich dreh mich im Dunkeln,
dreh mich im Dunkeln.
Spekulation liegt im Munkeln:
Ist er's oder nicht?
Und fällt Licht auf mein Gesicht,
spielen wir Wahrheit oder Pflicht.
Leben jenseits der gesellschaftlichen Norm.
Zu viele Schubladen und ich pass in keine Form.
Das Klischee steht mir nicht,
ist mir zu banal.
All die Blicke sind mir egal.
Ich experimentiere und polarisiere.
Soll mich doch lieben, wer will.
Ich lass mich nicht reduzieren.
Zuerst schlagen sie dich tot,
anschließend wollen sie dich reanimieren.
Die Gesellschaft steht in Flammen,
erkennt nicht die Not.
Bleibt ruhig sitzen, keine Bewegung!
Wir sitzen alle im Papierboot
und fahren den Rinnstein entlang.

Hört nur der Sirenen Gesang.
Wir gehen unter und tauchen wieder auf,
tja Kinder, so ist der Lebenslauf.
Und wer sich versteckt,
der verreckt in seinem Elfenbeinturm.
Isoliert erfriert, wer immer nur seelisch onaniert
und niemals den Kuss der Liebe erfährt.
Ich dreh mich im Dunkeln,
dreh mich im Dunkeln.
Bin wie der Sterne nächtliches Funkeln.
Sollen sie noch so viel spekulieren,
ich werde niemals kapitulieren!
Irgendwann werden sie es vielleicht kapieren:
Lebe dich selbst und sei dein eigener Traum!

Ach, Kinder, ist das schön hier. Aber leider muss ich jetzt nach
Hause. Mein Mann wartet schon auf mich. Wenn der nicht pünktlich seine Bratkartoffeln bekommt, dann hängt bei uns der Haus-
segen schief. Wenn er Hunger hat, versteht er wirklich keinen
Spaß. Übrigens ist unser Sex so gut, dass wir ihm einen Namen
gegeben haben – Bratkartoffel-Sex! Wir mögen es rustikal und
schmackhaft. Manchmal hat mein Gatte so einen Hunger, Grrrrr!,
dass er gleich aus der Pfannen essen will. Mir gefällt das. Frauen
sind ja wie Backöfen – sie brauchen zehn Minuten, um heiß zu
werden. Mir muss man nur ordentlich den Hintern versohlen und
vorne geht der Ofen an!

Alles, was zählt, ist die Liebe. Und vergesst nicht: Ich bin Muse
und Amme der Fantasie. Eine wie mich gab's noch nie!

HOLLY LIEBT DICH!

Gleich beim ersten Blick war es Liebe. Die erste Berührung war die Besiegelung des Schicksals. Der erste Kuss war das Erwachen der Ewigkeit. Immerwährend ist das Gefühl der zwei Herzen, die sich vereinen zum Fels in der Brandung.

Tagebucheintrag
Den gestrigen Tag werde ich nie vergessen. Holly und Dimitri haben standesamtlich geheiratet! Holly sah wie eine Königin aus. Ihr Brautkleid war so was von pompös, dass man sich wie in einem Film vorkam. Der Schleier reichte bis zum Boden. Ungelogen, es war märchenhaft! Und für Hollys Verhältnisse war sie sogar recht dezent geschminkt. Ihr langes blondes Haar war klassisch hochgesteckt und mit weißen Perlen geschmückt. Dimitri trug einen Smoking. Für die Fahrt zum Standesamt und zurück hatte er eine amerikanische Limousine besorgt wie Stars sie haben. Selbstverständlich fehlte am Autoheck auf der Heimfahrt auch nicht das obligatorische Schild mit der Aufschrift JUST MARRIED.

Auf dem Standesamt war Holly auf die Unversehrtheit ihres Kleids bedacht. Wehe, mir tritt jemand auf den Schleier, dann passiert was!, drohte sie pausenlos. Ihr Geknurre wirkte Angst einflößend. Sonst wirkt sie nur so, wenn sie Hunger hat! Mir war klar, dass Etienne zumindest

221

*für eine Sekunde mit dem Gedanken daran spielte. Er beließ es dabei,
weil er wusste, dass die Folgen für ihn fatal gewesen wären.*

*Viele Freunde und Bekannte waren auf dem Standesamt anwesend.
Von Dimitris Seite ließ sich niemand sehen, was seltsam war. Holly
wollte, dass jeder ihr Glück mit eigenen Augen sehen konnte. Dass
Dimitri sie ernsthaft heiraten würde, daran hatten die meisten bis zum
letzten Moment gezweifelt. Yannick war auch da, worüber ich mich
gefreut habe. Holly hätte mich gern als ihren Trauzeugen gehabt, aber
dafür muss man leider volljährig sein.*

*Die Zeremonie hat mir gut gefallen. Die Standesbeamtin war ein-
fach große klasse. Frau Waldmark, so ist ihr Name, hat die Eheschließung zelebriert wie eine strahlende Sonne, warmherzig und liebevoll.
Jeder der Anwesenden war begeistert und ergriffen. Holly und Dimitri
sind voll des Lobes! Schön, dass es so tolle Menschen gibt, die keine
Berührungsängste haben.*

*Als die Geburtsdaten von Holly und Dimitri laut vorgelesen wur-
den, hat Holly einen gigantischen Hustenanfall vorgetäuscht und die
Stimme der Standesbeamtin übertönt, damit niemand ihr Geburtsjahr
verstehen konnte. Gleichzeitig hatte Holly Anuradha und Marisa dazu
verdonnert, sie tatkräftig zu unterstützen. Marisa hustete wie jemand
mit einer Staublunge im Endstadium. Anuradha, sie hatte schon gut
einen im Tee, schrie für einen Moment wie eine Irre auf. Ich will auch
heiraten!, plärrte sie und schluchzte dann vor Rührung. Anuradha
sollte mit dem Trinken aufhören! Holly warf mir einen Blick zu, um
sich zu vergewissern, dass ihr Geburtsjahr tatsächlich unverständ-
lich war. Ich nickte und hob den Daumen. Holly lächelte zufrieden.
Dimitri hat Holly einen wunderschönen Ehering mit der in russisch
verfassten Gravur JA TEBJA LJUBLJU, DIMON sowie dem Hochzeits-
datum geschenkt.*

*Nachdem die Eheschließung vollzogen war, wurde noch vor Ort mit
echtem Krimsekt angestoßen. Mit dem Hinweis, dass sie von nun an
eine halbe Russin sei, leerte Holly das Glas und warf es mit einem Jeu*

kopfüber weg. Keine zwei Sekunden später schepperte es und ein Mann von einer anderen Hochzeitsgesellschaft schrie auf. Er hatte das Glas an den Kopf bekommen! Holly ging zum Colliergriff über, war völlig entsetzt und schwebte zum Getroffenen. Mein Guter, ich bin untröstlich!, hauchte sie und legte die Hand auf seine Schulter. Das ist mein russisches Temperament. Bei uns in Moskau ist das Tradition und gehört zur guten Sitte. Ihr Deutschen werft einen Blumenstrauß und wir Gläser. Menja zovut Holly. Das heißt: Ich bin Holly. Holly ließ sich nicht lumpen und deutete einen Knicks an. Keiner traute sich auch nur ein Wort zu erwidern. Und jetzt noch ein kleiner Tipp, sagte Holly, wenn Sie sich das nächste Mal die Haare färben, die Augenbrauen nicht vergessen! Mit einem Lächeln schwebte sie davon und hakte sich bei Dimitri ein. Ich hab mich mit Etienne schlappgelacht. Holly war saukomisch, ohne sich dessen bewusst zu sein. In ihren Augen war sie einfach nur sie selbst!

Yannick ist gleich nach dem Standesamt abgehauen. Er musste ins Geschäft und hatte keine Zeit. Holly tat ihr Bestes, um ihn zum Mitfeiern zu überreden. Yannick blieb standhaft. Zwar wäre es sehr schön gewesen, wenn er mir uns gefeiert hätte, aber ich konnte ihn verstehen. Er muss sein Geschäft aufbauen und kann es sich nicht leisten. Bevor er ging, gab er mir ein Küsschen auf die Lippen. Nachdem Yannick weg war, hat sich Etienne total süß um mich gekümmert. Etienne wollte nicht, dass ich traurig bin. Ich muss sagen, dass ich ihm das hoch anrechne. Wenn es drauf ankommt, ist Etienne für mich da und alles andere als selbstsüchtig.

Die Hochzeitsfeier war total cool. Holly hat mit den GLORY HOLES sogar eine Nummer aus ihrem Bühnenprogramm performt. Später am Abend bekam Anuradha einen Moralischen, das ist bei ihr ja nichts Neues. Die Balkontür bleibt verschlossen!, ordnete Holly an, weil sie keinen Bock darauf hatte, dass Anuradha sich wieder mal vom Balkon stürzen will. Anuradha beruhigte sich erstaunlich schnell. Das lag aber nicht an der verschlossenen Balkontür, vielmehr hatte sie ein Auge auf Wes geworfen. Wes ist ein entfernter Bekannter von Holly. Er ist arbeitslos und eine verkappte Musikerexistenz. Gelegentlich spielt er Klavier für Holly und hilft aus. Anuradhas Annäherungsversuche sind nicht erfolglos geblieben. Kurz vor Mitternacht waren die beiden auf einmal verschwunden. In deiner Toilette lässt sich gerade 'ne magersüchtige, besoffene Transe von 'nem bierbäuchigen Haarkranzträger von hinten nageln!, verkündete Etienne Holly, nachdem er pinkeln wollte und dem abgefüllten Elend ins Auge sehen musste. Ach ja, die kotzt auch noch nebenbei. Die Schwanzstöße machen die besoffene Transe seekrank, grinste Etienne. In meiner Toilette wird nicht gefickt und schon gar nicht gekotzt und auf keinen Fall beides zur selben Zeit!, rief Holly und bereitete dem Treiben mit einem Kleiderbügel ein schmerzvolles Ende, was Wes sehr gefiel. Er wollte, dass Holly ihm mit dem Bügel auf den Hintern schlägt. Holly beschimpfte Wes aufs Übelste. Etienne und ich sind aus dem Lachen nicht mehr rausgekommen.

Das war die geilste Hochzeitsfeier aller Zeiten. Auf Holly und Dimitri! Ich wünsche den beiden alles Glück dieser Welt!

REGENBOGENKRIEGER

Es gilt, Flagge zu bekennen! Ich will mich nicht länger verstecken. Schwul. Das stigmatisiert mich nicht. Homosexualität ist kein Makel. ICH BIN SCHWUL. ICH BIN EIN MENSCH. ICH BIN ICH! Der Feigling in mir windet sich, weil er seiner Natur entsprechend Angst hat. Scheiß drauf, was andere von dir denken!, sage ich dem Feigling und bedränge ihn mutig zu sein. Wie lange willst du dich verstecken? Wie lange willst du dich verleugnen? Feigling! Du bist schwul, na und?! Du bist kein Verbrecher. Ist doch egal, wen du liebst. Wichtig ist, dass du liebst und geliebt wirst. Trau dich! Sag es! Befrei dich! Wahrheit ist Freiheit. Freiheit ist Entfaltungsmöglichkeit. Dieses Leben ist eine einmalige Chance. Ja, du hast Recht. Wahrheit kann weh tun und unangenehm sein. Du willst es leicht und unproblematisch. Vergiss es! Das Leben ist nicht so.

Ich betrachte mich im Spiegel. Angsthase! Ich möchte meinem Spiegelbild einen Schubs geben. Wieso traust du dich nicht, Immo?, frage ich den Jungen, der mich ansieht und den ich so gut kenne wie niemanden sonst. Ich lege den Spiegel weg, nehme mein Handy in die Hand, rufe im Menu unter Mitteilungen **Kurzmitteilungseingang** auf, lese noch einmal die SMS, die Yannick mir am Morgen geschickt hat.

Hi Immo. War gestern bei meinen Eltern.
Beide haben nach dir gefragt. Sie wussten
noch nicht, dass wir nicht mehr zusammen
sind. Hat sie getroffen, weil sie dich sehr
mögen. Du solltest demnächst mal wieder
mit mir zum Kaffee hin! Yannick.

Yannicks Eltern sind klasse. Herr und Frau Schagall haben absolut kein Problem damit, dass Yannick auf Männer steht. Warum
sollte das bei meinen Eltern anders sein? Yannicks Erzeuger sind
schließlich keine Übermenschen, aber sie haben Vorbildfunktion
für all jene, die meinesgleichen das Leben schwer machen und dis-
kriminieren. Ich will auch, dass mein Boyfriend oder Holly mit
Dimitri mich besuchen können. Ich will alles, was ich mit einer
Selbstverständlichkeit dürfte, wenn ich heterosexuell wäre!

Im Geiste lege ich Kriegsbemalung auf. Ich werde in die Schlacht
ziehen und für meine eigene Gerechtigkeit inklusive Freiheit kämpfen. Das klingt mutig, stimmt's? Ich wundere mich auch! Zwar ist
der Feigling in mir nicht überzeugt und in Sachen Entschlossenheit
ein Wackelkandidat. Doch ich muss da durch – ganz allein! Keine
gute Fee und auch kein Clark Hero können mir helfen. Courage ist
gefragt. Ich will und werde mich behaupten, das bin ich mir schul-
dig! Ich bin ein Regenbogenkrieger! Der Anfang ist das Wichtigste
an einer Aufgabe, das wusste schon Plato. Ich werde den Anfang
wagen! Auf der ersten Seite meines Tagebuchs habe ich eine Aussage von Mahatma Gandhi aufgeschrieben: Sei du selbst die Veränderung, die du dir wünschst für diese Welt. Wie bereits erwähnt,
ich lese viel und schnappe dadurch eine Menge Interessantes auf,
was Humus für meine Gedanken ist.

Ich bin soweit. Zumindest glaube ich, dass ich soweit bin. Ich
blicke mich in meinem Zimmer um. Kommt mir vor, als würde ich
Abschied nehmen. In gewissem Sinne tu ich das auch. Wenn ich

hierher zurückkomme, werde ich ein anderer sein. Ich nehme die Türklinke in die Hand. Jetzt oder nie! Ich gehe aus mein Zimmer, betrete den Korridor und stelle mich ans Treppengeländer. Unten brennt Licht. Ich setzte den Fuß auf die erste Stufe und muss an Valentino, mit dem ich mein erstes Mal hatte, und Yannick denken. Meine Mom hat Valentino kennen gelernt. Damals fand sie ihn sehr nett. Wird sie im Nachhinein ihre Meinung ändern, wenn ich ihr erzähle, dass er der erste Mann für mich war? Yannick muss ich nicht erwähnen. Vielleicht später. Ob das gut ist? Und Tyson, ich weiß nicht. Tyson will eine lockere Freundschaft mit mir, keine Liebesbeziehung. Kickboxen hat bei ihm oberste Priorität. Bei mir ist es die Liebe. Wir geben zwei unterschiedlichen Dingen Vorrang, die nichts gemein haben. Mir ist deutlich geworden, dass aus Tyson und mir kein festes Paar werden kann. Wir teilen eine Leidenschaft. Auf Dauer ist mir das zu wenig. Ich wollte nie eine rein sexuelle Freundschaft, das entspricht nicht meinem Naturell. Womöglich kommt irgendwann eine Phase und ich bin dafür offen. Der Sex mit Tyson ist wirklich unbeschreiblich. Doch ich bin nicht nur Körper, ich bin auch Herz und Seele!

Ich nehme die zweite Stufe. Ich werde mit Tyson reden müssen. Eine Zeit lang kann man sich mit Sex trösten, aber Sex ist kein Ersatz für Liebe! Rede nicht so einen gequirlten Dünnschiss!, würde Etienne mich jetzt zur Räson rufen und ein Plädoyer für das Ausleben von Lust ohne Verliebtsein halten. Ich brauche das Blut der Seele und das Glück sowie den Schmerz, anders funktioniert das nicht. Ich suche die Tiefe, nicht das Oberflächliche. Patty würde mir zustimmen.

Die vierte Stufe geht sich leichter. Fünf. Sechs. Sieben. Ich bin im Sog der Treppe. Der Regenbogenkrieger lässt sich nicht mehr stoppen. Möglicherweise beirren, aber das gehört dazu. Ich erreiche die letzte Stufe. Meine Mom ist in der Küche. Bevor ich mich bemerkbar mache, verharre ich lautlos für einen Augenblick. Meine

Mutter sitzt am Küchentisch, trinkt Tee, wälzt in einem Magazin und macht Notizen. Neun Monate habe ich unter ihrem Herzen gelegen, bin herangewachsen und war ihr so nah wie man es nur sein kein. Uns hat viel mehr verbunden als die Nabelschnur. Ich bin ein Teil von ihr, ob schwul oder heterosexuell. Blut und Fleisch. Seele und Geist. Vergangenheit. Gegenwart. Zukunft. Alles ist hier. Ich gehe in die Küche.

Meine Mutter lächelt. »Hunger?«, fragt sie und legt den Kugelschreiber zur Seite.

»Nein.« Ich setze mich ihr gegenüber.

»Ist das Programm der Volkshochschule.« Sie hebt das Magazin an. »Ich mach mir Notizen. Cora hat mich gefragt, ob ich nicht Meditationskurse geben will.«

»Cora?«

»Sie leitet die VHS.«

»Und?«

»Ich würde schon gern. Für Papa die Buchführung zu erledigen ist auf Dauer langweilig. Absoluter beruflicher Stillstand, verstehst du? Sag ihm das bloß nicht, sonst ist er beleidigt«, lacht sie.

Gott, ich danke dir! Mom will sich entfalten und ihren Stillstand beenden. In diesem Zustand müsste sie mich gut verstehen können, außerdem ist sie meine Mutter. Mütter verstehen doch alles. Das kann nicht nur ein Klischee sein!

»Überleg nicht lange und sag zu! Du hast so viele Kurse belegt und bist ein wahrer Profi«, ermutige ich sie.

»Meinst du?«

»Ja!«

»Oma meint auch, ich soll es machen.«

»Nana ist klug! Hör auf sie.«

»Dass du Oma immer Nana nennst.«

»Johanna klingt doch langweilig.«

»Wie wär's mit Oma?«

»Ich bleib bei Nana. Nana und ich sind uns darüber einig.«

Meine Mutter lächelt mich an. »Ich werde gleich Cora anrufen und ihr meine Zusage geben, dann kann ich im Herbst anfangen. Das wird klasse werden!«

»Wo ist Dad?«

»Noch in der Werkstatt.« Sie sieht mich an, denkt nach und fragt: »Was hast du, Immo?«

»Ich ... nichts.«

»Ich kenn dich. Dich bedrückt etwas. Stress in der Schule? Liebeskummer?«

Vor einigen Wochen wäre Liebeskummer das Stichwort Nummer eins gewesen. Es ist 18.10 Uhr. Das Protokoll meiner Offenbarung kann beginnen. Es muss sein. Ich will frei sein. Keine Angst! Keine Panik! Der direkte Weg ist oftmals der beste. Ich bin schwul! In der Theorie fantastisch leicht. Die Praxis sieht jedoch anders aus. Hürden. Steine. Überwindungen. Der Regenbogenkrieger in mir setzt zum Bekenntnis an. Ich bewege die Lippen, jedenfalls habe ich den Eindruck, und nichts geschieht. Kein Wort ist zu hören, nicht mal ein Räuspern. Vielleicht sollte ich noch mal rausgehen, wieder reinkommen und die Sache durchziehen.

Mit Worten kann man ein Leben beenden. Mit Worten kann man aber auch Frieden schenken und einen seelischen Konflikt ausklingen lassen. Nichts anderes kann mir jetzt helfen. Die Wahrheit kann Erlösung sein. Und wenn es die eine Wahrheit nicht gibt, dann existiert womöglich eine andere, mit der wir leben können oder zu leben lernen.

»Ich kann dir nur helfen, wenn du mit mir sprichst.« Ohne dass sie es ahnt, stützt meine Mom meine Gedanken.

Flagge bekennen – darum ging es mir und das werde ich! Wenn ich mich jetzt nicht traue, dann wird es noch ewig dauern. Ich will! Ich kann! Ich muss! Hier und jetzt! Mag sein, dass ich einen kleinen

Tod sterbe, aber daran gewöhne ich mich besser. Ich bin ich, und ich werde mich für mich und mein Leben einsetzen!

»Ich hab dir doch von Yannick erzählt.« Das soll der Anfang meines Bekenntnis und dem großen Ja zu mir selbst sein? Bin gespannt, welchen Pfad ich einschlage. Bei solchen Angelegenheiten wünschte ich, ich hätte was von Holly. Nee, besser nicht. Dann doch lieber einen kleinen Umweg, der weniger schockt.

»Der Bursche, der immer Ärger gemacht hat. Ich erinnere mich.«

»Ja. Ich meine, nein.«

»Wie?«

Könnten Sie sich bitte mal ausweisen!, höre ich eine grimmige Stimme in meinem Kopf keifen. Der Wahnsinn greift um sich. Das ist die pure Verzweiflung. Ich sehe meine Mutter an. Ich will ihr nicht wehtun, will sie nicht verletzen. Aber sie muss auch mich verstehen. Ich kann nicht sein, was sie und mein Vater sich möglicherweise wünschen. Ich bin ich. Immer wieder. Ich bin ich. Das wird so bleiben. Die Gefühle in mir habe ich mir nicht ausgesucht, sie sind ein Teil von mir wie meine blauen Augen. Liebe ist Liebe. Frau. Mann. Mensch. Liebe bedeutet Glück. Liebe darf nicht verurteilt, abgelehnt oder bekämpft werden. Das gab es alles schon, gibt es nach wie vor, wird es leider immer geben. Aber nicht hier und jetzt! Meine Gedanken sind so klar. Wieso nicht meine Worte?

»Immo, hast du ein Problem?« Meine Mutter streckt mir über die Tischplatte die Hand entgegen.

Ich lege meine Handfläche auf ihren Handrücken. »Ich nicht, aber du vielleicht gleich.«

»Ich hab ein Problem? Probleme sind dazu da, damit man sie löst. Immo, ich bin deine Mutter mir kannst du alles sagen.«

»Alles?«

»Ja!«

230

»Yannick war mein Freund.«

»Dein Freund? Das weiß ich doch.« Ich gucke meine Mutter unmissverständlich an. Sie hat mich geboren. Sie kennt mich und weiß in der Regel den kleinsten Lidschlag zu deuten. »Dein Freund«, sagt sie ruhig.

Ich fürchte, sie hat erkannt, dass ich trotz aller Vertrautheit auch ein Fremder für sie bin. »Ja, mein Freund«, bekräftige ich. »Ich habe gelogen. Yannick hat nie irgendwelche krummen Dinge gedreht. Das habe ich nur behauptet, damit du nicht mit ihm sprichst. Ich hatte Angst davor, dass du etwas spitzkriegen könntest. Wir sind nicht mehr zusammen.«

Rein äußerlich ist meiner Mutter nichts anzusehen. Ob sie innerlich mit sich kämpft? Ich kann es nicht sagen.

»Warum sagst du nichts? Es fällt mir nicht gerade besonders leicht, dir die Wahrheit über mich zu sagen. Ehrlich gesagt, fühle ich mich ganz schön scheiße. Aber nicht, weil ich der bin, der ich bin. Schwulsein ist völlig normal. Seit ich mich erinnern kann, fühle ich mich zu Männern hingezogen.«

»Aber du bist doch ständig mit Patty zusammen gewesen.«

»Mom, Patty und ich sind Freunde, das ist es aber auch. Ich mag Frauen sehr gern, platonisch.«

»Jeder Irrtum ausgeschlossen?«

»Ja! Mom, ich bin schwul.« Endlich ist es raus. Ich fühle mich befreit. Das fühlt sich gut an.

»Ich muss Essen machen.« Meine Mutter steht auf, geht zum Herd und stellt die Kochplatte an, um das Wasser für die Nudeln zum Kochen zu bringen.

»Ist das alles? Mehr hast du mir nicht zu sagen?« Ich wünschte, Holly würde wie in meinem Coming-out-Traum in ihrem Regenbogenkleid reinmarschieren und die Wände zum Wackeln bringen.

Meine Mutter kommt auf mich zu, stellt sich neben mich. »Gerade eben hast du mir gesagt, Schwulsein ist völlig normal. Soll ich dir was sagen? Du hast Recht! Ich mach mir nur Sorgen, weil du es vielleicht schwerer in der Gesellschaft haben wirst. Ich will, dass du glücklich wirst, Immo.«

»Ich bin glücklich, Mom!«

Die Augen meiner Mutter füllen sich mit Tränen. »Ich weiß.« Sie küsst mich. »Ich weiß, Immo.«

»Warum die Tränen? Ich heul auch nicht!«

»Entschuldige, mein Schatz. Überkommen mich einfach. Wenn ich daran denke, wie groß deine Überwindung gewesen sein muss, mir zu sagen, dass du ... homo... schwul bist, muss ich heulen. Ich bin deine Mama. Wenn deine Angst vor mir schon so groß ist ...« Meine Mutter umarmt mich. »Ist nicht leicht, ich weiß. Ich lieb dich!«

»Und Papa?«

»Der wird ein bisschen Zeit brauchen, um sich daran zu gewöhnen, dass du uns einen Freund ins Haus bringen wirst.«

»Daran wird er sich nie gewöhnen!«

»Gib ihm etwas Zeit.«

»Ich bin sein Sohn!«

»Das wird er nie vergessen. Du solltest deinen Vater nicht unterschätzen.«

»Er hat einen Aufstand gemacht, weil ich in keinen Fußballverein eingetreten bin. Dad ist der absolute Übermann!«

»Trotzdem ist er wehleidig, wenn er nur einen kleinen Schnupfen hat!«, lächelt meine Mutter.

Ich weiß, dass sie vorhin die wenigen Sekunden vom Tisch zum Herd gebraucht hat, um sich mit der Neuigkeit anzufreunden. Ich bin nicht naiv. Mir ist klar, dass sie innerlich nicht klatscht und sich darüber freut, dass ich schwul bin. Aber ich kenne meine Mom und weiß, dass sie mit meinen Gefühlen Frieden schließen wird. Bei meinem Vater sieht das anders aus. Doch auch ihm werde ich die Wahrheit sagen. Regenbogenkrieger für immer!

❤ ❤ ❤

Ich liege auf meinem Bett, höre Musik und warte. Vor wenigen
Minuten ist mein Vater nach Hause gekommen. Meine Mom wird
ihm die frohe Kunde überbringen. Lass mich erst mit Papa sprechen, hat sie mich gebeten. Ich weiß, dass meine Mom mir einen
Weg ebnen will. Sie weiß, dass mein Dad alles andere als erfreut
sein wird. Wenigstens habe ich meine Mutter auf meiner Seite. Sie
ist die Verbündete, die ich brauche. Und Nana. Bei ihr habe ich
keinerlei Zweifel. Nana ist für alles offen und hat keine Berührungsängste.

Ich höre Schritte. Mein Vater kommt die Treppe hinauf zu meinem Zimmer. Der Count-down läuft. Ich setze mich aufs Bett, sehe
zum Funkwecker. Es ist 18.49 Uhr. Ich bin nervös. Mir ist schlecht.
Der härteste Teil meines Selbstbekenntnisses steht mir unmittelbar
bevor. Ich möchte es hinter mich bringen. Komm schon, Daddy,
reiß die Tür auf, begegne mir wie ein Fremder, schlag deine Enttäuschung und Ablehnung verbal in mein Gesicht und lass mich
allein. Der Feigling in mir macht sich bemerkbar. Obwohl ich sitze,
schlottern mir die Knie. Warum das alles? Als heterosexueller
Junge würde dieser Krug an mir vorüberziehen. Ich müsste mich
nicht der Demütigung ausliefern und mich aburteilen lassen. Niemand würde von mir eine Rechtfertigung verlangen.

Mein Vater kommt ins Zimmer. Seine Gesichtsmuskeln sind an-
gespannt. Der Blick ist streng. Ich komm mir vor, als wäre ich 6
und hätte etwas ausgefressen. Ich bin aber keine 6 mehr, und ausgefressen habe ich auch nichts. Will er mich übers Knie legen und
mir den Hintern versohlen? Das hat er früher nicht gemacht und
heute damit anzufangen wäre idiotisch. Wozu das väterlich autori-
täre Auftreten? Er soll es uns beiden nicht zu schwer machen. Auf
den Stufen hat er möglicherweise vergessen, dass ich sein Sohn bin.
Vergessen. Nein, wohl eher verdrängt. Ich hoffe, er erinnert sich

daran, dass, wenn er mich schon nicht als Sohn akzeptieren kann, ich dennoch sein Kind bin.

»Mama hat eben mit mir gesprochen«, sagt mein Vater und bleibt vor mir stehen.

»Ich weiß.«

Er setzt sich neben mich. Ich schaue ihn an, fühle ein Unbehagen. Wenigstens das teilen wir! »Hast du schon mal mit einem Mädchen geschlafen?«, will er wissen.

»Nein.« Wieso fragt er mich das?

»Woher willst du dann wissen, dass es dir nicht gefällt?«

Aha. Deswegen fragt er! Seine Logik basiert auf dem sprichwörtlich letzten Strohhalm an dem er sich klammert. Tomaten haben mir noch nie geschmeckt. Ich könnte hundert verschiedene kosten, trotzdem würde sich nichts daran ändern. Würde ich ihm das sagen, würde er mich fragen, was Frauen mit Tomaten zu tun haben. Darum lass ich es lieber bleiben. »Woher wusstest du, dass du nicht auf Männer stehst?«, stelle ich stattdessen die für mich einzig logische Gegenfrage. »Hast du es vorher ausprobiert?«

Mein Vater sieht mich angewidert an. »Ich bin ein Mann! Jeder Mann steht auf Frauen. Das ist seine Natur! Das ist normal!«

Er hat sich dazu entschieden, es mir — uns — schwer zu machen, muss ich leider erkennen. Ich werde mich nicht beugen! Ich werde meinen ganzen Mut zusammennehmen, koste es was es wolle. Ich kämpfe. »Dann bin ich also nicht normal für dich?«

»Du willst doch nicht etwa einer von den Typen sein, die man immer im Fernsehen sieht und die ihre nackten Ärsche jedem zeigen und sich wie Tiere benehmen?«

Gegen nackte Brüste und sich zur Schau stellende Frauen auf DSF oder sonst einem Fernsehsender hat er bestimmt nichts einzuwenden. Überrascht mich nicht, dass er Schwulsein am Image festmacht, das die Medien der breiten Masse verkauft. Dieses

Image schadet nur und schürt Vorurteile, weil es nichts anderes als doofes Klischee ist.

»Nackte Ärsche. Was hat das mit meinem Schwulsein zu tun?« Ich weiß genau, was in seinem Kopf abgeht. Warum reduziert mein Vater mich auf sexuelle Praktiken, die auch unter seinesgleichen sehr beliebt sind? Das ist unfair!

»Kann doch sein, dass das eine Phase ist. So was soll es ja geben.«

»Waren Frauen bei dir eine Phase?«

»Das kannst du nicht vergleichen.«

»Tut mir Leid, wenn ich dich enttäusche. Ich mag Frauen, aber nicht so wie du. Das ist keine Phase. Ich bin schwul.«

»Mit 16 kann man das nicht wissen!«

»Wann wusstest du, dass du heterosexuell bist?«

»Schon immer!« Mein Vater fühlt sich immer unwohler, weil er auf Grund meiner Gegenfragen seine persönliche Ausweglosigkeit erkennt.

»Bei mir ist das nicht anders! Seit ich denken kann, interessiere ich mich für Jungs und fühle mich zu ihnen hingezogen.«

»Hervorragend!«

Weshalb nimmt er keinen Holzpflock und rammt ihn mir ins Herz? Sein ›hervorragend‹ ist ihm rausgerutscht, ohne dass er es wollte. Ich spüre seine Ablehnung so deutlich. Mir wäre lieber gewesen, er hätte zum Hosengürtel gegriffen. Ich glaube, das hätte weniger wehgetan!

»Das muss ich erst mal sacken lassen.« Mein Vater steht auf, geht zur Tür. Bevor er mein Zimmer verlässt, sieht er mich für einen Moment an und geht dann. Er hat kapituliert. Jedenfalls für den Moment. Dabei wird es nicht belassen, das ist klar.

Die Anspannung fällt von mir ab. Endlich ist es raus! Als Regenbogenkrieger habe ich mich wacker geschlagen. Ich mach mir nichts vor und bin mir dessen bewusst, dass noch ein langer Weg vor mir liegt. Ein langer Weg – das ganze Leben!

Kurzmitteilung verfassen
Ich hab es meinen Eltern gesteckt!
War nicht leicht, hab es aber voll
durchgezogen. Meine Mom hat es
gefasst aufgenommen. Mit Daddy
wird es Stress geben. Ist es mir wert!
Senden

1 Kurzmitteilung Etienne
Dein Coming-out!!! Dein Daddy
wird sich schon wieder einkriegen!
Sei stolz auf dich! Ich bin es! Rufe
dich später an!

Antworten
Wollte mein Coming-out mit einem
Boyfriend durchstehen. Schaff ich auch
allein. Ich hab ja meine Freunde!!!
Senden

INNAMORAMENTO

Die Bäume sind wieder grün. Immer mehr Blumen kommen aus der Erde und strecken die Köpfe dem Himmel entgegen. Vögel zwitschern. Schmetterlinge tanzen in der Luft. Es ist Ende April, und der Frühling lässt die Sonne erstrahlen. Der Winter ist endgültig besiegt. Ringsum scheint es ein Erwachen zu geben. Es swingt in den Straßen. Was da swingt? Na, das Leben!

»Beeil dich!«, flötet Etienne. »Ich darf nicht zu spät kommen. Die Schwachköpfe meinen dann, ich würde auf Diva machen. Das kann ich mir nicht leisten. Noch nicht.« Er grinst überheblich. »Denen werde ich es zeigen! Wieso die TV-Schwachköpfe ein zweites Vorsprechen verlangen, ist mir ein Rätsel.«

»Sei froh, dass du noch im Rennen um die Fernsehrolle bist«, gebe ich Etienne zu bedenken. »Die hätten dir auch letzte Woche am Telefon sagen können, dass du draußen bist.«

Etienne bleibt stehen, guckt mich an. »Mach dich nicht lächerlich! Männer können mir nicht widerstehen. Ob Fernsehmacher oder Bauarbeiter – die wollen mich alle! Seien wir mal ehrlich. An mir kommt keiner vorbei. Ich bin der wandelnde feuchte Traum. Hast du etwa schon den notgeilen Schaffner im Zug vergessen? Der wollte nicht mein Ticket kontrollieren, das war doch bloß ein Vorwand, um mich anquatschen zu können.«

»Du hast 'ne blühende Fantasie. ›Kann ich bitte Ihr Ticket sehen‹ ist keine Anmache. Der Typ hat seinen Job erledigt, das ist alles.«

»Ach ja?« Etienne kramt eine Visitenkarte aus seiner Hosentasche. »Und weshalb hat er mir die hier gegeben? Der will was sehen, klaro. Dreimal darfst du raten was!«

Respekt! Wie macht Etienne das nur? Der würde selbst noch aus der menschenleeren Wüste irgendwelche Telefonnummern von geilen Männern mitbringen. »Wann hat er dir die Visitenkarte gegeben? Ich hab davon nichts mitbekommen.«

»Du kriegst vieles nicht mit. Wenn du mich fragst, hättest du dich ruhig weiter mit Tyson treffen sollen. Der Aufzugknutscher hätte dir jede Menge geiles Zeug beibringen können! Wie kann man ein Matratzen-Genie absägen? Dein Hirn muss mit Sauerstoff unterversorgt gewesen sein. Hast du zu viel Poppers genommen? Lass uns Freunde bleiben. Nur Sex ist nicht mein Ding. Hallo? Das sagt man doch nicht zu einem wie Tyson! Von dem lässt man sich keulen, bis man taub ist im Hintern. Mach's mir!, das sagt man so einem und schreit aus voller Kehle: *Go for it, baby!*«

»Komm runter! Du erhitzt dich. Das macht sich nicht gut vor der Kamera.«

»Als würde mir das was ausmachen! Ich marschier da gleich rein, quatsch diesen hirnrissigen Text, angel mir noch einen geilen Beleuchter oder wen auch immer und krieg die Rolle! Und los jetzt. Wir müssen uns beeilen!« Etienne nimmt meine Hand und schleift mich mit sich. »Wenn wir schon mal in Berlin sind, dürfen wir auf keinen Fall ohne ein geiles Abenteuer nach Hause. Ich will noch unbedingt in diese Bar. Wie heißt der Schuppen noch? *Tom's Scheune* oder so ähnlich. Da soll voll die Sau abgehen. Steht zumindest im Internet. Gestern Abend war es dafür zu spät. Jammerschade, dass wir heute Nacht schon abreisen. Der ganze Aufwand für so ein blödes zweites Vorsprechen. Würden die Säcke nicht die Reisekosten übernehmen, hätte ich locker zwei, drei Tage drangehängt.«

»Hätten die nicht dein Ticket bezahlt, wärst du gar nicht hier.«

»Kann ja nicht jeder so eine spendable Oma wie du haben! Gott weiß, für so eine Großmutter würde ich meine Erzeuger sofort eintauschen!«

»Nana hat mir den Trip nach Berlin spendiert, damit ich zu hause rauskomme. Schon vergessen: Mein Dad benimmt sich total bescheuert. Der meidet mich! Nana ist total sauer. Sie hat gesagt, dass sie ihn sich vorknöpfen will.«

Etienne bleibt erneut stehen, nimmt mich in den Arm und sagt: »Dein Dad kriegt sich schon ein. Die richtig heiße Phase beginnt, wenn du deinen nächsten Boyfriend mit nach Hause schleppen willst. Immo, du musst mir versprechen, dass ich dabei sein darf. Bitte! Das Gesicht deines Vaters will ich um keinen Preis verpassen. Hm.« Etienne beißt sich auf die Unterlippe. »Würde der nicht so geil aussehen, könnte ich übel über ihn ablästern. Kann ich aber nicht! Du hast den attraktivsten Vater, den ich jemals gesehen habe. Ob er auf anal steht?«

»Falls ja, dürfte ihm das nach meinem Coming-out vergangen sein. Und was fragst du mich eigentlich für einen Schrott? Lass mich mit dem Mist in Ruhe!«

Etienne drückt mich, küsst mich freundschaftlich und schleift mich wieder munter hinter sich her. »Bleib locker! Eltern treiben es nicht weniger schmutzig als unsereins«.

Wir beeilen uns, damit er noch rechtzeitig zu seinem Vorsprechen kommt. Das viele Männergucken hat Zeit gekostet! Ich bin froh, dass ich Etienne nach Berlin begleiten konnte. Zwar ist unser Trip in der Tat zeitlich eng bemessen, aber ich genieße die Stunden. Zudem lenkt es mich von der Situation mit meinem Dad ab. Es macht mich traurig, dass unser Verhältnis nicht mehr so wie früher ist. Er hat Berührungsängste, glaube ich. Er kann nicht über seinen Schatten springen und ist enttäuscht darüber, dass ich nicht auf heterosexuell geeicht bin. Meine Mom meint, das wird schon noch werden. Ich mach mir nichts vor. Mein Vater wird wahrscheinlich nie so wie der von Yannick werden. Das ist schade, denn vor meinem Coming-out haben wir uns sehr gut verstanden. Holly ist über das Verhalten sauer. Dein Vater soll sich mal überlegen, was er dir antut!, hat sie mir noch vor zwei Tagen am Telefon gesagt.

Ich schaue auf mein Handy, seufze.

»Wenn er dir eine SMS schickt, wirst du's bei deinem blöden SMS-Fun-Sound mitkriegen«, kommentiert Etienne mein Seufzen.

»SMS-Fun-Sound hatte ich noch nie! Und was meinst du überhaupt?«

»Willst du mich verarschen? Ich meine Sisko!«

»Im Gegensatz zu mir entgeht dir absolut nichts! Ich versteh das nicht. Ich hab ihm schon zweimal gesimst und gesagt, dass ich in Berlin bin. Ich würde ihn so gern kennen lernen.«

»Find dich damit ab. Dieser Sisko ist ein Gruftie, der auf den Kompost gehört! Der ist runzelig, alt, fettbäuchig, kleinschwänzig und der Schatten seines Schattens. Vorne kommt bei dem nichts mehr raus, dafür furzt er wie ein Stinktier. Der wird sich nie bei dir melden!«

»Vermutlich hast du Recht.«

»Vermutlich?« Etienne nimmt meine Hand, wiegt sie im Takt. »Du wirst dich wieder verlieben! Hundert Pro!«

Er kann so süß sein, wenn er will. Meistens will er aber nicht. Wir kommen bei der Adresse an, stehen vor einem großen Gebäude. Etienne ist die Ruhe in Person. Nervosität Fehlanzeige! Dafür bewundere ich ihn. Mit dem Aufzug fahren wir in die fünfte Etage, wo die TV-Produktionsfirma ein Büro hat. Hektik herrscht. Etienne bleibt ruhig, tuschelt mit mir über die anwesenden Männer und geht seinem Lieblingsratespiel nach: Wie viel Zentimeter hat der Typ da vorne wohl in der Hose? Der hat Nerven wie Drahtseile. Wie selbstverständlich sagt Etienne zu einer jungen Frau, die das Vorsprechen leitet, dass er da ist und bereit wäre. Dabei glotzt er zu einem dunkelhaarigen Typen rüber, der die rechte Augenbraue hochzieht und eindeutig lächelt. Die Frau schnappt sich Etienne und verschwindet mit ihm ins Nebenzimmer. Ich bleibe zurück, warte. Wie gern wäre ich jetzt an Etiennes Stelle. Für ihn geht es um eine Rolle in einer TV-Produktion. Die Macher hüllen sich in Schweigen, rücken mit keinen näheren Informationen raus. Angeblich wollen sie nicht, dass etwas nach draußen dringt. Klingt spannend. Dank Etienne kann ich wenigstens ein bisschen Fernsehluft schnuppern. Noch habe ich meinen Traum nicht begraben. Irgendwann wird meine große Stunde schlagen!

❤ ❤ ❤

Das Warten nervt mich. Fast eine Stunde ist vergangen. Ich grüble über alles Mögliche nach. Hollys aktueller Lieblingssong schießt mir in den Sinn. *The Sun Will Shine Again* – verlasst euch drauf!

Etienne kommt aus dem Nebenzimmer. Er grinst freudig vor sich hin. »Du siehst aus, als hättest du ein Gespenst gesehen«, sagt er zu mir.

So schnell kann ich nicht den Schalter im Kopf umlegen. »Warum hat das so lange gedauert? Viel wichtiger: Hast du die Rolle?«

»Die rufen an! Das haben die auch nach dem ersten Vorsprechen gesagt. Wenn die sich nicht entscheiden können, sollen die es gefälligst lassen. Komm, wir gehen.«

»Wie ist es gelaufen? Hast du ein gutes Gefühl?«

»Supi ist es gelaufen. Mal ehrlich. Die sind nicht doof. Die haben längst gecheckt, was ich drauf habe. Das müssen die Wattebauschwerfer erst noch verarbeiten, sind eben nicht die Schnellsten. Wenn du mich fragst, haben die alle 'ne Profilneurose! Zuhause erzähle ich dir alles. Ich bin echt genervt. Is' heavy mit solchen Pfeifen umzugehen. Das sind alles selbstverliebte Idioten. Die denken, die seien die Schönsten. Die reden auch nur von sich. Ich hab dies, ich hab das.«

Etienne ist ... unbeschreiblich!

»Und was war der Grund für dein Grinsen?«

»Die geile Sau von Kameramann. Der hat schmutzige Gedanken gehabt, wetten! Der ist ein Sex-Monster. Ich hab meinen blöden Text in die Kamera gesprochen und der hat mich angestarrt wie einer, der zwei Jahre keinen Sex mehr hatte. Ich konnte seine Geilheit riechen! Mit den Augen hatte der Hormon-Goliath mich schon ausgezogen. Der saß an der Kamera und hatte 'ne Latte! So eine blöde Schwuchtel mit Macht hat unser Date blockiert.«

»Blockiert? Wie hat er das gemacht? Hat er dir den Reißverschluss verlötet und den Mund zugehalten?«

»Die ekelige Tunte hätte mich anfassen sollen! Die Ziege hat den Süßen mit der Kamera mit Aufgaben zugehauen. Das hat die Alte absichtlich gemacht! Gib 'ner frustrierten Schwester, die keiner mehr will, die Macht und die mutiert zur gnadenlosen Diktatorin. Die ist rumgelaufen, als hätte sie noch den Schwanz von letzte Nacht im Arsch. Abgewrackt wie die Tunte aussieht, war das ein Dildo – aber XXL. Ekelig, die Ätz-Backe!« Wir sind fast schon am Ausgang. Etienne stoppt. »Warte mal!« Er läuft zurück in den Raum, wo er vorsprechen musste. Ich höre ihn lachen. Er schäkert. Zwei Minuten später kommt er zurück. In den Händen hält er zwei kleine 0,33-Liter-Flaschen Cola und eine Packung Kekse. »Hätte ich glatt vergessen!«, sagt er und gibt mir eine Flasche. »Das ist das Mindeste, was wir abstauben können. Die Typen werden immer knickeriger. Cola und Kekse. Die spinnen wohl!«

»Was machen wir jetzt? Unser Zug geht um 21.03 Uhr. Vier Stunden bleiben uns noch.«

»Männer aufreißen!«

»In vier Stunden?«

Etienne straft mich mit einem bösen Blick. »Hat dich die De-
menz erwischt? Ich bin beliebt, das weißt du. Was glaubst du, wie
lange ich brauche, um einen Stecher an Land zu ziehen? Außerdem
wollten wir zu *Tom's Scheune*.«

»Irgendwie hab ich keinen Bock.«

»Wir sind in Berlin! Hier gibt's jede Menge Kerle! Wir müssen
Kontakte machen. Wir brauchen jemanden, bei dem wir das
nächste Mal pennen können. Kostenlos, versteht sich.«

Ich gebe mich geschlagen. Hat sich Etienne erst mal etwas in
Sachen Männer vorgenommen, ist er nicht mehr davon abzubringen. Das kann ich mir schenken. Dann werde ich eben mit ihm
durch die Szene ziehen und Telefonnummern einsammeln. Zwar
bin ich nicht in der richtigen Stimmung dafür, weil ich von Sisko
enttäuscht bin und schon glaube, dass wahrscheinlich alle Homos
in der Hauptstadt so schräg drauf sind. Dennoch, Kontakte zu machen ist nicht verkehrt, damit hat Etienne gar nicht Unrecht.
Schließlich weiß man nie, wofür es gut ist!

♥ ♥ ♥

Wir sind auf dem Weg zum Bahnhof. In den vergangenen zweiein-
halb Stunden hat sich Etienne eine männliche Fan-Gemeinde in
Berlin erobert. Wenn er sich das nächste Mal in *Tom's Scheune* sehen
lässt, wird für ihn garantiert der rote Teppich ausgerollt. Etienne
ist ein menschliches Wunderwerk an Kontaktfreudigkeit. Er muss
nur Hallo sagen und wird zum Drink eingeladen. Die Art, wie er
Hallo sagt, scheint für die meisten Kerle ein eindeutiges Signal zu
sein. Bei Etienne kriegt wahrscheinlich selbst ein achtzigjähriger
impotenter Opa einen Ständer – und wenn nur in Gedanken. Das
war wieder mal eine weitere knallharte Demonstration, dass man
Flittchen sein nicht lernen kann, sondern als solches geboren wird!

»Irgendwann müssen wir nach Amerika«, schwärmt Etienne.
»Stell dir das mal vor, Immo. Du und ich und all die heißen

Americanos. Uuuh! New York. Los Angeles. San Francisco. Ich will einen geilen Texaner, einen echten Cowboy, der weiß, wie man das Lasso schwingt. Ich will ihn nackt, mit Cowboyhut und Lederchaps, Sporen. Ah! Meinst du die ficken anders als Berliner oder Hamburger?«

Erstaunlich. Über den Ausgang seines Vorsprechen macht Etienne sich keinerlei Gedanken. Kein einziges Wort hat er mehr darüber verloren, ist wie aus seinem Gedächtnis gestrichen. Ich würde nur daran denken können, total aufgeregt sein und mich fragen, ob ich es gepackt habe. Etienne denkt an Männer.

Piep. Piep. Mein Handy. Eine SMS!

1 Kurzmitteilung Sisko
Sorry! Hab mein Handy zu hause vergessen.
Du bist in Berlin? Will dich unbedingt sehen.
Wo steckst du? Hast du jetzt Zeit?

Antworten
Bin am Bahnhof Zoo. Der Zug geht in 30
Minuten. Schade.
Senden

1 Kurzmitteilung Sisko
Bin in 10 Minuten da. Warte vorm
McDonalds auf mich. Bis gleich!

»Auf den letzten Drücker fällt dem ein, dass er dich sehen will«, lästert Etienne über die SMS. »Du weißt nicht mal, wie der Freak aussieht. Eigentlich kannst du über sein beschissenes Timing froh sein. Du musst dir nicht mal 'ne Ausrede einfallen lassen, wenn dich so ein widerlicher Sack anquatscht. Hallo. Ich muss zu meinem Zug. Ciao. Schneller kann man keinen Abartigen loswerden.

Zuhause löschst du seine E-Mailadresse. Schickt er dir 'ne SMS, löschst du die Kacke. Aber vorher muss du ihm noch irgendwas Gemeines simsen, das hat er verdient.«

»Warte doch erst mal ab. Vielleicht ist er nett!«, gebe ich Etienne zu bedenken, als wir uns gegenüber vom Bahnhof postieren.

»Nett. Nett behaarter Rücken? Warum hat er dir nie ein Foto gemailt? Dafür wird es einen Grund geben. Nett ist der Grund bestimmt nicht!«

Die Wahrscheinlichkeit, dass Etienne mit seiner Vermutung richtig liegt, ist sehr groß, ich weiß. Allerdings habe ich nichts zu verlieren. Sollte mich das Grauen packen, bin ich Dank Etienne gewappnet: Hallo. Ich muss zu meinem Zug. Ciao. Wir schauen uns in der Menge um, raten, wer der große Unbekannte sein könnte.

»Nach den Hübschen brauchst du erst gar nicht gucken«, sagt Etienne. »Das ist Zeitverschwendung und Illusion. Hübsch ist der nicht! Mach dir keine Sorgen. Ich pauk dich da raus. Ich werde dem so was von einer Abfuhr erteilen – die wird der nie wieder vergessen!«

»Bitte keine verbale Kastration«, grinse ich. »Das letzte Mal wollten die uns aus dem *Lollipop* werfen.«

Die Zeit drängt. Wir können nicht länger warten, müssen zum Bahngleis. Egal. Momentan habe ich genug mit mir zu tun und muss meinen Weg finden. Auf eine weitere Enttäuschung kann ich verzichten. Im Bahnhof geht es zu wie auf einem Schlachtfeld. Wir quetschen uns an Leuten vorbei, um zum Gleis zu kommen.

»Du willst dich doch nicht einfach so wegstehlen«, sagt plötzlich eine verführerische Stimme hinter mir, und eine Hand hält mich am Arm fest.

Ich drehe mich um. Himmel, Mond und Sterne! Vor mir steht ein bildhübscher Mann mit schokoladenbrauner Haut, wunderschönen dunklen Augen und einem umwerfenden Lächeln.

»Sisko?«, frage ich ungläubig.

»Yo!«

Ich schau kurz zu Etienne rüber. Er weiß meinen Blick zu deuten, ist genauso platt wie ich. »Hi!« Mehr kann ich zurzeit nicht sagen.

»Schön, dass wir uns doch noch treffen. Ich hab gearbeitet und mein Handy zuhause vergessen, hab ich dir ja schon gesimst. Ich bin Fotograf, weiß du. Musste eine Hochzeitsfeier im Bild festhalten.« Sisko lächelt. »Musst du wirklich schon abreisen?«

»Ja, leider. Unser Zug fährt gleich ab. Das ist übrigens Etienne, mein bester Freund«, stelle ich ihn Sisko vor. Sisko gibt Etienne die Hand.

»Warum hast du Immo nie ein Foto von dir gemailt?«, will Etienne wissen. »Wir haben vermutet, du wärst der Glöckner von Berlin.«

Sisko lacht amüsiert. »Hab kein Bock darauf, dass meine privaten pics durchs Internet geistern. Ich bin vorsichtig. Hab zu schlechte Erfahrungen gemacht. Auf die schnelle Nummer bin ich nicht aus!«

Etienne schubst mich an. Das macht er so auffällig, dass es jeder Idiot bemerken würde.

»Wir müssen zum Zug. Leider.« Ich wünschte, ich könnte noch einen Tag länger in Berlin bleiben.

»Ich bring euch hin.«

Während wir zum Bahngleis gehen, will Etienne natürlich wissen, woher Sisko stammt. Er erzählt uns, dass sein Vater von Port-au-Prince, Haiti, kommt und seine Mutter Deutsche ist. Natürlich will Etienne auch sein Alter wissen. 23. Ich stoppe Etienne, weil mir seine Fragerei peinlich ist, was er nicht nachvollziehen kann. Der Zug steht bereits am Bahngleis, ist zur Abfahrt bereit. Etienne verabschiedet sich von Sisko, lässt mich einen Moment mit ihm allein.

»Dumm gelaufen«, lächelt Sisko mich an. Er nimmt meine Hand, hält sie. »Hätte gern mehr Zeit mit dir verbracht und dich richtig kennen gelernt.«

»Ich auch.«

»Hättest du nicht gedacht, oder?« Sisko spielt auf sein gutes Aussehen an.

»Nein. Ich hab gedacht, du wärst ...«

»Ein Faker, stimmt's?«

»Ja. Krieg ich jetzt ein Foto von dir?«

»Na klar. Ich mail's dir heute Abend noch rüber.«

Es kommt die Aufforderung vom Zugschaffner einzusteigen.

»Ich muss«, sage ich zögernd. Am liebsten würde ich bleiben. Ich glaube, Sisko fühlt das.

»Wir müssen uns ganz schnell wiedersehen. Wir haben eine Menge zu bereden.«

Ich lächle, schaue Sisko an. Der Moment lässt sich nicht länger rausziehen. Es gilt Abschied zu nehmen. Ein Zauber liegt in der Luft. Sisko kommt auf mich zu und umarmt mich. Ich erwidere seine Umarmung. Was für ein schöner, inniger Moment. Es wird noch besser. Wir küssen uns! Der Kuss ist intensiv und lässt Schmetterlinge in mir aufsteigen. In diesem Augenblick bin ich einfach nur glücklich!

Ich muss in den Zug einsteigen. Im Abteil öffne ich das Fenster, reiche Sisko die Hand.

»Ich ruf dich an!«, verspricht Sisko und wirft mir einen Kuss zu.

»Wirklich?«, vergewissere ich mich lieber noch einmal.

»Ganz bestimmt!«

Der Zug rollt an. Wir müssen uns loslassen. Sisko winkt mir zu und lächelt. Ich bleibe am offenen Fenster stehen. Ein warmes, sanftes Gefühl durchströmt mein Herz. Ein Teil von mir bleibt bei Sisko. Ich kann mich nicht dagegen wehren, selbst wenn ich wollte. Aber ich will es ja gar nicht. Das ist der Moment, den ich mir immer so sehr gewünscht habe und von dem ich hoffe, dass er ewig währt. Wenn zwei Herzen sich begegnen, nach langer Suche endlich ein Echo finden und sich ineinander verlieben.

Innamoramento; so klingt das Sich-Verlieben.

FORTSETZUNG IN ABSEHBARER ZEIT!

In den vergangen Wochen ist verdammt viel geschehen. Blicke ich zurück, überkommen mich gemischte Gefühle. Allerdings will ich gar nicht zu oft eine Rückschau halten. In der Vergangenheit zu leben ist nicht gut. Was gelebt ist, ist gelebt. Daran lässt sich nichts mehr ändern. Interessant ist die Zukunft, auch wenn der Gedanke an das Ungewisse ängstigen kann. Hey, schon vergessen, dass ich ein Regenbogenkrieger bin! Du nicht vielleicht auch?

Mein Blick ist dem zugewandt, was vor mir liegt. Machen wir uns nichts vor: Das Leben ist eine bunte Wundertüte mit allerlei Überraschungen, die nicht immer angenehm sind. Vielleicht ist es gerade das, was für Spannung sorgt. Gut möglich. Für mich ist auf jeden Fall die Liebe das Wichtigste. Ohne Liebe fühle ich mich unvollständig, regelrecht amputiert. Glücklicherweise gibt es einen Neuanfang. Sisko! Ich kann es noch gar nicht wirklich glauben. Ich bin total verliebt! Noch während der Zugfahrt von Berlin hat Sisko mir gesimst. Die SMS werde ich niemals löschen!

1 Kurzmittelung Sisko
Mich hat's voll erwischt! Amors Pfeil
hat mein Herz getroffen. Ich will dich
wiedersehen. Du bist noch keine 5 Minuten

249

im Zug, und ich hab total Sehnsucht nach
dir. Ich will dich!

Die SMS von Sisko lese ich beinahe jeden Abend vorm Einschla-
fen. Ich weiß natürlich, dass das nicht einfach werden wird. Sisko
lebt in Berlin. Mit dem Auto trennen uns gut sechs Stunden Fahr-
zeit. Aber wahre Liebe findet immer einen Weg – daran glaube ich
ganz fest! Sisko hat mir ganz viele Fotos von sich gemailt. Er sieht
so süß und sexy aus. Mein Herz steht total in Flammen! Etienne rät
mir zur Vorsicht. Er ist überzeugt davon, dass Sisko ein Herzens-
brecher ist und alles andere als treu. Ich vertraue Sisko, und ich will
eine Beziehung mit ihm. Vielleicht ist er für mich der Mann fürs
Leben!
   Der Regenbogenkrieger in mir muss weiterhin stark sein. Das
Verhältnis zu meinem Vater ist unverändert. Er tut sich schwer damit, dass ich auf Männer stehe. Er gibt sich distanziert, was mich
verletzt. Ich weiß nicht, was ich machen soll. Konflikte sind vor-
programmiert! Meine Mom geht mit der Situation cool um. Für
sie sind meine Gefühle kein Problem mehr, zumindest zeigt sie es
nicht. Sie hat mich sogar auf meine Beziehung mit Yannick angesprochen. Von Sisko habe ich ihr noch nichts erzählt. Auf alle Fälle
werde ich ihr Sisko vorstellen, so viel steht fest! Mit Sisko werde
ich mich nicht verstecken. Wozu hatte ich ein Coming-out? Ich
weiß natürlich, dass mein Coming-out noch nicht abgeschlossen
ist. Der erste wichtige Schritt ist getan! Ich bin bereit zu kämpfen,
auch mit meinem Dad!
   Nana hat auf meine Offenbarung großartig reagiert, genau wie
ich es erwartet habe. Sie hat mir ihre vollste Unterstützung zuge-
sagt. Meinem Vater macht sie übrigens die Hölle heiß. Nana findet
sein Verhalten völlig daneben.
   Großes gibt es über Etienne zu berichten. Ich hoffe, ihr sitzt alle
gut. Etienne ist ein absolutes Glückskind! Er hat es tatsächlich ge-

schafft. Ab kommendem Sommer wird er eine Rolle in einer Tele-
novela übernehmen!!! Diese Nachricht haben wir natürlich groß
gefeiert. Die Männer werden mir noch mehr zu Füßen liegen!,
lautete sein Kommentar, nachdem er die Zusage erhalten hatte. An
einem wird sie nie etwas ändern: Etienne ist ein Flittchen!

Die Ehe von Holly und Dimitri funktioniert gut. Ich glaube, Dimitri liebt Holly. Etienne ist nach wie vor vom Gegenteil überzeugt. Es wird spannend weitergehen, daran besteht kein Zweifel.
Hollys Bühnenprogramm *Extravaganza* kommt gut an. Mit den
GLORY HOLES Anuradha und Marisa ist sie kreuz und quer durch
die Republik unterwegs und hat Auftritte. Die Orte sind nicht immer die besten, aber Holly will es schaffen!

Mit Tyson habe ich momentan nur sporadisch Kontakt. Ich hoffe,
dass wir unsere Freundschaft ausbauen können. Sexuell läuft nichts
mehr zwischen uns. Ich will das nicht wegen Sisko. Ich mag Tyson
und würde es sehr schade finden, wenn wir uns aus den Augen
verlieren.

Zwischen Yannick und mir hat sich eine enge Freundschaft entwickelt. Manchmal werde ich melancholisch, wenn die Erinnerung hochkommt. Ich glaube, dass geht jedem Paar so, das sich
getrennt hat. Als Menschen lieben wir uns noch immer. Ehrlich
gesagt, glaube ich, dass Yannick nach wie vor auch andere Gefühle
für mich hat. Es tut mir so Leid, dass ich diese Gefühle nicht mehr
erwidern kann. Yannick ist mit der liebste Mensch, den ich kenne.
Ich möchte, dass er glücklich ist. Sein Geschäft läuft ganz gut. Simon versucht weiter, wieder bei Yannick zu landen. Wir hassen
uns. Meine Rachegedanken habe ich nicht verworfen. Wenn die
Zeit dafür reif ist, werde ich es ihm heimzahlen!

Patty ist noch immer in Paris. Wann sie zurückkommt, steht in
den Sternen. Sie ist mit Cedric fest zusammen. Ich glaube, Patty
genießt einfach das Leben und die Liebe in Paris. Unser Kontakt ist
unverändert. Wir werden immer Freunde bleiben!

Der Sommer steht vor der Tür, und ich freue mich sehr darauf. Ich möchte so schnell wie möglich Sisko wiedersehen. Ich komme vor Sehnsucht fast um. Wir telefonieren nahezu täglich. Mir ist, als würden wir uns schon ewig kennen. Zwischen uns hat sich eine Nähe entwickelt, die unbeschreiblich ist. Zwei Seelen, ein Schicksal. Daran gibt es für mich keinerlei Zweifel. Ich wünsche mir, dass Sisko meine zweite Seele ist!

Bei all den Höhen und Tiefen der vergangenen Monate habe ich gelernt, dass das Leben eine Ansammlung von Momenten ist. Manche davon sind unsagbar schön und andere nur schrecklich. Man darf nie den Mut verlieren. Egal, was passiert. Luciano de Crescenzo hat gesagt: Wir sind alle Engel mit nur einem Flügel, und wir können nur fliegen, wenn wir uns gegenseitig umarmen. Ich möchte Sisko umarmen und mit ihm zu den Sternen aufsteigen. Lasst uns alle fliegen! Lasst uns Regenbogenkrieger sein!

Verliebte Jungs sind etwas Wunderbares!

Rosarote Herzen – First Love

Thomas Mindt
ROSAROTE HERZEN –
FIRST LOVE
Roman, 240 Seiten
€ 11,95 / CHF 21,00
ISBN 3-86187-663-9

Immo ist gerade sechzehn geworden. Mit seinem Schwulsein hat er kein Problem, aber damit, dass ihn die Männer gern für eine schnelle Nummer hätten. Denn Immo wartet auf den Traumprinz, mit dem das erste Mal und dann der Rest des Lebens einfach perfekt verläuft.

Etienne, Immos bester Freund, geht gern aus. Wirft bunte Pillen ein. Trifft Typen. Hat Spaß. Chillt. Und drückt auf Repeat. Kein Wunder, dass er mit Immos romantischem Getue überhaupt nichts anfangen kann. Dabei würde er Immo doch so gerne helfen …

»FIRST LOVE vermittelt mit einer frischen und abwechslungsreichen Sprache einen realistischen Eindruck der Schwulenszene. Doch auch die typische Liebesromanze muss der Leser nicht vermissen, so dass dieses Buch nur jedem ans Herz zu legen ist und man gespannt sein darf, was noch von dem Autoren Thomas Mindt in Zukunft zu erwarten ist.« *(YoungGay.de)*

Die Bekehrten

C. Jay Cox / T. Fabris
DIE BEKEHRTEN
Roman, 256 Seiten
€ 14,95 / CHF 26,00
ISBN 3-86187-722-8

Das Buch zum preisgekrönten Film
LATTER DAYS mit einer Geschichte
zwischen Himmel und Hölle, die beweist, dass es sich lohnt für die Liebe
zu kämpfen.

Für den attraktiven Christian ist es
ein Sport, Heterojungs zu knacken.
Und als in der Nachbarschaft vier
junge Mormonenprediger einziehen, laufen schon die Wetten, wie
lange Christian wohl braucht, um einen der zuckersüßen Missionare
von seinem heiligen Kreuzzug für ein züchtiges und sittsames Leben
abzubringen.

Doch der Plan läuft schief, denn Christian verliebt sich in Aaron, der
aus einer erzkonservativen Familie stammt, aber selbst nicht ganz
uninteressiert an Christian zu sein scheint.

Während Aaron versucht, seine Gefühle für Christian mit der Liebe
zu seiner Kirche in Einklang zu bringen, setzt Christian alles daran,
Aaron zu beweisen, dass er mehr ist als eine durchtriebene Party-
homolette ...

Skate!

Mathias Trostdorf (Hrsg.)
SKATE!
Erotische Geschichten
und Bilder
Text-/Bilderbuch,
160 Seiten
€ 16,– / CHF 27,70
ISBN 3-86187-678-7

Skaten ist Ausdruck von
Jugend, Schönheit, Sport-
lichkeit, Kraft, Mut, Ele-
ganz, Lässigkeit …!

Die Bewegung wurde zum
Trendsetter in Mode und Stilfragen – und ist gleichermaßen Sub-
kultur!

Auf viele schwule Männer üben Skater – so wie auch das Klischee
vom Skater – eine enorme erotische Faszination aus. Sie denken
darüber hinaus an Webcams oder Internetfotos, an Sneaker, Socken
oder Sportlerklamotten …

Bekannte Autoren, Fotografen und Zeichner nähern sich in dieser
neuen Anthologie dem Phänomen und setzen es in diesem Buch
in Szene oder zeigen den Alltag der Jungs mit ihren Brettern.